西北工业大学精品学术著作培育项目资助出版

民族主义视阈下
战后德国文化记忆的考察

（1945—2021）

王琳 著

人民出版社

责任编辑：翟金明
封面设计：石笑梦

图书在版编目（CIP）数据

民族主义视阈下战后德国文化记忆的考察：1945—2021 ／ 王琳 著 . — 北京：
　人民出版社，2024.3
ISBN 978 - 7 - 01 - 026124 - 9

I. ①民…　II. ①王…　III. ①文化发展－研究－德国－1945—2021
　IV. ① G151.6

中国国家版本馆 CIP 数据核字（2023）第 211649 号

民族主义视阈下战后德国文化记忆的考察（1945—2021）

MINZU ZHUYI SHIYU XIA ZHANHOU DEGUO WENHUA

JIYI DE KAOCHA（1945—2021）

王 琳 著

人民出版社 出版发行
（100706　北京市东城区隆福寺街 99 号）

北京九州迅驰传媒文化有限公司印刷　新华书店经销

2024 年 3 月第 1 版　2024 年 3 月北京第 1 次印刷
开本：710 毫米 × 1000 毫米 1/16　印张：18.75
字数：258 千字

ISBN 978 - 7 - 01 - 026124 - 9　定价：88.00 元

邮购地址 100706　北京市东城区隆福寺街 99 号
人民东方图书销售中心　电话（010）65250042　65289539

序

刘金源

作为第二次世界大战的策源地，德日两国所发动的战争给全世界带来了深重灾难。但在战争结束后，德日两国在反省战争罪行方面的表现却截然不同。与日本政客不愿承担战争责任、拒绝反省战争罪行等相比，在对战犯实施清算、承担战争责任、反思纳粹屠犹罪行等方面，德国却进行了深刻反省，做出了切实有效的行动，力求获得受害国谅解，进而得到国际社会的积极评价。在21世纪的今天，德国已在国际舞台上展现出一个负责任的大国形象。战后几十年来德国国家形象的变迁，从根本上来说，有赖于德国对纳粹历史及纳粹屠犹的认知转变，而这正构成了战后德国文化记忆的核心内容。本书从民族主义视阈出发，对战后德国文化记忆的变迁作了宏观上的动态探讨，缕析了民族主义与文化记忆之间的互动关系，从而为认识战后德国历史发展进程提供了一个全新的视角。

本书作者王琳具有扎实的语言学功底，其本科和硕士阶段都是德语语言文学专业，直到博士阶段进入南京大学后，才跟随我攻读世界史博士学位。在西北工业大学从事德语语言文学的教学与研究中，王琳对于现当代德国的政治、社会及文化状况已有了较为全面的了解。进入博士阶段后，通过与我的多次沟通与交流，她最终确定将纳粹屠犹及战后德国的历史反思作为博士论文选题。幸运的是，在我的鼓励下，王琳以此为题申报2018年度国家社科基金项目并成功立项，这对于当时仍是世界史领域门外汉的她来说，确实是个非常意外的惊喜。这种惊喜为其从事学术研究带来了强大的动力，当然也伴随着日渐增长的压力。

令人欣慰的是，在频繁往返于西安与南京的六年间，王琳克服了在职读博的各种困难，如教学工作的繁忙、对孩子的培养、对父母的照料等，而将夯实史学基础、完成课题研究放在首位。尽管遭遇疫情影响，但王琳无论在学业还是在工作方面都取得很大的进步：她不仅在核心期刊发表多篇历史学论文，评上了副教授职称，而且如期完成了课题研究任务，拿出了一篇像样的世界史博士学位论文。本书就是以博士学位论文为基础、在吸取外审专家审阅意见基础上，作了比较充分的修改与完善而成，尽管由于学识所限仍存在着一些缺憾，但作为一名从外语学界跨越到世界史学界的青年学人来说，能够完成这项具有一定挑战性的研究任务，实属不易。作为王琳的导师，我要为这本论著的出版、为她所取得的成就表示热烈祝贺！

综观全书，作者在研究过程中，利用了丰富的德文、英文及中文文献，遵循历史学传统研究范式，并结合民族学、心理学、社会学等跨学科理论与方法，围绕着两条主线来展开论述。

一方面，作者按照历史发展脉络，系统梳理了二战结束以来德国政界、社会以及思想界对纳粹屠犹事件从"集体遗忘"、回避，转而面对、直视，到进行反思的"文化记忆"演变过程，分析了战后德国历史反思的特点及阶段性转向，指出了各阶段之间的关联性，进而在历史认识论方面总结了其经验和教训，为我们从宏观上认识战后德国文化记忆的变化提供了参考。

另一方面，作者从民族主义视角出发，依托德国的民族特性、民族认同等问题，深刻解释了战后德国文化记忆演变的深层次动因。作者认为，从理论上看，文化记忆源于历史反思，它是人们对过去发生的一段历史或历史事件的认识，这种认识会结合当下的状况进行重建，并一代一代地传递下去。但不同于反思的是，文化记忆会依附在文化载体上，如文字、纪念碑、博物馆等，这使得记忆有了固定性和延续性。作为一种意识形态，民族主义需要发挥其功能性来帮助成员形成民族认同。民族主义的功能性包括政治和文化功能，文化记忆则是民族主义文化功能上重要的一环。只有大家都有了共同的记忆，个体才能对民族国家产生认同，从而归属于这个国家。所以，作为一种民族认同，民族主义会直接或间接地影响人们对过去某个历史阶段和历史事件的认识。

那么，具体到德国而言，民族主义是通过什么方式、又如何影响到其文化记忆的变迁呢？本书对此作出了较为精辟的阐释。在作者看来，1949年联邦德国的建立，使得政治意义上的民族国家重新出现，但传统的民族主义却在西方民主制度的影响下，被德国社会所"抛弃"，分裂的德国意味着德意志传统民族主义的断裂。而重建之后，联邦德国仍然需要借助民族主义这一政治动员手段来建立人们对国家的信心，以达到凝聚民心的目的。所以，这一时期的民族认同转变成在西方民主政治影响下对联邦德国的新的集体认同。这类新的民族认同的出现，以及西方价值体系和话语体系的不断侵入，使得德国人在战后很长一段时间里对曾经引以为傲的传统民族主义持排斥和否定的态度，直至20世纪80年代科尔的上台和90年代的两德统一，才最终使其重新焕发生机。也正是在不同时期民族主义因素的影响下，战后德国对于纳粹屠犹的文化记忆变迁，经历了从同盟国占领时期的缄默，到阿登纳时期的"集体遗忘"，到勃兰特时期的开始反思，再到科尔时期关于大屠杀历史"正常化"和"历史化"的论调，直到两德统一之后才对大屠杀历史责任的一并接受。

从研究特点来看，本书梳理了1945—2021年间德国民族主义和民族认同的演进，从动态发展角度探寻了二者之间的互动关联，指出文化记忆不仅会随着统治阶级历史政策的转变而发生改变，同时也会受传统民族主义和西方价值体系之间的张力关系而发生变迁。由于借助了民族主义这一宏大的理论背景，本书的研究内容在一定程度上拥有了历史纵深感，它有利于深化我们对德国在纳粹历史和大屠杀罪行方面的认知变化，推动了国内学界相关问题研究的深入。

以纳粹屠犹为代表的大屠杀事件，在世界历史上曾不断发生着，它连接着过去的历史，又警示着人类的未来。在当今国际局势多变、地区冲突频发的形势下，人类只有不断地回望过去、反思历史，才能更好地缔造和平、迈向未来。这恐怕也是本书带给我们的一些思考和启示。

于南大和园

2023 年 9 月 2 日

前　言

　　不同于单纯的反思或记忆，文化记忆是人们对过去发生的一段历史或一个事件的认识，这种认识会结合当下的状况进行重建，并一代一代地传承下去。当这种认识依附在文化的载体上，就有了固定性和延续性，对社会的意义也更为重大。战后德国文化记忆关注的是1933年以来的历史事件，其焦点在于纳粹罪行和纳粹时代，而纳粹分子对犹太人的大屠杀是其中的重中之重。无论是20世纪五六十年代呈现的社会缄默，还是八九十年代出现的社会反思，大屠杀一直以来都在德国文化记忆中占据突出地位。

　　本书按照历史学的时间顺序，以民族主义和文化记忆为理论依据，借助民族主义视角，从政界、社会和思想界三个层面来探讨德国（包括联邦德国及统一后的德国）战后（1945—2021年）大屠杀文化记忆的变迁及其背后的动因。主要内容包括德意志民族主义演变及相关历史观塑造、文化记忆的阶段性变迁、民族主义对文化记忆的影响作用等，旨在对德国在历史认识论方面的经验和教训加以总结。

　　1945—1949年间，德国在大屠杀问题上采取了回避态度。从政治意义上看，战败后的德国已不再是一个主权独立的民族国家，它的传统民族主义在一定程度上也随之消逝。虽然德国政界在盟国的主导下开始反思大屠杀，但德国社会更多地表现出对"集体罪责"一说的排斥和缄默。

1949—1963 年间，阿登纳政府提出了"克服过去"历史政策，在阿登纳看来，带有大屠杀污点的旧式民族主义是联邦德国融入西方的绊脚石，只有通过"去民族化"，才能建立起符合西方自由民主模式的新的身份认同。而随着"克服过去"政策的实施，德国民众对大屠杀形成了普遍的"集体遗忘"，思想界在这一时期出现的"菲舍尔之争"引发了人们对纳粹历史连续性的思考。

1963—1982 年间，联邦德国的政权出现了更迭，随着两个德国的日渐形成，德国民族和国家的同一性遭到破裂。在社民党勃兰特政府的主导下，联邦德国关于大屠杀的文化记忆在官方和社会层面上都变得更加透彻和深刻，而德国人在接受西方民主政治的同时，也逐步接受了自己"超民族"的身份，并开始担负起自己的历史责任。

1982—1998 年间，科尔领导下的"中间派联合政府"走上历史舞台，两德统一使得德意志传统民族主义再次回归人们的视野。作为新保守派的代表，科尔认为，德国人只有将大屠杀问题"正常化"和"历史化"，才能摆脱长期以来背负的思想重担，德国人才能更勇敢和无畏地面对未来，这也引发了德国思想界左翼知识分子和新保守主义者之间的"史学家之争"。

2000 年之后，随着德国统一和全球化的影响，德国人的身份认同被赋予了新的含义，他们一方面继续在西方话语体系下构建自己的身份认同，另一方面，伴随着移民的大量涌入，多元文化也在不断地冲击和影响着德国传统的民族主义。与此同时，施罗德政府和默克尔政府都将纳粹历史视为德国人身份认同和国家形象的一部分。

由此可见，随着战后民族主义的阶段性演进，德国关于大屠杀和纳粹历史的反思也经历了一系列的变迁，这些转变之间并不是割裂的，而是以一种复杂和相互交织的关系渗透在一起，最终形成了德国战后整体的反思过程。

事实上，在何种情况下，对大屠杀的回避是无法做到的，这不仅仅是因为大屠杀受害者的记忆会被鲜活地保存下来，时不时阻止施害者对这段历史意识的遗忘。更重要的是，人类自身的道德伦理会让施害者从根本上很难或者不可能遗忘掉这段历史。所以，只有明智的民族和国家真正清楚，放下历史包袱，实现自身救赎，才能坦然地走向未来。

目　录

绪　论

一、研究缘起

目前，世界已日渐呈现出多极化格局，欧盟在其中扮演了举足轻重的角色，无论是美国、俄罗斯还是中国都将欧盟视为本国未来发展的重要伙伴。作为欧盟领头羊的德国，已俨然成为欧洲乃至世界的强国，除了在经济上保持繁荣之外，德国的全球影响力也在持续走高。如果说之前的德国因为历史原因有其复杂性，但发展到今天，它的世界地位已不容小觑。从2010年带领欧盟走出欧债危机，到2015年接收大量的欧洲难民，德国把关注点不仅放在本国事务上，也将欧盟乃至世界的问题纳入其中，越来越来展现出一种负责任的大国风范，而德国这种担当和作为最突出的表现在对纳粹及大屠杀问题的历史反思上。

德国和日本因为在二战反思中呈现出截然不同的态度，所以总是被拿来进行比较。相对于日本的讳莫如深，德国则表现得襟怀坦白，从阿登纳时期对犹太人的物质赔偿到勃兰特时期的"华沙之跪"，从法律层面的约束到教科书的直面剖析，对大屠杀和二战历史的接纳和承担已成为德国人民族认同的一部分，也为德国树立了今天在世界范围内良好的国家形象。

虽然德国一直被当作是反省历史的"优等生"，但事实上，它对大屠杀以及纳粹历史的反思也经历了曲折和复杂的过程。从同盟国占领时期对大屠杀历史的缄默，到 20 世纪五六十年代阿登纳时期的"集体遗忘"，到 70 年代勃兰特时期的开始反思，再到 80 年代科尔时期，关于大屠杀历史"正常化"和"历史化"的争论，直至两德统一后，德国才算是真正接受了历史责任……由此可以看出，这种反思的过程是迂回反复的，从总体上看却也是螺旋上升的。

关于大屠杀反思的动态变化，国内外学者开展了诸多丰富的工作，但对这种动态变化背后的动因，却鲜有深入的探究。有人将其归结为战后联邦德国政权的不断更迭，有人将其归结为西方的基督教文化，有人认为是德国树立国际形象的需要，还有人认为是德国政治结构上的转变……本书将在民族主义的视阈下考察二战后联邦德国（1945—1990）以及统一后德国（1990—2021）关于大屠杀文化记忆的变迁。

文化记忆作为 20 世纪七八十年代出现的概念，近些年来愈发引起了公众的关注。不同于单纯的反思或记忆，文化记忆是人们对过去发生的一段历史或一个事件的认识，这种认识会结合当下的状况进行重建，并一代一代地传承下来。当这种认识依附在文化的载体上，就有了固定性和延续性，对社会的意义也就更为重大。民族主义是一种民族国家用来维系自身统治，凝聚民心的手段，它在调整民族国家和社会成员关系的同时，推动成员身份认同的形成。上述二者的焦点在于身份认同，民族主义是身份认同的核心，文化记忆则是身份认同形成的途径，二者具有相关性。

借助民族主义视角来梳理战后联邦德国关于大屠杀文化记忆的曲折变迁，一方面可以对民族主义、身份认同和文化记忆之间的互动关系有所探究，另一方面也可以从更加全面的角度来认识当今德国对大屠杀历史勇于承担的深层次原因。

二、研究动态

本书的研究主题是在民族主义的视阈下考察德国战后大屠杀文化记忆的变迁,其中涉及的研究对象比较多:包括民族主义理论、文化记忆理论、1871年以来德意志民族主义的演变及特征、1945年至2021年间不同时段内德国关于大屠杀文化记忆的特点等。因此,本书按照民族主义理论、文化记忆理论、德意志民族主义和大屠杀的文化记忆等四类研究对象对所涉及的国内外研究成果进行梳理,并加以综合分析。

1. 民族主义理论

民族主义(Nationalismus)从广义上来讲,是一种社会思潮、政治运动或者文化运动,与其相关的问题都是开放性的、富有争议的,所以最初并没有一个完全统一的理论,但作为一个历史现象和概念,民族主义有着自己的起源和历史。它最早与种族、语言、宗教、文化传统以及民俗等密切相关,比如伏尔泰在1759年出版了关于民族精神的论文集《关于世界历史、民族风俗和民族精神的论文》,他在其中反思了世界历史的发展进程并强调了不同文明的价值。[①] 费希特(Johann Gottlieb Ficht)在《对德意志民族的演讲》中,针对1807年法国对德国的占领,号召德意志人民团结起来共同反抗,并要求德意志人把捍卫民族的自由和独立看作是至高无上的目标。[②] 勒南(Ernest Renan)在1882年《什么是民族?》一书中指出,民族并不是永恒不变的,它一旦开始就会行将结束。[③] 菲尔坎德(Alfred

---

① M.de Voltaire, *An Essay on Universal History, the Manners, and Spirit of Nations*, London: Printed for J. Nourse,1759.

② Johann Gottlieb Ficht, *Reden an die deutsche Nation,* California: Create Space Independent Publishing Platform, 2013.

③ Ernest Renan, Walter Euchner, *Was ist die Nation? Rede am 1. März 1882 an der Sorbonne,* Hamburg: Europäische Verlagsanstalt, 1996.

Vierkandt）的《自然民族和文化民族》则从社会心理学的角度解读了自然民族和文化民族的区别。① 这些早期关于民族主义的论述，多是围绕着民族的文化、语言、共同心理素质和民族自我意识等展开，但随着社会演进以及人类交往方式的日益变化，民族主义和现代性联系在了一起。

在这个背景下，民族主义被看作是民族国家的衍生物，它伴随着现代民族国家的出现而产生："民族主义是一种现代现象，反映了现代政治、经济和文化在世界范围的格局。"② 民族主义与民族、民族国家的概念交织在了一起。随着一战后新兴民族国家的成立，有关这方面的研究进入了繁荣期，但在二战后却戛然而止，直至 20 世纪 60 年代又重新开始，并在 80 年代出现了转折。目前，国内外学者在这方面已形成较为成熟的研究成果。

从国外研究来看，1983 年本尼迪克特·安德森（Benedict Anderson）出版了《想象的共同体》③，其中最著名的观点是："民族是一个想象出来的政治意义上的共同体，即它不是许多客观社会现实的集合，而是一种被想象的创造物。"④ 安德森对于民族主义研究的贡献在于，他不是依靠传统概念中的族群、宗教、语言等社会要素来解释民族的形成，而是提出资本主义与新的政治共同体形成的伴生关系。同时，他颠覆了传统观念中民族和民族主义的衍生关系，认为不是民族产生了民族主义，而是民族主义创造了民族。

实际上，在民族主义研究中，安德森并不是第一个提出"民族是想象物"的学者，厄内斯特·盖尔纳（Ernest Gellner）在同年出版的《民族和

---

① Alfred Vierkandt, *Naturvölker und Kulturvölker. Ein Beitrag zur Socialpsychologie*, Leipzig: Dunkcer & Humblot reprints, 1896.

② 徐迅：《民族主义》，中国社会科学出版社 1998 年版，第 5 页。

③ Benedict Anderson, *Imagined Communities: Reflections on the Origin and Spread of Nationalism*, London: Verso Books, 1983.

④ ［美］本尼迪克特·安德森：《想象的共同体》，吴叡人译，上海人民出版社 2016年版，第 2 页。

民族主义》^① 一书中建议："从意愿和文化与政治单位结合的角度来给民族
下定义。"^② 在这本书里，盖尔纳不仅介绍了民族主义的定义、产生的根源
和途径，并阐述了其与意识形态的关系。盖尔纳认为："民族主义是一种
关于政治合法性的理论，它要求族裔疆界不得跨越政治的疆界。尤其是某
一个国家中，族裔的疆界不应该将掌权者与其它人分割开。"^③ 在盖尔纳看
来，民族主义的产生与资本主义有关。在农业社会中不存在民族主义，因
为产生民族主义的两个核心要素：文化和权力，在当时"哪一个都不会太
喜欢对方"^④，而工业社会存在着民族主义产生的基础和必要条件。^⑤ 所以
和安德森一样，盖尔纳也认为是民族主义创造了民族，而不是相反。

与他们看法基本一致的还有埃里克·霍布斯鲍姆（Eric J. Hobsbawm），
他强调民族不是一成不变的社会实体，而是特定时空下的产物，"民族的
建立跟当代基于特定领土而创生的主权国家是息息相关的"^⑥。当人们讨论
民族国家时，需要把领土主权国家和"民族""民族性"联系在一起，所
以在民族主义定义中，"政治单位与民族单位是全等的"。在霍布斯鲍姆看
来，民族主义早于民族的建立，并不是民族创造了国家和民族主义，而是
国家和民族主义创造了民族。^⑦

---

① Ernest Gellner, *Nations and Nationalism*, New York: Cornell University press,1983.

② ［英］厄内斯特·盖尔纳:《民族与民族主义》，韩红译，中央编译出版社 2002
年版，第 73 页。

③ ［英］厄内斯特·盖尔纳:《民族与民族主义》，韩红译，中央编译出版社 2002
年版，第 2 页。

④ ［英］厄内斯特·盖尔纳:《民族与民族主义》，韩红译，中央编译出版社 2002
年版，第 11—28 页。

⑤ ［英］厄内斯特·盖尔纳:《民族与民族主义》，韩红译，中央编译出版社 2002
年版，第 71—76 页。

⑥ Eric J. Hobsbawm, *Nationen und Nationalismus: Mythos und Realität seit 1780*, Cam-
bridge: Cambridge University Press, 1991.

⑦ ［英］埃里克·霍布斯鲍姆:《民族与民族主义》，李金梅译，上海世纪出版集团
2006 年版，第 9 页。

　　另外，英国民族主义研究者约翰·布赖维（John Breuilly）认为，民族主义是一种可以创造认同和身份感的手段，他在《民族主义和国家》一书中通过分析欧洲的民族反抗力量，如德国、意大利的统一运动以及奥托曼帝国的分离主义运动等，提出各种精英、组织和政府是利用民族主义的诉求去发动民众来对抗国家。① 德国历史学家吉奥夫·伊利（Geoff Eley）编纂的《民族形成》涉及了很多关于民族的基本概念，包括民族和民族起源、社会变迁和文化表现的关系、历史和意识形态的表现形式、民族认同的历史化和政治化等。伊利还在其中指出，文化是一种民族主义的政治。② 加拿大学者迈克尔·伊格纳季耶夫（Michael Ignatieff）在 1995 年出版的《血缘与归属：新民族主义之旅》中，分析了后冷战时期在全球范围内出现的新民族主义现象，根据伊格纳季耶夫的分析，当今世界存在两种民族主义，一种是"种族"民族主义，一种是"市民"民族主义。前者以血缘为基础，后者基于对共同认同的一般认识。③ 英国学者何塞普·R.洛贝拉（Josep R. Llobera）在《现代之神：西欧民族主义发展》一书中提供了一个完整的理论框架来解释民族主义是如何成为现代最强大的意识形态。洛贝拉认为，民族主义起源于中世纪，它的发展受到了文化和政治的影响，特别是法国大革命对其起到了巨大的推动作用。④

　　由此可以看出，在现代性框架下对民族主义的解读不再是将其单纯视为一种意识形态或政治斗争的形式，而更多是将它视为与政治单位结合的文化现象，在这个背景下，民族主义还需要和民族认同这个包含特殊语

---

　　① John Breuilly, *Nationalism and the State,* Chicago: Universtiy of Chicago Press, 1994.

　　② Geoff Eley and Ronald Grigor Suny, *Becoming National: A Reader,* Oxford: Oxford University Press, 1996.

　　③ Michael Ignatieff, *Blood and Belonging: Journeys into the New Nationalism*, Toronto: Penguin Random House Canada, 1995.

　　④ Josep R. Llobera, *The God of Modernity: The Development of Nationalism in Western Europe*, London: Routledge&CRC Press, 1996.

言、情感与象征符号的多位概念紧密地结合起来。

英国民族学家安东尼·D.史密斯（Anthony D. Smith）在《民族认同》一书中提到了民族认同的基本特征：一块历史性的领土或祖地、共同神话与历史记忆、共同的大众性公共文化、适用于全体成员的一般性法律权利与义务、统一的经济体系，并且成员可以在领土范围内流动。① 对于一个民族共同体中的个体来说，民族认同最显著的特点是，对其实行社会化，从而使他们成为"国民"或者"公民"，而国家政府希望借助教育体系、象征符号、共享价值等在国民的意识中灌输对民族的忠诚并形成一种独特而同质的文化。②

英国学者蒙特塞拉特·居伯瑙（Montserrat Guibernau）认为民族主义是社会科学领域内长期以来被忽视的领域，她在《民族主义：二十世纪的民族国家与民族主义》中分析了民族主义的政治特征及其与民族国家的联系，并强调了民族主义作为身份认同的重要来源。③ 以色列学者犹莉·塔米尔（Yael Tamir）在《自由民族主义》一书中也涉及了民族认同的问题。因为自由主义尊重个人的独立和自由，主张反思和选择，所以塔米尔提出一个"自由民族主义"的新理论：民族主义是文化共同体的确认，是为了寻求对自我认同的承认。④ 印度学者欧文（Tharailath Koshy Oommen）在《国籍、民族性和种族》中论述了关于民族和民族主义的一系列基本问题，如公民、民族性、种族性和民族认同等。⑤

从国内研究来看，学者叶江把西方现代性框架下对民族主义的解读分为：由霍布斯鲍姆代表的"现代主义"和由安东尼·D.史密斯代表的"族

---

① ［英］安东尼·D.史密斯：《民族认同》，王娟译，译林出版社 2018 年版，第 21 页。

② Anthony Davis Smith, *National Identity*, Harmoadsworth: Penguin Books, 1991.

③ Montserrat Guibernau, *Nationalisms: The Nation-State and Nationalism in the Twentieth Century,* Cambridge: Polity Press, 1996.

④ Yael Tamir, *Liberal Nationalism*, Princeton: Princeton University Press, 1995.

⑤ Tharailath Koshy Oommen, *Citizenship, Nationality and Ethnicity: Reconciling Competing Identities*, Cambridge: Polity Press, 1997.

群—象征主义"。"现代主义"民族理论强调民族的现代性、政治性、市民（或公民）性以及其缘起的西欧性；"族群—象征主义"民族理论则注重民族的历史性，民族的族群基础及其文化特征，并且特别强调民族的重要历史地位和持久的生命力。[①] 赵稀方在《何种"想象"，怎样"共同体"？——重估本尼迪克特·安德森〈想象的共同体：民族主义的起源与散布〉》中提出对安德森的"想象体"进行学术重估，认为他将"朝圣"看作是民族共同体意识的决定性因素，忽略了革命与启蒙，以及美国独立的因素。[②] 段德敏和邢昌新认为，盖尔纳提出了市民社会和民族主义存在的内在关联，从更深刻的层面为认识现代社会中的个人与集体认同、国家与社会关系提供了新的视角。[③] 许多娇、王文奇在《霍布斯鲍姆的民族与民族主义研究：历史变迁、阶层互动与叙事建构》中认为，霍布斯鲍姆从社会史入手，探讨了欧洲历史变迁中民族主义的复杂性，从马克思主义视角关注了民族意识与阶层意识的交错，并将欧洲民族主义叙事的建构性特征进行了深入呈现。[④]

学者徐迅在其著作《民族主义》中也较为详细地论述了民族国家和民族认同的问题。他认为，在民族国家构建过程中，民族认同和民族身份问题，比以往任何时期都要重要。民族认同是民族国家合法性的文化来源，民族国家也需要社会成员因其民族身份而产生的忠诚。如果说古老民族是指血缘、语言、宗教、文化传统和习俗认同等，那么现代民族则是在古老民族基础上的国家认同。现代国家急需要对公民提供身份，并以政治方式

---

① 叶江：《当代西方的两种民族理论——兼评安东尼·史密斯的民族理论》，《中国社会科学》2002 年第 1 期。

② 赵稀方：《何种"想象"，怎样"共同体"？——重估本尼迪克特·安德森〈想象的共同体：民族主义的起源与散布〉》，《文艺研究》2022 年第 6 期。

③ 段德敏、邢昌新：《个体自由与民族认同的融合——盖尔纳自由民族主义理论再审视》，《天津社会科学》2022 年第 1 期。

④ 许多娇、王文奇：《霍布斯鲍姆的民族与民族主义研究：历史变迁、阶层互动与叙事建构》，《新疆大学学报（哲学·人文社会科学版）》2021 年第 2 期。

加以确认。① 由朱伦、陈玉瑶主编的《民族主义》收集了 20 世纪 50 年代以来西方著名民族主义理论家对当代世界民族主义问题的研究，从自由主义角度研究民族和民族主义问题。② 由许利平主编的《民族主义：我们周围的认同与分歧》，从岛礁争端与周边民族主义、现代化转型和周边民族主义、地缘政治结构与周边民族主义等视角出发，探讨了周边民族主义产生的背景、特点以及发展趋势。③ 周少青在《21 世纪"新民族主义"缘起、特点及趋势》一文中提出，"新民族主义"的崛起是 21 世纪以来的一个重要政治现象。从内容上看，它包括极右翼民族主义、福音民族主义、分离型民族主义及（第三世界）宗教民族主义四种形态。"新民族主义"有着高强度的身份政治，将民族主义的某些危险甚至疯狂的本质因素在新的时代发展到极端。④ 于海峰的《论民族主义的演变、作用与影响——兼谈民族主义的两面性》提出民族主义有着自己的起源和发展演变过程，对民族构建与维系以及民族国家建构起到关键性作用，但无论哪种模式或类型的民族主义都具有两面性。⑤

综上所述，民族主义的概念本身内容丰富、包罗万象。因为民族主义理论最初来自西欧，所以国外学者在这方面的工作相对更加长久和深入，无论是民族主义的历史演变，还是民族主义和民族国家之间的衍生关系，国外学者的看法到今天还主导着民族学的整体研究；国内的研究可以分为两个大方向，一个是对国外学者研究成果的再研究、再思考，另一个是结合当下对民族主义提出新的解读，对已有理论进行有益的补充和创新。本

---

① 徐迅：《民族主义》，中国社会科学出版社 1998 年版。

② 朱伦、陈玉瑶主编：《民族主义》，社会科学文献出版社 2013 年版。

③ 许利平主编：《民族主义：我们周围的认同与分歧》，社会科学文献出版社 2017 年版。

④ 周少青：《21 世纪"新民族主义"缘起、特点及趋势》，《中央民族大学学报（哲学社会版）》2021 年第 5 期。

⑤ 于海峰：《论民族主义的演变、作用与影响——兼论民族主义的两面性》，《满族研究》2021 年第 1 期。

书关于民族主义的理论依据来自安德森、盖尔纳、霍布斯鲍姆以及徐迅提出的现代性民族主义一说。民族主义是指在进入工业社会，民族国家在建立之后创造并形成国民"民族"意识形态的手段。它与民族认同密切相关，是民族国家借助教育体系、象征符号、共享价值等方式所唤起的内部成员的认同感和归属感。

2. 文化记忆理论

文化记忆理论来源于集体记忆理论，法国社会学家莫里斯·哈布瓦赫（Maurice Halbwachs）在《记忆的社会框架》中最早提出了"集体记忆"的概念。他认为，记忆受制于社会框架，因为人类记忆所依赖的语言、逻辑和概念都是在社会交往中实现的。[①] 在其经典著作《论集体记忆》[②] 中，哈布瓦赫进一步指出，在个体的记忆中存在一个所谓的集体记忆和记忆的社会框架，这个框架并不是依循个体记忆的简单加总原则而构建的，而是一些工具，集体记忆可借助这些工具用以重建关于过去的意象。在每一个时代，这个意向都是与社会的主导思想相一致的。[③] 哈布瓦赫认为，个人的记忆要倚赖集体记忆的框架。从时间维度上来看，这些关于过去的记忆与当代社会的主导思想一致，从记忆主导者的纬度来看，组成社会的各类群体都可以按照自己的需求来重构过去。同时，他也提醒人们：在重构过去的行动中，这些记忆主导者往往会将过去歪曲。

德国艺术史学家阿比·沃尔堡（Aby Warburg）通过艺术和文化的关系来研究社会记忆，因为沃尔堡是从艺术品图案和结构的重复使用中去发掘的记忆功能，所以这种记忆与文学理论密切相关，可以从符号学理论

---

① Maurice Halbwachs, *Das Gedächtnis und seine sozialen Bedingungen*, Berlin: Luchterhand, 1966.

② Maurice Halbwachs, *The collective memory*, New York: Harper & Row Colophon Books, 1980.

③ [法] 莫里斯·哈布瓦赫：《论集体记忆》，毕然、郭金华译，上海世纪出版集团 2002 年版，第 7071 页。

上去理解文化。这里的文化记忆是指对文化的重新符号化，即对传统艺术元素意义的重新加载。① 德国社会心理学家哈拉尔德·韦尔策（Harald Welzer）主编的《社会记忆：历史、记忆、传承》一书集合了历史学、社会心理学、传播学等多个跨学科合作成果，主要探讨历史和回忆之间的复杂关系，并对文化记忆和社会记忆进行了区分。②

法国历史学家皮埃尔·诺拉（Pierre Nora）则提出了对历史和记忆的重新解读，他强调要对两者严格区分。对诺拉来说，历史是对已经逝去的事件问题性和不完整的代表，而记忆则是永恒存在的纽带。③ 同时，诺拉还提出"记忆场"的概念，作为记忆沉淀的场域，"记忆场"包括博物馆、档案馆、节日、会议记录，它是物质、象征和功能的统一。④ 诺拉认为，记忆场受记忆和历史的双重影响，它既不是记忆本身，也不属于历史，它处于历史和记忆之间。诺拉继承了哈布瓦赫关于历史与记忆二元对立的观点，并将其推向了极致，但两者在个体记忆和集体记忆的关系上却有着不同的观点："诺拉把哈布瓦赫视为时空上存在的结合体——集体，改为由超越时空的象征媒介来自我界定的抽象的共同体。"⑤

对于集体记忆和个体记忆的关系，德国历史学家扬·阿斯曼（Jan Assmann）则提出不同于上述两人的看法。他认为，虽然记忆受制于组织其回忆的"框架"中，但记忆的主体仍然是个人，是个体通过参与交往的

---

① Alon Confino, "Collective Memory and Cultural History: Problems of Method", in *The Americal Historical Revies,* Vol. 1202, No.5,1999.

② Harald Welzer, *Das soziale Gedächtnis: Geschichte, Erinnerung, Tradierung*, Hamburger: Hamburger Verlag, 2001.

③ Pierre Nora, *Zwischen Geschichte und Gedächtnis*, Frankfurt am Main: Fischer Taschenbuch Verlag, 1998, S.13.

④ Pierre Nora, *Between Memory and History: Les Lieux de Mémoire, Representations, No. 26, Special Issue: Memory and Counter-Memory,* New York: Springer Publising, 1989, pp. 7-24.

⑤ Aleida Assmann, *Erinnerungsräume: Formen und Wandlungen des kulturellen Gedächtnisses,* München: C.H. Beck Verlag, 1999, S.132-133.

过程而形成个体记忆。每个人的个体记忆就如同一个个相对的"独立系统"，这些系统之间相互支撑，相互决定，最终形成和修正这个社会框架。在这个基础上，扬·阿斯曼提出了集体记忆的两个模式："以人们日常交流为基础的交往记忆和从特殊的文化层面入手的文化记忆。"①

在《文化记忆——早期高级文化中的文字、回忆和政治身份》②一书中，扬·阿斯曼指出了文化记忆的定义："关于一个社会的全部知识的总概念，在特定的互动框架之内，这些知识驾驭着人们的行为和体验，并需要人们一代代反复了解和熟练掌握它们。"③同时，扬·阿斯曼强调："文化记忆是一种文化理论，同时也是一种记忆理论，所以这个理论的长处就是它的兼容性。"④阿莱达·阿斯曼（Aleida Assmann）在扬·阿斯曼的基础上指出了文化记忆的载体："我们今天面临的不是记忆难题的自我消解，而是它的强化……这种记忆有赖于纪念碑、纪念场所、博物馆和档案馆等物质的载体。"⑤同时，阿莱达·阿斯曼还指出，在集体和制度性层面，个人回忆的过程会受到有目的的回忆政策或遗忘政策的控制，换句话说，不存在文化记忆的自我生产，它依赖于媒介和政治。在2006年出版的《过去的漫长阴影：文化记忆和历史政策》⑥一书中，阿莱达·阿斯曼提到文化记忆的结构存在于功能记忆和存储记忆的分裂关系中，存在于记忆和遗忘

① ［德］扬·阿斯曼：《文化记忆——早期高级文化中的文字、回忆和政治身份》，金寿福、黄晓晨译，北京大学出版社2015年版，第50页。

② Jan Assmann, *Das Kulturelle Gedächtnis Schrift, Erinnerung und politische Identität in frühen Hochkulturen*, München: C.H. Beck Verlag, 2007.

③ Jan Assmann, „Kollektives Gedächtnis und kulturelle Identität", in *Kultur und Gedächtnis,* Jan Assmann und Tonio Hölscher（Hrsg.），Frankfurt am Main: Suhrkamp Verlag, 1988, S.9.

④ ［德］扬·阿斯曼：《关于文化记忆理论》，金寿福译，载陈新、彭刚主编：《文化记忆与历史主义》，浙江大学出版社2014年版，第5页。

⑤ ［德］阿莱达·阿斯曼：《回忆空间：文化记忆的形式和变迁》，潘璐译，北京大学出版社2016年版，第6页。

⑥ Aleida Assmann, *Der lange Schatten der Vergangenheit, Erinnerungskultur und Geschichtspolitik,* München: C.H.Beck Verlag, 2006.

之中，存在于有意识和无意识之中，存在于公开和潜在之中。这种动态关系使得文化记忆比起统一和单一的国家记忆更显得复杂和灵活。但它和国家记忆一样，会传递代际之间的经验和知识，从而形成一个社会的长期记忆。

扬·阿斯曼和阿莱达·阿斯曼也曾谈到文化记忆和集体身份认同之间的关系，他们认为，集体的典型做法是以发生在过去的事件作为自己的统一性和独特性的支撑点。社会需要"过去"，是因为社会要借此来进行自我定义。"只有使过去复活，一个民族才能存活。"① 扬·阿斯曼认为：民族认同及其稳固持久性是受制于文化记忆及其组织形式的。民族的消亡不是有形物质的消失，而是在集体、文化层面上的遗忘，当文化记忆组织形式发生变化会使集体的认同随之发生意义极为深远的革新。②

国内在文化记忆理论方面的研究多集中在对外国文献的引入和解读。如，金寿福在《评述扬·阿斯曼的文化记忆理论》中指出，文化记忆是一个群体借助文本、文献、符号系统、媒体、各种机构诸如图书馆、博物馆和档案馆的事实，以及一个集体为了建构属于所有成员和被每个人所珍视的过去而举行的各种活动。同时，"从古代埃及一直到现代民族国家的形成，借助文化记忆对过去进行回忆和强化身份认同的事例不胜枚举，文化记忆成为保持一个集体并保证它存续的有效形式"③。赖国栋从记忆与创伤，遗忘和认同之间的复杂关系来看待文化记忆。他认为，阿斯曼的文化记忆较多的是谈论流亡、创伤在建构民族认同上的作用，即关注到政治或权力介入时那些负面的层次。基于人权的原因，文化记忆的新方向是关注

---

① ［德］扬·阿斯曼：《文化记忆——早期高级文化中的文字、回忆和政治身份》，金寿福、黄晓晨译，北京大学出版社 2015 年版，第 136 页。

② ［德］扬·阿斯曼：《文化记忆——早期高级文化中的文字、回忆和政治身份》，金寿福、黄晓晨译，北京大学出版社 2015 年版，第 168 页。

③ 金寿福：《评述扬·阿斯曼的文化记忆理论》，载陈新、彭刚主编：《文化记忆与历史主义》，浙江大学出版社 2014 年版，第 40 页。

民族的痛楚，同时将受害者记忆融入民族记忆中。①

吴盛博在《文化记忆理论的演变及现实意义》一文中，对该理论的演变进行了梳理，在明确内涵的基础上，说明了其现实意义。② 连连在《历史变迁中的文化记忆》中提出，在传统社会中，文化记忆对维护王朝的统治、稳定的社会秩序、实现道德教化以及建立意义世界具有重要作用，但现代社会改变了文化记忆的形式和载体，并使其具有了大众参与和市场化的特征，文化记忆的价值和功能开始受到挑战。③ 赵静蓉在《文化记忆与身份认同》一书中，对文化记忆与身份认同之间的关系进行了深入的探讨和分析，"个体认同以个体自我对过往历史的选择为依据，集体认同建立在群体对共享的过去和历史的选择性记忆之上"④。文化记忆是对知识的储存，一个群体从这种知识储存中获得关于自己的整体性和独特性的意识，而文化记忆所提供的知识使用和传播，则是由"认同需要"控制的。

综上所述，国内外学者都对文化记忆理论进行了丰富且深入的研究。从国外研究层面上看，该理论是由扬·阿斯曼和阿莱达·阿斯曼在哈布瓦赫"集体记忆"的基础上发展起来的，所以它具有一定的延续性。截至当下，这个理论也相对比较成熟和稳定；从国内层面看，关于文化记忆理论的研究更多集中在对国外理论的引入和解读上。本书以文化记忆作为理论依据，在强调记忆的文化属性的同时，关注文化记忆与身份认同之间的密切关系。

3. 德意志民族主义

目前，国内外学界关于德意志民族主义的研究大致可以分为两大

---

① 赖国栋：《在历史和现实中穿行——读扬·阿斯曼在〈文化记忆：早期高级文化中的文字、回忆和政治身份〉》，《史学理论研究》2016 年第 1 期。

② 吴盛博：《文化记忆理论的演变及现实意义》，《外语学刊》2021 年第 6 期。

③ 连连：《历史变迁中的文化记忆》，《江海学刊》2012 年第 4 期。

④ 赵静蓉：《文化记忆与身份认同》，生活·读书·新知三联书店 2015 年版，第 36 页。

类：一类从历史发展的角度来分析德意志民族主义形成的过程；一类从思想史的角度借助不同时期的德意志文化和历史观来窥视其民族主义的特点。

在第一类研究中，德国历史学家汉斯-乌尔里希·韦勒（Hans-Ulrich Wehler）在《民族主义：历史、形式、后果》一书中按时间顺序梳理了德意志民族的发展和演进。韦勒指出，在19世纪初欧洲深刻的现代化危机中，年轻的德意志民族通过向西方先锋国家学习，形成了统治的正当性和整合性，并推动了意识形态来回应这一挑战。[①] 早期的德意志民族主义，还是可以看到未来免受压迫，通过人们的自我认同来颁布自由宪法、建立民族国家的希望。包括在1848年革命爆发时，民族主义的支持者都希望建立一个自由的、宪政的、容纳所有德国人的民族国家。但1871年建立的新帝国没有将人民主权作为正当性来源，反而实现了君权统治。虽然帝国通过塑造一种"德意志"经济与"德意志"社会，使民族主义获得了更广泛的影响力，但民族的概念却经历了严重的窄化。[②]

1993年，德国历史学家奥托·达恩（Otto Dann）出版了《德国的民族和民族主义 1770—1990》。在这本著作中，达恩借助盖尔纳的现代民族主义理论考察了德意志民族主义。他认为，德意志民族的形成与交流革命密切相关，因为这场革命促进了文化的标准化和民族意识的形成，而印刷术的发明、路德翻译《圣经》、知识的普及，邮件和新闻的传播等都属于交流革命的重要阶段。正是因为民族意识的不断形成，18世纪在德意志社会出现了市民阶层。在达恩看来，德意志帝国的建立是政治、社会和经济关系现代化的结果，但德意志民族在形成过程中并没有满足一般现代化国家的范式，而它自身存在的宗教纷争、诸侯割据、显著的地域中心位置

---

① Hans-Ulrich Wehler, *Nationalismus: Geschichte, Formen, Folgen*, München: C.H.Beck Verlag, 2004, S.63.

② Hans-Ulrich Wehler, *Nationalismus: Geschichte, Formen, Folgen*, München: C.H.Beck Verlag, 2004, S.63-89.

以及神圣罗马帝国的阴影等不利因素却在帝国建立时被忽视了。①

韦勒在《德意志帝国》中也持有上述相同的观点。他认为，19世纪的德国只是实现了部分现代化，1871年的德意志帝国是通过军事性的"上层革命"建立起来的国家。统一后的德国在政治上仍然保持着前工业社会权利精英的独裁统治，他们激励并维持着各种反民主、反平等和反现代的价值体系、政党制度和思想意识等，正是统治集团的这种"防御性"行为，使德国社会在发展进程中背上了沉重的历史负担，并导致了第一次世界大战的爆发。②马克斯·韦伯在他的社会理论中也关注到了德意志民族主义，他从经验科学的角度对该民族进行了考察。韦伯的民族主义观念呈现了双面性，一方面是基于文化民族而产生的文化民族主义，另一方面是基于权力国家的政治民族主义。③

德国历史学家卡尔·迪特利希·埃尔德曼（Karl Dietrich Erdmann）在《德意志史》④中指出一战前的德帝国缺乏稳固的民族基础。虽然俾斯麦领导的德意志民族国家维持了近20年的稳定，但随着德意志帝国从大陆政策向世界政策的过渡，德国处在欧洲两翼国家的重压之下，"没有一个帝国主义国家的殖民和经济扩张政策像德国这样缺乏稳固的民族基础"⑤。英国社会学家约翰·布赖维（John Breuilly）在《第一德意志国家形成》⑥中，探讨了

---

① Otto Dann: *Nation und Nationalismus in Deutschland 1770-1990*, München: C.H.Beck Verlag, 1992.

② ［德］汉斯-乌尔里希·维勒：《德意志帝国》，邢来顺译，青海人民出版社2009年版，第2—3页。

③ ［德］沃尔夫冈·J.蒙森：《马克斯·韦伯与德国政治——1890—1920》，阎克文译，中信集团出版社2016年版。

④ Karl Dietrich Erdmann, *Handbuch der deutschen Geschichte*, Stuttgart: Union Verlag, 1978.

⑤ ［德］卡尔·迪特利希·埃尔德曼：《德意志史》第四卷上册，高年生等译，商务印书馆1986年版，第35页。

⑥ John Breuilly, *The Formation of the First German Nation-State 1800-1871*, London: St Martions Press, 1996.

德意志民族国家形成中存在的问题，其中涉及了形成的历史条件、过程，以及对未来德国的影响。德国历史学家特奥多尔·齐德（Theodor Schieder）认为，1871 年的德意志帝国是传统概念中最强势的德意志国家，它由诸侯联邦和自由市组成。在这个帝国中，现代性国家职能发挥了有限的作用。①

美国历史学家科佩尔·S.平森（Koppel Shub Pinson）在 1966 年出版的《德国近现代史》②一书中认为，法国大革命标志着近代德意志的开始，旧的秩序已彻底被摧毁，政治保守主义和浪漫主义等同于"较高级"的德意志民族主义，而这一时期也是德国从世界主义向德意志民族主义、从"世界公民"向"民族国家"的转变。虽然这时德意志人的民族感情中仍然混合着大量的大同主义思想，但正是因为这种大同主义和浪漫派民族主义的混合，才使得德意志民族主义具有复兴的"千年至福说"，有了使命观念的基础，有了超越边界的向外扩张的思想。③

英国历史学家玛丽·弗尔布鲁克（Mary Fulbrook）同样指出，德国未能成功解决宗教和政治的斗争，导致了 18 世纪死气沉沉的政治局面；小国林立的局面在众多德国人身上滋养了官僚和臣服的心态；路德教的教义强调对世俗权力的顺从，而康德和黑格尔的哲学强化了这种顺从……虽然 19 世纪德国觉醒了，但这种觉醒是不完全的，古老的社会政治结构和迅速现代化经济之间的张力如此剧烈，需要德国通过对外的冲突将其释放。④

国内学者邢来顺、吴友法等人在编写的《德国通史》（六卷本）中指出，从 17 世纪中叶到 19 世纪初，德国经历了从传统向现代转型的阵痛。

---

① Theodor Schieder, *Das Deutsche Kaiserreich von 1871 als Nationalstaat*, Göttingen: Vandenhoeck&Ruprecht Verlag, 1992, S.15.

② Koppel Shub Pinson, *Modern Germany: Its History and Civilization,* New York: Macmillan, 1966.

③ ［德］科佩尔·S.平森：《德国近现代史》，范德一译，商务印书馆 1987 年版，第 75—77 页。

④ ［英］玛丽·弗尔布鲁克：《德国史》，卿文辉译，上海人民出版社 2018 年版，第 5 页。

这一时期属于向"现代"社会过渡的近代中期历史，也使得德国历史发展道路的独特性进一步凸显。在传统封建社会向现代资本主义社会过渡方面，德国没有遵循英、法等国的社会革命道路，而是在法国革命等外力因素的刺激下，采用了"上层革命"的改革方式，通过解放农民和全面实施营业自由原则等，废除封建因素，把法国革命的成果和平地移植到德国，渐进式地实现了传统封建社会与现代资本主义社会的和平对接。[①] 吴友法在《德国现当代史》中指出，由于德国资产阶级革命的不彻底和资产阶级的软弱，德国社会长期存在一个以封建势力为主的容克资产阶级，又因为资本主义的"普鲁士道路"和思想文化领域的非理性主义思潮的影响，德国社会长期存在封建专制主义、军国主义和极端民族主义的历史传统。[②] 李工真在《德国现代史专题十三讲——从魏玛共和国第三帝国》中选择了魏玛共和国时期和第三帝国时期，因为在他看来，这两个时期一个是所谓极端的民主，一个是所谓极端的独裁，它们是德国历史上问题最多的时代，也是德国现代化发展和矛盾最为尖锐的时代。[③] 葛丽在《德意志民族主义形成和发展变化研究》中提出，德国民族主义经历了从文化民族主义到极端民族主义的巨大转变，对德国的历史进程产生了重大影响。[④]

在第二类从文化和历史观的角度"窥视"德意志民族特点的研究中可以发现，德意志民族主义的概念最早可以追溯到"文化民族主义之父"赫尔德（Johann Gottfried Herder）的思想。他利用有机的历史主义、文化的民族主义和多元价值论，开启了德国浪漫主义先河，也引

[①] 邢来顺、吴友法主编：《德国通史》（六卷本），江苏人民出版社 2019 年版，"总序"第 8 页。

[②] 吴友法：《德国现当代史》，武汉大学出版社 2007 年版，第 2 页。

[③] 李工真：《德国现代史专题十三讲——从魏玛共和国到第三帝国》，湖南教育出版社 2010 年版，第 3—4 页。

[④] 葛丽：《德意志民族主义形成和发展变化研究》，《国际公关》2022 年第 5 期。

发了文化民族主义的产生。"一个民族必须要保持并发展自己的民族精神和民族特性。"①

德裔美国学者格奥尔格·G.伊戈尔斯（Geory Geson Iggers）在《德国的历史观——从赫尔德到当代历史思想的民族传统》②一书中指出，德国19世纪的历史观对德国民族认同产生了深刻的影响，它排斥启蒙运动中的理性和人道主义观念，使德国民族主义的反民主性合法化，并在一定程度上影响了纳粹主义的极端民族主义思想。伊戈尔斯认为，德国政治民族主义是在法国革命战争和拿破仑胜利之后，在反对法国统治德国的斗争中兴起的，这一斗争增强了德国政治思想中的反启蒙运动倾向。③

德国著名历史学家弗里德里希·迈内克（Friedrich Meinecke）在其经典著作《世界主义与民族国家》④中提出了一个关键性问题：德意志文化是如何形成的？他从两个角度对这个问题进行了阐述："德意志文化"如何从世界主义中走出来；普鲁士文化如何与德意志文化融合？在这本书里，迈内克不仅梳理了长久以来困扰德国的世界主义和民族国家之间的关系，按时间顺序梳理了普鲁士统一之前的德意志文化和民族特性，包括浪漫主义时期、复辟时期和德意志帝国建立时期，涉及了威廉·冯·洪堡、弗里德里希·施莱格尔、费希特、黑格尔、兰克以及俾斯麦等人的思想，同时还就普鲁士—德意志问题进行了深入的探讨。⑤

---

① Robert Reinhold Ergang, *Herder and the foundations of German nationalism*, New York: Columbia University Press, 1931.

② Georg Geson Iggers, *Deutsche Geschichtswissenschaft-eine Kritik der traditionellen Geschichtsauffassung von Herder bis zur Gegenwart*, München: Deutscher Taschenbuch-Verlag, 1971.

③ ［美］格奥尔格·G.伊戈尔斯：《德国的历史观：从赫尔德道当代历史思想的民族传统》，彭刚、顾杭译，译林出版社2014年版，第5页。

④ Friedrich Meinecke,*Weltbürgertum und Nationalstaat,* München: R. Oldenbourg Verlag,1919.

⑤ ［德］弗里德里希·迈内克：《世界主义与民族国家》，孟钟捷译，生活·读书·新知三联书店2007年版。

　　法国历史学家安托万·基扬（Antoine Guilland）则从法国普世的爱国主义立场分析了 19 世纪德国的历史主义和历史学家。在基扬看来，19 世纪的德国历史学家不喜欢契约论的国家说，他们笔下的普鲁士国家，更像是道德主体，甚至是神物。基扬认为，德国历史学家以他们的学说来塑造德意志民族，这种"否定普遍的人类价值观，完全以封闭的个人价值观取而代之的做法是错误的，而把这种观念运用到民族生活中，其后果更为不幸"[①]。

　　美国历史学家弗里茨·斯特恩（Fritz Stern）在其著作《非自由主义的失败》[②] 中看到了德国历史中一种强大的张力。这种张力被称作"非自由主义"，它也许曾出现在许多国家里，但在 1866—1933 年的德国政治发展中却达到了特别的高度。斯特恩认为，德国历史并没有随着纳粹主义的出现而实现真正的中断。相反，这种中断出现在纳粹主义失败之后。[③]

　　犹太裔德国社会学家诺贝特·埃利亚斯（Norbert Elias）指出，文化对德国人有着特殊的意义："镶嵌在德国词汇'文化'中的含义也许是非政治的，甚至有可能是反政治的偏见……在 18 世纪与 19 世纪的一些时期，中产阶级'文化'概念中反政治偏见将矛头指向了王公贵族的独裁政治……在之后的时期，这种反政治偏见的矛头则转而指向了民主国家的议会政治。"[④] 德国历史学家沃尔夫·勒佩尼斯（Wolf Lepenies）也在 2006 年出版的《德国历史中的文化诱惑》[⑤] 中明确指出，德国文化概念在本质

---

　　① ［法］安托万·基扬：《近代德国及其历史学家》，黄艳红译，北京大学出版社 2010 年版，第 IX 页。

　　② Fritz Stern, *The Failure of Illiberalism, Essays on the Political Culture of Modern Germany*, New York: Columbia University Press, 1992.

　　③ ［美］弗里茨·斯特恩：《非自由主义的失败》，孟钟捷译，商务印书馆 2015 年版，第 7—8 页。

　　④ Norbert Elias, Michael Schröter, *Studien über die Deutschen. Machtkämpfe und Habitusentwicklung im 19. und 20. Jahrhundert,* Frankfurt am Main: Suhrkamp Verlag, 1992, S.126-127.

　　⑤ Wolf Lepenies, *The Seduction of Culture in German History*, Princeton: Princeton University Press, 2006.

上指向思想、艺术和宗教，而且有一种倾向，就是在这类事物和另一类政治、经济和社会现实之间，划出了明确的分界线。在勒佩尼斯看来，德国人将文化视为政治的替代物，并对议会政治嗤之以鼻，这是贯穿在德国历史中的普遍思想。[①]

国内学者马红邑在《民族主义思潮的两个来源及其影响》[②]中将德国的民族主义定义为历史主义民族主义。启蒙运动之后的德国民族主义情绪一方面希望借助自己的文化传统建立一个民族国家，另一方面也希望向法国学习建立一个民主的国家。他们坚持历史实在论，认定"人没有本性，只有历史"[③]，从而否定了民族主义中的民主因素，最终帮助德国走上了传统文化民族主义之路。刘新利在《德意志历史上的民族和宗教》一书中认为，德意志民族的发展与基督教的发展紧密相连，其身份认同除了语言、地域、政权、信仰等普遍的内容外，还有一个多元分离性因素，即不承认分裂的现实就不能统一的民族特征。[④]王联在《世界民族主义论》中提到，德国之所以是文化民族主义的原因，从内来看，德意志小邦专制主义的压制使民族主义与政治脱节；从外来看，是抵制外来文化入侵的需要。而之后普鲁士所领导的统一进程使得民族主义带上了军国主义的色彩，并最终产生了对外扩张性。[⑤]李宏图解读了赫尔德思想下的德国民族主义，认为"赫尔德的文化民族主义不仅为德意志民族确立了建立民族国家的理想，也为如何建立这样的民族国家指明了方向"[⑥]。刘涛在《马克斯·韦伯的民

---

① ［德］沃尔夫·勒佩尼斯：《德国历史中的文化诱惑》，刘春芳、高新华译，译林出版社 2010 年版，第 4—10 页。

② 马红邑：《民族主义思潮的两个来源及其影响》，《社会主义研究》2018 年第 3 期。

③ ［美］格奥尔格·G.伊戈尔斯：《德国的历史观——从赫尔德到当代历史思想的民族传统》，彭刚等译，译林出版社 2014 年版，第 3 页。

④ 刘新利：《德意志历史上的民族和宗教》，商务印书馆 2009 年版。

⑤ 王联：《世界民族主义论》，北京大学出版社 2002 年版。

⑥ 李宏图：《论赫尔德文化民族主义思想》，《华东师范大学学报（社会科学版）》1996 年第 6 期。

族观辨析》中提出韦伯从经验科学角度对民族进行了考察，赋予民族以经验性，并从文化和政治两个角度对民族主义进行了定义。①

综上所述，国内外学者一方面从社会发展、演进的过程，从社会结构的角度来看待"德意志特殊道路"，另一方面借助分析德国长久以来形成的独具特色的文化、哲学以及历史观来看待德意志民族国家的形成。这两个方面不是孤立存在的，是相互结合的。正是因为多方面因素的共同作用，德国最终形成了不同于西方政治民主的，具有德意志特色的民族国家和民族主义。

4. 关于大屠杀文化记忆

目前，德国战后关于大屠杀文化记忆②的研究成果颇为丰硕，内容纷繁复杂，首先可将国外的相关学术研究成果分成三个学派进行梳理和分析。

（1）保守主义学派。该学派始终从维护自身民族主义的立场来看待"大屠杀"历史。如迈内克认为，纳粹时期的"极权专制"是源自法国大革命的乌合之众化，包括"民主化、布尔什维克化、法西斯化"。他在《德国的浩劫》③中提出：纳粹主义是德国民族主义二分法中对权力和军国主义的过分追求，是德国民族的"浩劫"，但可以通过民族主义中文化的部分进行修正，通过建立"歌德共同体"，用新的方式来供奉德意志精神。"我

---

① 刘涛：《马克斯·韦伯的民族观辨析》，《西北民族大学学报（哲学社会科学版）》2018 年第 2 期。

② 德国关于大屠杀文化记忆是指，德国人战后对于大屠杀以及纳粹历史的反思，这个概念已在国内外学界达成了一致共识。相关内容可参考 Aleida Assman und Ute Frevert, *Geschichtsvergessenheit Geschichtsversessenheit, vom Umgang mit deutschen Vergangenheiten nach 1945*，Stuttgart: Deutsche Verlags-Anstalt, 1999；Aleida Assmann, *Der lange Schatten der Vergangenheit, Erinnerungskultur und Geschichtspolitik*, München: C.H.Beck Verlag, 2006；[德]阿莱达·阿斯曼：《记忆中的历史：从个人经历到公共演示》，袁斯乔译，南京大学出版社 2017 年版；[德]扬·阿斯曼：《文化记忆——早期高级文化中的文字、回忆和政治身份》，金寿福、黄晓晨译，北京大学出版社 2015 年版。

③ Frierich Meinecke, *Die deutsche Katastrophe*, Zürich: Aroe Verlag, 1946.

们在灵魂上必须重加安排的领域，也已经为我们规定好了，那领域就是德国精神的宗教和文化，在不幸之中要寻求一种超尘世的支柱"。① 德国历史学家格哈德·里特尔（Gerhard Ritter）也有着相同的看法，他提出民族社会主义不是一种德国特有的现象，而是某些宏观走向的一部分——尤其是宗教、19 世纪自由主义和人文价值观的衰落，合理的对策是回归人文主义，重塑德国的历史形象。②

作为德国战后新保守派的代表，德国历史学家恩斯特·诺尔特（Ernst Nolte）在《法西斯主义的时代：法兰西行动、意大利法西斯主义和民族社会主义》③ 一书中指出，法西斯主义在欧洲具有普遍性，并非德国所特有。进入 20 世纪 80 年代，诺尔特再次强调对大屠杀的相对化，他在《不愿过去的过去》④ 中提出，"如果仅仅只看到一场屠杀，或者一场大屠杀，而完全忽略其他屠杀的话，我们也会误入歧途"⑤。同时，他也认为应该纠正战争时代人们非黑即白的形象，应该修正更久远的历史。诺尔特的这一说法，实际体现了新保守派的政治主张，他们希望将纳粹历史"正常化"，并鼓吹德意志民族主义。

和诺尔特持有相同看法的还有德国保守派历史学家施蒂默尔（Michael Stürmer），他在《无历史国度的历史》⑥ 中指出，在一个没有历史的国度中，谁决定记忆的内容，谁创造概念并阐释过去，谁就控制了未来。当今德国

---

① ［德］弗里德里希·迈内克：《德国的浩劫》，何兆武译，商务印书馆 2012 年版，第 134 页。

② Gerhard Ritter, *Europa und die deutsche Frage,* München: Bruckmann Verlag, 1948.

③ Ernst Nolte, *Der Faschismus in seiner Epoche: die Action francaise, der italienische Faschismus, der Nationalsozialismus*, München: Piper Verlag,1963.

④ Ernst Nolte, „Vergangenheit, die nicht vergehen will", in *Frankfurter Allgemeine Zeitung,* 6.Juni 1986.

⑤ ［德］哈贝马斯等：《希特勒，永不消散的阴云？——德国历史学家之争》，逄之、崔博等译，生活·读书·新知三联书店 2014 年版，第 36 页。

⑥ Michael Stürmer, „Geschichte in geschichtslosem Land", in *Frankfurter Allgemeine Zeitung,* 25.April 1986.

政治右翼，通过其专家的治国论调对历史进行低估，政治左翼则是通过激进的态度造成对历史的扼杀，这些都严重破坏了国家的政治文化……他认为，战后德国关于纳粹主义及大屠杀的历史研究模糊了民族认同，呼吁重新回归德国传统文化。① 另一位保守派历史学家希尔格鲁伯（Andreas Hillgruber）也在极力否定大屠杀的独特性，"历史上的一切都是'独一无二'的，但每桩事实、每个时间、每个人物又必须加以比较……独特性和比较并不矛盾"②。

由此可以看出保守主义者认为，德意志民族主义和传统文化是宝贵的文化遗产，他们与德国的大屠杀以及纳粹主义无关。对待大屠杀历史，不应该将其特殊化，而应该"相对化"和"正常化"，对大屠杀的反思不应该阻碍德国人对传统文化的向往和追求。

（2）自由左派。这一派的学者更多地从大屠杀罪责本身出发，试图从德国历史传统中找到纳粹主义的根源。德国哲学家特奥多尔·利特（Theodor Litt）认为：纳粹时代的恐怖，从某个层面上看，是某种人的"原形毕露"，提供了"对我们自身的清楚认识"。"解放我们的真理"让人们认识到人类所能够犯下的普遍的罪恶，这正是德国人从那段"错误、痛苦和罪责深渊"的时期所悟到的道理。③

1946 年德国哲学家卡尔·雅斯贝尔斯（Karl Jaspers）出版的《罪责问题：论德国问题》为战后讨论德国人罪责及其与德国民族的关系设立了基本准绳。在书中，雅斯贝尔斯对纳粹罪行既不是回避性地道歉，也不是有意识地谴责，而认为德国在二战中所犯下的罪责是德国人的集体

---

① ［德］哈贝马斯等：《希特勒，永不消散的阴云？——德国历史学家之争》，逄之、崔博等译，生活·读书·新知三联书店 2014 年版，第 25—28 页。

② ［德］哈贝马斯等：《希特勒，永不消散的阴云？——德国历史学家之争》，逄之、崔博等译，生活·读书·新知三联书店 2014 年版，第 236 页。

③ Theodor Litt, *Von der Sendung der Philosophie*, Wiesbaden: Dieterich'sche Verlangsbuchhandlung, 1946, S.24-25.

责任。① 20世纪50年代随着联邦政府在经济和军事上的恢复重建，沃尔特·德克（Walter Dirk）代表德国左翼知识分子发表了《欧洲的复辟特征》，指出当下的政府和1945之前的德国有保持连续性的地方，警告纳粹政权有复辟的可能性。② 1961年德国历史学家弗里茨·菲舍尔（Fritz Fischer）在《争雄世界：德意志帝国1914—1918年的战争目标政策》③ 中，研究的虽然是德国在一战中的责任，但实际上分析的却是纳粹政权的起源，菲舍尔提出了德国历史从一战到二战的连续性。他认为，从德意志帝国到第三帝国经济、社会、政治和军事领域的权力精英存在一定的连续性。如果没有从小资产阶级崛起的"元首"以及在武装部队和外交部门占主导地位的传统农业和现代工业政治精英的联盟，纳粹主义的崛起和德国发动第二次世界大战就不会发生。德意志强权目标设置的连续性形成于德意志帝国，在一战期间得到张扬，在魏玛共和国潜伏，最终在第三帝国时期极端膨胀。④

哈贝马斯（Jürgen Habermas）在《一种损害赔偿方式——德国现代史书写中的辩护倾向》⑤ 中，坚持信奉西方普世价值原则，反对对纳粹历史的修正。"我们不能用希尔德布兰德和斯图尔默提出，并由希尔格鲁伯和诺尔特所推行的修正的冲动来主导（纳粹主义）历史化，以上诸位已经开始抖掉过去的包袱，正愉快地转向道德中立……⑥ 德国左派历史学家埃布哈德·耶科尔（Eberhard Jäckel）指出："我们应该知道真相，而不是进行

---

① Karl Jaspers, *Die Schuldfrage: Ein Beitrag zur deutschen Frage,* Zürich: Artemis Verlag, 1946.

② Walter Dirk, „Der restaurative Charakter der Epoche", in *Frankfurter Hefte*, No.5,1950.

③ Fritz Fischer, *Griff nach der Weltmacht:Die Kriegszielpolitik des Kaiserlichen Deutschland*, Düsserdorf: Droste Verlag,1961.

④ 孙立新等：《联邦德国史学研究——以关于纳粹问题的史学争论为中心》，社会科学文献出版社2018年版，第110页。

⑤ Jürgen Habermas, „Eine Art Schadensabwicklung-die apologetischen Tendenzen in der deutschen Zeitgeschichtsschreibung", in die *Zeit*, 11 Juli 1986.

⑥ ［德］哈贝马斯等：《希特勒，永不消散的阴云？——德国历史学家之争》，逢之、崔博等译，生活·读书·新知三联书店2014年版，第64页。

大肆的中伤和毁谤。不容置疑的是，在我们的国度中，我们要对过去的屠杀保持特别的'兴趣'，而不应该通过拐弯抹角的方式使其相对化。"[①] 罗伯特·莱希特（Robert Leicht）也认为，"纳粹统治在德国历史上是史无前例的，因而也是独一无二的……其他民族的罪行不能成为我们原谅自身罪行的借口"，"我们也是这样站在一个历史的阴影之下……如果我们试图去修改历史的话，我们就永远无法塑造我们的未来"。[②]

由此可见，这一派的历史学家主张从德国传统民族主义以及历史根源上去发掘大屠杀在德国发生的原因，从一战到二战的爆发说明了德国极端民族主义的延续性，重新认识德意志民族主义和历史传统是必要的，它可以帮助德国人更好地面向未来。

（3）批判史学派。该学派兴起于20世纪70年代，以研究国家的政治外交史为目标，利用社会科学的手段和历史阐释学的方法来解读历史，把对历史的思考变成对历史的批判，因为这一学派的代表人物——韦勒和科卡都出自比勒菲尔德大学，所以他们又被称为"比勒菲尔德学派"。作为批判史学代表作之一，韦勒的《德意志帝国》最为著名，作者在书中以一种政治、经济和社会现代化的概念对德意志帝国进行了全面剖析，认为正是由于政治和经济的不平衡以及民族主义的权力转向，才导致纳粹统治在德国出现。这种新的、批判性的"德意志特殊道路"命题引发了一场国际性的史学争论。[③]

德国历史学家于尔根·科尔（Jürgen Kocka）是批判史学派的另一位代表人物，他在1981年出版的《1850—1980年德国历史中的职员：从私

① Eberhard Jäckel, „Die elende Praxis der Untersteller, Das Einmalige der nationalsozialistischen Verbrechen läßt sich nicht leugen", in die *Zeit*, 11.September 1986.

② Robert Leicht, „Nur das Hinsehen macht uns frei. Wir und unsere Vergangenheit: Die deutsche Geschichte läßt sich nicht retuschieren", in die *Zeit*, 26.Dezember 1986.

③ Hans Ulrich-Wehler, *das Deutsche Kaiserreich 1871–1918*, Göttingen: Vandenhoeck & Ruprecht Verlag, 1973.

人官员到招聘的雇员》①一书中，描写了德国职员阶层的产生和发展情况，深入分析了职员阶层的心理特征，从该层面探讨了纳粹主义在德国盛行的条件，使人们对"德意志的灾难"和"德意志特殊道路"有了更深刻的认识。② 另外，马丁·布洛撒特（Martin Broszat）主编的《希特勒之后——我们历史研究的困境》，收录了其在 1957—1986 年间对纳粹政权和德国人战后身份认同所进行反思的多篇论文。③ 戈德哈根（Daniel Jonal Goldhagen）在《希特勒的志愿行刑者：普通德国人和大屠杀》④ 中，通过解剖预备警察在执行大屠杀时的心理和行为，指出大屠杀的根源是德意志的历史和文化："德国文化中普遍长期存在的、灭绝种族的反犹主义为大屠杀准备了启动条件，持有种族大屠杀意识形态的罪恶政权对此加以利用。"⑤ 虽然这本书存在夸大德国历史中的反犹主义之嫌，也被德国史学界所否定，却在 20 世纪末的德国和美国社会中产生了巨大效应，也引发了史学公众化与史学专业化的文化权利争夺。

由此可见，这一派的历史学家避开了德国的民族主义特性，更多地从德国历史学和结构史上去找问题。他们认为，德国长期以来快速发展的经济和落后的政治制度之间的不平衡是最终导致纳粹政权和大屠杀产生的原因。

除了上述三种学派对德国战后大屠杀的文化记忆展开研究之外，进

---

① Jürgen Kocka, *die Angestellten in der deutschen Geschichte 1850-1980: Vom Privatbeamten zum angestellten Arbeitnehmer*, Göttingen: Vandenhoeck & Ruprecht Verlag, 1981.

② 孙立新等：《联邦德国史学研究——以关于纳粹问题的史学争论为中心》，社会科学文献出版社 2018 年版，第 71 页。

③ Martin Broszat, „*Nach Hitler. Der schwierige Umgang mit unserer Geschichte*", Hermann Graml und Klaus Dietmar Henke（Hrsg.），München: R. Oldenbourg Verlag, 1987.

④ Daniel Jonal Goldhagen, *Hitler's Willing Executioners, Ordinary Germans and the Holocaust*. New York: Alfred A. Knopf, 1996.

⑤ ［美］丹尼尔·戈德哈根：《希特勒的志愿行刑者》，贾宗谊译，新华出版社 1998 年版，第 240 页。

入 21 世纪，更多的学者对这个问题持续关注，并试图在综合以上学派的基础上，从新的视角来考察大屠杀文化记忆。2005 年，约恩·吕森（Jörn Rüsen）在《历史思考的新途径》中，分析了大屠杀的历史作用和其阐释性。他认为，因为不断增大的事件间距澄清了回忆和历史意识之间的区别，自然地引起了从回忆到历史意识的转化，正是由于人们对纳粹时期的回忆具有了被分解的历史意识的特征，大屠杀事件因而获得了它的历史意义。[1]

2007 年，阿莱达·阿斯曼在《记忆中的历史：从个人经历到公众演示》[2]中提出，记忆是表征民族/国家和历史之间关系的纽带。在德国的历史语境中，两者是断裂的，这是源于纳粹政权所造成的历史创伤，它像一块巨大的岩石横亘在历史的道路上，民族/国家退场了。[3] 在 2016 年出版的《文化记忆中的新问题》[4] 中，阿莱达·阿斯曼认为，1990 年之后关于大屠杀的文化记忆重新回到了德国社会，并且被视为统一德国建立的负面神话。如果说这类文化记忆已经融入了第三代和第四代德国人的生活中，已成为其文化环境和现状的一部分，那么对这种文化记忆的反抗和批判也同时显现出来，包括对于文化记忆的诠释、调整和多元化问题等。[5]

相对于国外学者在大屠杀文化记忆方面所做的深入和透彻的工作，国内的类似研究也在不断地丰富和提升：孙立新、孟钟捷和范丁梁在 2018 年出版了《联邦德国史学研究——以关于纳粹问题的史学争论为中心》，

[1] ［德］约恩·吕森：《历史思考的新途径》，綦甲福、来炯等译，上海人民出版社 2005 年版，第 174 页。

[2] Aleida Assmann, *Geschichte im Gedächtnis, von der individuellen Erfahrung zur öffentlichen Inszenierung,* München: C.H.Beck Verlag, 2007.

[3] ［德］阿莱达·阿斯曼：《记忆中的历史：从个人经历到公众演示》，袁斯乔译，南京大学出版社 2013 年版，第XI页。

[4] Aleida Assmann, *Das neue Unbehagen an der Erinnerungskultur,* München: C.H.Beck Verlag, 2016.

[5] Aleida Assmann, *Das neue Unbehagen an der Erinnerungskultur,* München: C.H.Beck Verlag, 2016, S.67-71.

该书从德国政界的历史反思入手，依托史学理论的发展脉络，按时间顺序梳理了德国战后几次规模较大的史学争论，考察了德国近代史学史的发展，展现了政治与史学的相互关系，以及德国史学研究与战后社会变化之间的关系。①

　　李工真在《德意志现代化进程与德意志知识界》中，从德意志知识分子的视角梳理了对德国纳粹主义的认识。②景德祥的《二战后德国史学的发展脉络与特点》从二战后史学发展的角度梳理了德国近现代史中对纳粹历史根源的批判性研究。③徐健在《纳粹史叙事与民族认同——战后七十年联邦德国史学界对纳粹历史的思考》中，着重叙述了二战后 70 年间纳粹史叙述模式在德国的转换过程，以及德国史学在其中所起到的作用。④孟钟捷的《统一后德国的身份认同与大屠杀历史争议——1996 年的"戈德哈根"之争》，针对 1996 年戈德哈根之争的学术背景、社会和历史认知方面的影响进行了详细的分析，其中也涉及了统一之后德国人的身份认同和大屠杀之间的关系。⑤吕一民、范丁梁在《"克服过去"：联邦德国如何重塑历史政治意识》一文中，按时间顺序梳理了从 20 世纪 50 年代到 80 年代联邦德国政治是如何面对和克服纳粹历史的，并指出按照德国的历史经验，只有大规模的公开辩论才是和纳粹历史交锋的利器。⑥范丁梁在论文《联邦德国人纳粹记忆中的受害者意识》中，分析了二战结束后联邦德

---

　　① 孙立新等：《联邦德国史学研究——以关于纳粹问题的史学争论为中心》，社会科学文献出版社 2018 年版，第 71 页。

　　② 李工真：《德意志现代化进程与德意志知识界》，商务印书馆 2010 年版。

　　③ 景德祥：《二战后德国史学的发展脉络与特点》，《史学理论研究》2007 年第 3 期。

　　④ 徐健：《纳粹史叙事与民族认同——战后七十年联邦德国史学界对纳粹历史的思考》，《史学集刊》2015 年第 4 期。

　　⑤ 孟钟捷：《统一后德国的身份认同与大屠杀历史争议——1996 年的"戈德哈根"之争》，《世界历史》2015 年第 1 期。

　　⑥ 吕一民、范丁梁：《"克服过去"：联邦德国如何重塑历史政治意识》，《人民论坛·学术前沿》2014 年第 10 期。

国"受害者"意识的转变以及与国内外政治形势和历史文化之间的联系。①
冯亚琳在《德语文学中的文化记忆与民族价值观》一书中通过重读德语文学经典作品，考察了德语文学在文化记忆方面扮演的角色。② 魏育青在分析格拉斯《剥洋葱》时提及了这部自传体从个体记忆到文化记忆的转变。③
王琳在《战后德国文化记忆变迁中的身份认同》④ 一文中，按时间顺序梳理了战后德国大屠杀文化记忆变迁的过程，在其后续的文章中也提及了1979年美国电影《大屠杀》对德国文化记忆转变的影响。⑤

综上所述，虽然国外学者对大屠杀文化记忆展开了深入的探讨，但一些国外学者多从自身立场出发，缺乏客观性和真实性。国内学者的研究虽然丰富和多样，但显得较为零散和琐碎，缺乏系统性。总体而言，尽管国内外学者对民族主义理论、德国民族主义特性、文化记忆理论及大屠杀文化记忆等都进行了深入和细致的研究，但对于民族主义和文化记忆之间的关系，尤其是从身份认同的角度探究两者关系的研究成果还鲜有出现。另外，这些研究多局限在当时的时代背景之下，缺乏对文化记忆变迁及其原因宏观性和历时性的分析。本书将按照时间顺序，以文化记忆和民族主义为理论指导，以二战后联邦德国和统一后德国的文化记忆变迁为具体研究对象，试图从德国民族主义、民族历史观和战后的政治、社会等角度对其进行多层次分析，从而揭示出变迁背后的重要原因。

---

① 范丁梁：《联邦德国人纳粹记忆中的受害者意识》，《华东师范大学学报（哲学社会科学版）》2017年第5期。

② 冯亚琳：《德语文学中的文化记忆与民族价值观》，中国社会科学出版社2013年版。

③ 魏育青：《撕开伤口，拒绝忘川，格拉斯〈剥洋葱〉中的"忆"》，《北京大学学报（哲学社会科学版）》2008年第5期。

④ 王琳：《战后德国文化记忆变迁中的身份认同》，《西北工业大学学报（社会科学版）》2016年第4期。

⑤ 王琳：《影像催生的文化记忆转变——以影片〈大屠杀〉为例》，《武汉大学学报（人文科学版）》2017年第1期。

第一章
文化记忆与二战前德国的民族主义

文化记忆的概念来源于集体记忆，是人们对过去某个历史阶段、历史事件的认识，这种认识因为依附在文化的载体上，所以具有可持续性和固定性。在现代性框架下，民族主义与民族国家的概念密不可分，它是为了整合各方关系、凝聚国民集体意识而提出的一种意识形态和社会动员手段，借助关于"民族"的一整套文化形象、符号和价值体系来最终完成民族国家的构建。在民族国家中，民族主义是民众对国家的集体认同，文化记忆是民众对国家中某段历史或某个历史事件的认识。虽然两者都由民族国家的上层来决定，但国民的集体认同（民族主义）和国民对民族国家过去的认识（文化记忆）之间存在着密切的关联。就德国而言，其文化记忆主要指二战后联邦德国和统一后德国对大屠杀及纳粹历史的记忆和反思，该文化记忆经过一系列的变迁过程，与德意志民族主义形成一定的互动关系。本章将1945年之前的德意志民族主义作为前期铺垫，帮助人们加深对民族主义演变以及民族主义和文化记忆之间关系的理解。

第一节　文化记忆理论概述

文化记忆理论源自哈布瓦赫的集体记忆理论，它除了具备集体记忆的当下性、社会性和身份性之外，更因为其文化载体的存在而具有文化性。从内容上看，文化记忆是人们对民族国家某个历史阶段或历史事件的认识，虽然这种认识源自历史本身，但更多会受到民族国家的左右；从性质上看，虽然文化记忆更多地代表了国家上层的意思，具有一定的官方性，但因其文化特性的存在，也使得其在某些背景下展现出非官方的一面；从载体上看，文化记忆可以通过纪念场所、纪念日、纪念活动、文字和电影等来承载记忆的内容。德国的文化记忆是指 1933 年之后的德国历史事件，尤指对于犹太人的大屠杀事件，因为该文化记忆源自那段消极的历史，所以它除了具备多样性和普遍性之外，更具备反思性。

一、集体记忆理论

在了解文化记忆理论之前，需要厘清几个基本概念。其一，什么是记忆，记忆和历史之间是否存在一定的联系或对立？其二，因为文化记忆来自哈布瓦赫的集体记忆理论，那么社会条件会对集体记忆产生什么样的影响？其三，文化记忆的基本内涵是什么？它的社会功能是如何发挥作用的？这三个问题从横向上看，是"记忆"从心理学到社会学再到文化学的扩展和延伸。通过对这些概念及关系的梳理，可以深入地了解相关理论，以便开展后续的分析和研究。

记忆是指对人们对所经历事件的回忆、认识或再现。作为储存过去信息的"容器"，记忆首先被认为是一个心理活动的集合，属于心理学、生物学以及生理学的范畴。但随着脑科学和神经系统学科的发展，记忆不再被认为是一种"机械性"活动："人类的记忆过程不仅让'痕迹'参与进来，还要对'痕迹'进行再读取，在这个过程中，更为复杂的神经中枢和大脑皮层也参与进来。"[①] 这使得"记忆"扩展到人的认知和感知范围。通过对

---

① ［法］雅克·勒高夫：《历史与记忆》，方仁杰、倪复生译，中国人民大学出版社 2010 年版，第 58 页。

"记忆"研究的进一步深入，人们发现，记忆会根据新的环境对曾经记录的信息进行重新考察和组织，这一发现让此类研究最终进入了社会人文学科的范畴。

在古代的东西方，都曾存在一种"特殊"的记忆模式，即：长辈通过讲故事，以口头叙述的方式，把远古发生的，或好或坏、亦真亦假的事情，传递给他的下一代，或者更远的几代。在这个记忆的雏形中，最核心的要素是依靠口头表达来传递过去的信息，但利用"口口相传"重现一个精确的回忆是非常困难的，那么如何留存或者再现曾经的记忆呢？随着文字的出现，这个僵局被打破了。文字的主要功能是存储信息，作为人们标记、记忆和记录的一种手段——文字可以帮助人们穿越时空进行交流。①伴随着它的出现，记忆在形式上从口头转向书面，在内容上也更为精确和"有据可查"。

文字的出现和传播是社会演化的结果，而最先享有这种依靠文字来记录其记忆的对象，一般是社会权力的最高层。他们在自己的权限范围内，建立以自我为核心的记忆制度，包括博物馆、图书馆、档案馆等，并编纂与之有关的书籍、札记等，这些带有权威性的"编年史"，最终打破了记忆和历史之间的藩篱。

按照哲学辞典上对"历史"的解释，"通常历史被理解成为人们记得并解释过去的那些事，由此以便了解时间变化的特征及其对现在和未来的影响"②。杜登词典中关于"历史"的释义为，"历史指在特定的地域和文化范围内关于政治、文化和社会等发展过程的描述，或者对一个事物历史发展的科学性描述"③，这种科学性描述在一定程度上兼具权威性。随着社

---

① Jack Goody, *The Interface Between the Written and the Oral,* Cambridge: Cambridge University Press, 1987.

② Friedrich Jaeger, „Lexikon Philosophie – Hundert Grundbegriffe", *Stefan Jordan und Christian Nimtz (Hrsg.)*,Stuttgart: Philipp Reclam jun, GmbH&Co.K,G, 2011, S.109.

③ Geschichte, Duden-Onlinewörterbuch, https://www.duden.de/woerterbuch.

会的不断发展，那些通过主体回忆和历史学家诠释的，关于过去的"经验"和"有意义"的事件，被称为与过去有关的历史。

在 19 世纪批判史学出现之前，历史和记忆并没有明显的区别和对立。亚里士多德认为："感觉属于现在，希冀属于将来，记忆属于过去。因此，所有记忆都表明时间的过去。"[1] 法国学者贝吉提到："历史本质上是纵向的，记忆本质上是垂直的。历史旨在贯穿时间。记忆，由于在事件之中，所以它基本不脱离事件，力争留在里面，从内部追溯事件。"[2] 按照贝吉的说法，历史更强调时间，记忆更强调事件。这种说法固然存在漏洞，但也说明了历史和记忆都是围绕过去所发生的事件。在希腊的经典神话中，记忆是由摩涅莫辛涅女神来掌管的，她的九个女儿主司祭祀祖先和反思生命的精神活动，如颂歌、抒情诗、音乐、悲剧和历史书写等，这个神话故事里包含了记忆是历史之母的说法。

实际上，历史的建立要依靠叙事，而叙事必须经由记忆，通过回忆和想象来完成。在这个意义上，历史具有双重性：一方面，它是指发生在过去的按一定时间顺序排列的事件；另一方面，它还涉及对该事件的报道，以阐明该事件对人类诠释自我和诠释世界所具有的意义。[3] 换句话说，是记忆包含了历史，历史由记忆派生而成。正如黑格尔所说："只有进入回忆的东西才是历史。"[4]

但随着历史学的建立，历史和记忆这两个概念逐渐开始分裂，甚至一度对立。当历史学被视作同自然科学一样严谨时，记忆则因为它的随意性

① 苗力田主编：《亚里士多德全集》第三卷，中国人民大学出版社 1992 年版，第 133—134 页。
② 杨远婴主编：《外国电影理论文选》下册，生活·读书·新知三联书店 2006 年版，第 846 页。
③ ［德］约恩·吕森：《历史思考的新途径》，綦甲福、来炯译，上海人民出版社 2005 年版，第 12 页。
④ ［德］扬·阿斯曼：《古代东方如何沟通历史和代表过去》，载哈拉尔德·韦尔策主编：《社会记忆：历史、回忆、传承》，白锡堃译，北京大学出版社 2017 年版，第 39 页。

和遗忘性，被认为是靠不住的。柯林武德（Robin George Collingword）说："记忆是主观和直接的，而历史是客观和间接的。"[1]尼采在他早期的著作《历史的用途与滥用》里提出，历史意味着"回忆"，记忆则意味着"遗忘"。[2]德国历史学家绍尔·弗里德伦德尔（Saul Friedländer）认为："在历史和回忆之间有一灰色地带……前一种过去是科学的可靠报告，它面临各种冷峻的检验；而后一种过去则是我们生活的部分或背景。"[3]法国历史学家皮埃尔·诺拉（Nora Pierre）也认为："记忆和历史是两个相对的概念。记忆是一种现实的现象，它总是和当下的现实相联系；而历史却恰恰相反，它是对过去的重现。"[4]在上述学者的眼中，记忆是人们对过去事件主观和直接的反应，它与现实状况相连；历史则是客观和间接的反应，只是单纯对过去事件的重现，与当下无关。

但随着历史学和记忆学进一步向前发展，人们最终发现，历史和记忆一样，并不能完全与当下的社会背景、个人或集体身份割裂开。在人类身份认同和重构方面，历史和记忆找到了共同的契合点。在此基础上，记忆和历史被细化为"功能记忆"和"存储记忆"。[5]记忆是"功能记忆"，它的特点是群体关联性、有选择性、价值联系和面向未来；而历史属于"存储记忆"，它收录的是所有记忆的记忆，是失去现实生命力联系的东西。当"功能记忆"随着不同的社会阶段、记忆载体的变化而发生改变时，我们可以从"存储记忆"中重新调取和整理那些历史的遗留物，使它们重新

---

① Robin George Collingword, *The Idea of History*, Oxford:Oxford University Press, 1994, p.366.

② ［德］费里德里希·尼采：《尼采全集》，杨恒达译，中国人民大学出版社 2011 年版，第 271 页。

③ Saul Friedländer, *Memory, History, and the Extermination of the Jews of Europe*, Bloomington: Indiana University Press, 1993.

④ Nora Pierre, *Zwischen Geschichte und Gedächtnis*. Berlin: Fischer Verlag, 1998.

⑤ ［德］阿莱达·阿斯曼：《回忆空间：文化记忆的形式和变迁》，潘璐译，北京大学出版社 2016 年版，第 147 页。

建立与"功能记忆"的衔接。换句话说，人们可以通过记忆来建立自己的身份认同，又通过历史来不断地修正和重建这种认同。在这个过程中记忆和历史并非相互对立和排斥，而是产生了一种互动关系。文化记忆理论的奠基人阿莱达·阿斯曼认为："历史和记忆不构成对立，而是以一种错综复杂的形式纠结在一起。"① 历史的存储性和记忆的功能性最终也造就了人们价值取向和身份认同的形成。

虽然记忆有随意性和遗忘性，但它对个体认同起着至关重要的作用。这种来自自我认知、个人经验和教育经历等构成的记忆是每个人所不可或缺的，因为它是建立我们自身，以及与其他个体交往的重要依据。在哈布瓦赫看来，独立于周围环境的个体记忆是不存在的，它需要与社会保持联系。他的这一说法得到了广泛接受，但对集体记忆的认识，各类学者还存在着一定分歧。

集体记忆的概念源于 20 世纪初，在工业化和城市化迅速发展的同时，宗教的世界观以及政治权威开始衰落，人们对生存和自我认识产生了焦虑，转而发现记忆对个人、国家和民族的重要性。在这个背景下，作为社会群体身份认知的集体记忆，开始进入公众的视野。

1902 年，霍夫斯曼塔尔（Hugo Hofmannsthal）首先使用了"集体记忆"这个术语，他在《钱多斯信函》中通过揭示语言危机来暗示当时西方社会所面临的集体身份危机。② 到了 20 世纪 20 年代，哈布瓦赫明确提出了"集体记忆"的概念，他认为，历史可以看作是人类的全部记忆，虽然事实上并不存在统一的记忆，但却存在集体记忆，这些集体记忆是记忆的承载者在时间和空间的限制下所产生的。人们的个体记忆构成了集体记忆，而集体记忆也是个体记忆的来源。作为独立的个体，人们是无法脱离于群体而孤立存在的，那些和自我紧密联系的"我们"，才是个体最终获取身份认

---

① Aleida Assmann, *Erinnerung als Erregung, Wendepunkte der deutschen Erinnerungsgeschichte*. in Wissenschaftskolleg Jahrbuch:1998/1999, S.204.

② 贺骥：《霍夫斯曼塔尔的语言批判》，《外国文学评论》1997 年第 3 期。

同的源泉。"在我的头脑里或者思维的某个角落寻找记忆的藏身之处是毫无意义的事情，因为只有它们在我之外才会被记起，我所在的群体随时都给了我重构记忆的手段。"①

在扬·阿斯曼看来，相比个体记忆，集体记忆更强调身份上的认同感。分享了某一个集体共同记忆的人，可以凭此事实证明自己归属于这个群体。② 所以，集体记忆更容易被看作是一种操作的手段，用来帮助人们形成一个关于共同的、集体形象的想象，这也是有人反对它的理由。他们认为，集体记忆更像是一种意识形态，它有强烈的影响力来左右人们的信仰、感觉和看法。③ 德国历史学家赖因哈特·科赛利克（Reinhart Koselleck）曾指出，集体的条件可能会形成记忆，但并不存在集体记忆。④

结合上述对个人记忆和集体记忆的分析，可以得出集体记忆的几个特点。

第一，它具有当下性。集体记忆的建立是基于当下的社会建构。"集体记忆用于重建关于过去的意向，在每个时代，这个意向都与社会的主导思想相一致。"⑤ 在集体记忆这个动态过程中，过去源于现在被构建起来，每一段记忆都有可能在某种特殊的情况下重新走进人们的视野。哈布瓦赫的著名论断即为，"从过去剩下来的只是人们从当下的角度能够构建起来

---

① Maurice Halbwachs, *On Collective Memory*, Chicago: University Chicago Press, 1992, p.106.

② ［德］扬·阿斯曼：《文化记忆——早期高级文化中的文字、回忆和政治身份》，金寿福、黄晓晨译，北京大学出版社 2015 年版，第 32 页。

③ Aleida Assmann, *Der lange Schatten der Vergangenheit, Erinnerungskultur und Geschichtspolitik*, München: C.H.Beck Verlag, 2006, S.30.

④ Reinhart Koselleck, „gebrochene Erinnerungen? Deutsche und polnische Vergangenheiten", in *Neue Sammlung*, (42) 2000, S.113-123.

⑤ ［法］莫里斯·哈布瓦赫：《论集体记忆》，毕然、郭金华译，上海世纪出版集团 2002 年版，第 71 页。

的东西"①。

第二，它具有社会属性。集体记忆强调集体中个体成员的同质性。哈布瓦赫将"集体记忆"定义为"一个特定社会群体成员共享往事的过程和结果"，在他看来纯粹的个人记忆并不存在，伴随着社会成员的交往，记忆从一开始就具有其社会属性，虽然进行记忆的主体是个人，但个人记忆是根植在特定的群体情景之下的。他的这种提法从侧面将"集体记忆"与历史史实区别开来：人们记忆中的过去并不是客观实在，而是一种社会性的构建。

第三，它具有身份认同性。集体中的成员需要借助自己和其他成员的共同记忆来建立和加强自我的身份认同。特别是在家庭和国家这样的集体中，成员对过去的共同记忆还经常包含着很强的感情色彩。"集体记忆中个体对自我身份的确立源于其自身所处的集体认同，是个体与社会的相互平衡和自觉。"②

所以，哈布瓦赫提出的"集体记忆"并非普通意义上的、属于一个群体的记忆，它除了可以左右集体中个体记忆之外，还反映出了一个集体的自我形象。这种集体记忆中所共有的记忆内容虽然源自内部成员之间关于过去的记忆，但却与当下的社会背景息息相关，而该集体中的每一个成员也依靠这种记忆来区别于其他群体所不同的身份认同。在这个过程中，记忆的内容往往与真实的历史史实之间存在偏差，而被过多地注入集体情感和心理因素。但正是因为这些因素的加入，使得这些记忆更容易帮助人们在集体中或者社会上找到自己的定位，同时借助这种记忆形成的集体形象又可以更好地应对历史和外部的挑战。

---

① Maurice Halbwachs, *Das Gedächtnis und seine sozialen Bedingungen*, Frankfurt am Main: Suhrkamp Verlag, 1985.

② 赵静蓉：《文化记忆与身份认同》，生活·读书·新知三联书店2015年版，第20页。

二、文化记忆理论

作为研究古埃及的学者，扬·阿斯曼在哈布瓦赫"集体记忆"理论的基础上，把古埃及的物质文化与古埃及人的记忆模式结合起来，提出了从文化层面上来思考"集体记忆"。他把文化理解为"交际、记忆和媒介三者之间具有历史性变化的关联"[1]，并提出了集体记忆的两种模式："以人们日常交流为基础的交往记忆和从特殊的文化层面入手的文化记忆。"[2]

交往记忆是指基于现在对过去的一种回忆，它是人们和他同时代的人所共有的回忆。这类记忆伴随着记忆承载者而产生和消亡，一般来说，时间跨度包括 3 到 4 代人，或者 80 年左右。因此它被称作"社会的短时记忆"[3]。因为年长者的回忆比年幼者的回忆在时间上的跨度更为深远，因而这类记忆的典型范例就是"代际记忆"。这类记忆带有很强的主观性回忆，其核心是"口述历史"。

文化记忆与交往记忆相反，它是社会的长时记忆。"文化记忆是关于一个社会全部知识的概念，在特定的互动框架之内，这些知识驾驭着人的行为和体验，并需要人们一代一代反复了解和熟练掌握它们。"[4] 文化记忆是一种关于过去的认识，这种认识并不完全来自过去的历史，更大程度上来自被回忆的历史。它是将事实的历史转换成了记忆的历史，从而为集体

---

① Aleida Assmann und Jan Assmann, „Das Gestern im Heute, Medien und soziales Gedächtnis", in Astrid Erll（Hrsg.）, *Kollektives Gedächtnis und Erinnerungskulturen*, Stuttgart: J.B. Metzler Verlag, 1994, S.114.

② [德] 扬·阿斯曼：《文化记忆——早期高级文化中的文字、回忆和政治身份》，金寿福、黄晓晨译，北京大学出版社 2015 年版，第 50 页。

③ Aleida Assmann, „1998-Zwischen Geschichte und Gedächtnis: Geschichtsvergessenheit-Geschichtsversessenheit", in Aleida Assmann und Ute Frevert（Hrsg.）, *Geschichtsvergessenheit - Geschichtsversessenheit. Vom Umgang mit deutschen Vergangenheiten nach 1945,* Stuttgart: DVA Verlag, 1999, S.37.

④ Jan Assmann, „Kollektives Gedächtnis und kulturelle Identität", in Jan Assmann und Tonio Hölscher（Hrsg.）, *Kultur und Gedächtnis,* Frankfurt am Main: Suhrkamp Verlag, 1988, S.9.

成员提供一个属于他们的集体意识，建立一个属于他们的集体认同。不同于交往记忆的杂乱无章，文化记忆远离并超越了日常生活，将记忆根植在文化的积淀中。由于文化记忆是依靠诸如文字、图画、电影等文化媒介进行传播的，所以它并不会随着记忆承载人的消逝而灭亡。这样一来，历史的传承就不会以口述的方式呈现，而是具有固定性。

文化记忆与交往记忆最大的不同就在于记忆的载体不同，交往记忆的载体是人类自身，所以这种记忆虽然具有传承性，但并不具备延续性，它会随着记忆载体的消逝而消失；而文化记忆的载体是物体，包括不会消逝的文字、图画、纪念碑、电影、纪念日以及文化活动等，所以它具有延续性。从记忆到集体记忆再到文化记忆，一个最根本的发展演化是文化记忆在兼具记忆的历史再现性、当下性和社会性之外，还被赋予了文化性。"我们所理解的文化记忆是一种文化理论，同时也是一种记忆理论，所以这个理论的长处就是它的兼容性。"①

如果褪去"文化记忆"的记忆部分，人们会发现那种通过象征性符号和视觉、听觉的符码，来传承人类相关知识的"文化"具有超越个体寿命的长远意义。因为与记忆相关的文献、文物，以及促进记忆的形式和活动，如神话、仪式、纪念物、书写、出版物和普及的文化传统活动等都可以纳入该记忆的文化载体范畴，所以，文化记忆借助相关的文化载体构建属于所有成员的过去，"从当下的角度构建一个在一定程度上可以反映过去的版本"②。而这些客体有可能会在多年之后重新唤起和激起人们的记忆。正是因为文化记忆载体的可存在性，所以附着在载体之上的记忆内容也具有永存性和继承性。

这里需要注意的是，作为文化记忆核心的记忆，实际上有两层意思：

---

① 陈新、彭刚主编：《文化记忆与历史主义》，浙江大学出版社 2014 年版，第 5 页。

② Jan Assmann, „Kulturelles Gedächtnis als normative Erinnerung. Das Prinzip Kanon in der Einnerungskultur Ägptens und Israel", in O.H. Oexle（Hrsg.）, *Memoria als Kultur*, Göttingen: Vandenhoeck& Ruprecht Verlag, 1995, S.95-100.

一层是作为动词，它指的是记忆、延续和保存的动作；另一层是作为名词，它是指被记录和留存下来的回忆结果。文化记忆不仅包括"记忆的历史"，还包括"被记住的过去"。一方面社会借助各种方式来保存世代相传的集体知识，另一方面这个集体知识是一个共享的过去，通过时间和空间向社会成员提供一个属于他们的集体意识，从而建立一个集体身份。文化记忆与特定的回忆群体以及他们进行回忆时的具体处境和需求有关。这类记忆强调的是被回忆的历史，而并非真正意义上有据可查的历史。在"记忆的历史"和"被记住的过去"共同作用下，文化记忆实际上就是对过去的一种集体理解和集体建构。①

　　总体而言，记忆概念的发展是从记忆到历史，从个体记忆到集体记忆，最终直至文化记忆的出现。个体记忆是个人对过去事件的回忆和认知，而这种认知受制于个体所在的集体框架内；集体记忆不仅是集体中个体记忆的总和，更重要的是借助该记忆可以建立集体成员的身份认同以及集体形象；而不同于交往记忆，文化记忆在集体记忆的基础上借助文化，实现通过象征性符号和视觉、听觉的符码，传承和这个集体有关的记忆，最终帮助该集体建立带有延续性的群体身份认同。可以说，文化记忆不仅塑造了一个集体的历史和现实，也是一个集体的真正"来源"。

第二节　1945 年前的德国民族主义

　　按照现代民族主义理论的解释，民族是出现在民族国家之后的。一个民族国家为了帮助民众形成集体意识，以及建立良好的自我形象，需要借助民族主义这一意识形态和政治动员手段，把民众凝聚在"民族"这一想象的共同体之下。德国在 1945 年之前的民族主义，经历了从文化民族主

---

① 赵静蓉：《文化记忆与身份认同》，生活·读书·新知三联书店 2015 年版，第 12 页。

义到扩张民族主义、从复仇性质的民族主义到极端民族主义的演变，直至1945 年德国战败，民族主义遭遇了断裂。虽然不同阶段的民族主义是根据不同时期德国统治阶级的需要而设定的，但传统的德意志民族主义是德国民族的本源，也是影响德国战后文化记忆变迁的重要因素。

一、现代性框架下的民族主义理论

19 世纪政论家白芝皓（Walter Bagehot）在谈到"民族是什么"时提到：若你不曾问起民族的意义为何，我们会以为我们早已知道答案，但实际上我们很难解释清楚民族是什么……[1] 虽然我们每个人都深知自己是本民族的一员，但在解读民族和民族主义概念时，都显得有些力不从心。这里除了涉及概念本身，还有民族、民族主义与民族国家之间错综复杂的关系。

早期民族的概念更多是依托人类学、生物学和民族学的研究基础。民族是一种具有亲属关系的共同体，它存在血缘和人体解剖学的关系，也受其出身情况决定，同时又具有一种领地关系，还涉及共同的语言、宗教、文化传统、价值观念和民俗等。[2] 其中，族群特性是关键性因素，它涵盖共同的血缘以及世代相传的家系，一个族群的共同特性以及集体认同会在同一族群的代际之间延续下来。[3] 根据《新英文辞典》的记载，在 1908年之前，"民族"的含义与族群单位的意义基本上是重合的。

基于上述概念，美国宗教学教授斯蒂芬·格罗斯比（Steven Grosby）认

---

① Walter Bagehot, *Physics and Politics,* Cambridge: Cambridge University Presse, 2011, pp.20-21.

② 相关内容参见徐迅：《民族主义》，中国社会科学出版社 1998 年版，第 23 页；[英]埃里克·霍布斯鲍姆：《民族与民族主义》，李金梅译，上海世纪出版集团 2006 年版，第 5页；[美] 斯蒂芬·格罗斯比：《民族主义》（牛津通识读本），陈蕾蕾译，译林出版社 2017年版，第 6—14 页；[德]汉斯·乌尔里希·维勒：《民族主义：历史、形式、后果》，赵宏译，中国法制出版社 2013 年版，第 2 页。

③ [英] 埃里克·霍布斯鲍姆：《民族与民族主义》，李金梅译，上海世纪出版集团2006 年版，第 60 页。

为，民族是先于民族主义和民族国家而产生的："民族试图成立国家，是因为有必要保护和延续其成员的生命，即民族能够通过其代表和机构，在世界范围内保证自身的安全和延续。"① 在格罗斯比看来，民族国家被定义为国家的领土，并与某个或某些民族所居住的疆域一致，国家由民族来决定。

所以，早期的民族国家是在统一民族认同的基础上，通过战争、文化融合以及生产力发展而形成的，并实现了国家结构和功能的演进。它们是"民族走过了漫长的历史，才最终到达了自己的目的地——即成立国家"②。这类看法在考察一些古老的民族国家方面是行之有效的：1648 年 10 月 24 日，《威斯特伐利亚条约》（The Peace of Westphalia）③ 在明斯特签订，条约规定了欧洲各国享有的主权、所承担的义务和相互睦邻的原则，这些以早期民族特性为基础成立的国家在国际法领域获得了承认，该条约也被视为确立西欧民族国家的里程碑，并在"三十年战争"之后维持了近两个世纪的欧洲秩序。但随着历史的发展，这种对早期民族的定义或者先验性认识，已无法对新兴民族国家的产生作出合理性解释。

为了适应新兴的民族主义，20 世纪 80 年代此类研究出现了转折，人们开始从社会学和政治学的角度阐释民族和民族主义概念。这种认识论上的改变涉及了一种全新的结构主义理论，该理论摒弃了本质主义（原生主义）④ 对"民族"有关历史现象的归纳，而将其归结为人类精神及其相关

---

① ［美］斯蒂芬·格罗斯比：《民族主义》（牛津通识读本），陈蕾蕾译，译林出版社 2017 年版，第 6—14 页。

② Georg Wilhelm Friedrich Hegel, *Vorlesung über die Philosophie der Weltgeschichte*, Hamburg: Felix Meiner Verlag, 1996.

③ 具体内容参见《明斯特条约》第 64 条：《国际条约集》（1648—1871），世界知识出版社 1984 年版，第 1—33 页。

④ 本质主义（原生主义）认为民族根植于共同的文化遗产和语言。民族认同是通过共同的血统、语言和领土归属感形成的，民族主义不是一种意识形态，它是自然的、本能的。相关内容参见徐步华：《民族主义的本质与动力：基于社会运动理论分析》，《西南民族大学学报（人文社科版）》2019 年第 3 期。

范畴的结构体，这一点在当代被视为具有基础性意义的创新。①

结构主义解读民族或民族主义的焦点在于，它们是来自"现代性冲动的本源"。② 随着历史的发展，人们越来越发现，民族主义或许是一种现代发明，是资本主义、工业化和城市化等现代进程的产物。只有在现代性框架内，人们才能更好地理解新兴民族的相关概念。"现代性"的界定源于特定的社会结构：通常指以启蒙运动为思想标志，以法国大革命为政治标志，以工业化及自由市场为经济标志的社会生存品质和样式。③ 目前，这种利用"现代性"解读民族和民族主义的做法已经成为该理论的主流研究范式。在结构主义者看来，这种现代性的出现仰仗了"现代国家"的形成。需要说明的是，这里"国家"的概念不是前现代社会中的国家。虽然在传统社会中，国家很早就存在了，但最初的国家更多是依靠宗教之类的神意或者天意来构成。现代国家借助的不是宗教上的权威和信仰，而是通过世俗制度化的社会来推行。

对比权力和文化相对集中的农业社会，工业社会出现了复杂的劳动分工。这种分工是不断变化的，从而使得工业社会更具有流动性，造成的后果就是某种平均主义。"现代社会不是因为平均主义而流动的，而是因为流动性才成为平均的。"④ 工业社会的成员在流动过程中，使用共通的、标准的语言媒介和书写体，从而使得该社会中的教育体系成为必不可少的关键。而只有国家才能够保证该体系的正常运转，所以在农业社会由教会代表的高层次文化在工业社会就变得流行和普及起来。

---

① Hans-Ulrich Wehler, *Nationalismus: Geschichte, Formen, Folgen*, München: C.H.Beck Verlag, 2004, S.9.

② [英] 厄内斯特·盖尔纳：《民族与民族主义》，韩红译，中央编译出版社2002年版，第3页。

③ 刘小枫：《现代性社会理论绪论》，生活·读书·新知三联出版社1998年版，第64页。

④ [英] 厄内斯特·盖尔纳：《民族与民族主义》，韩红译，中央编译出版社2002年版，第34页。

　　当社会条件有利于统一的、相似的、集中维持的高层次文化时，就会出现一种局面，即在这种统一的文化驱动下，人们会自愿并且热情地认同相应的政治单位。也就是说，当高层次文化成为普及的整体社会文化时，人们愿意与那些和他们共享文化的人在政治上也结合起来。而这些政治组织在形成之后，也会借用权力的疆界来保护和推行自身的文化。相比于农业社会，工业社会随着统一文化的形成，在政治上也实现其合法性。所以，现代民族与现代政治、经济是不可分割的，现代民族形成于资本主义的上升期，世界现代化进程的开始是民族形态的分界线。资本主义生产方式的出现，打破了封建割据局面，在建立统一资本市场的同时，也建立了统一的民族国家，从而形成了现代民族。

　　如果说，早期的"民族"强调的是种族性和原生性，那么现代"民族"偏重的是功能性。就如同霍布斯鲍姆所说："在民族的现代式定义中，'民族'的建立跟当代给予特定领土而创生的主权国家是息息相关的。"[①] 这种认识从一定程度上否定了民族的种族性，而强调了它与主权国家的关系。这种以"民族"为基础的社会认同，是从社会成员的意愿、文化，以及与政治单位结合的角度来给"民族"下定义，使其合法化，并最终在全社会范围内形成一种统一的身份认同。

　　与此同时，本尼迪克特·安德森也认为，"民族"本质上是一种现代的想象形式，它源于人类意识在步入现代性过程当中的一次深刻变化，这种共同体需要借助认识论和社会结构上的先决条件[②] 来实现。[③] 只有在工

------

　　① ［英］埃里克·霍布斯鲍姆：《民族与民族主义》，李金梅译，上海世纪出版集团2006年版，第9页。

　　② 这里的认识论条件指，人们先前"神圣的、层级的、与时间始终的同时性"的旧世界观已经被"世俗的、水平的、横向的"新的想法所取代。社会结构条件指，资本主义、印刷科技和人类语言宿命多样性的三者重合。相关内容参见［美］本尼迪克特·安德森：《想象的共同体》，吴叡人译，上海人民出版社2016年版，第9页。

　　③ ［美］本尼迪克特·安德森：《想象的共同体》，吴叡人译，上海人民出版社2016年版，第8页。

业社会中，才能形成类似具有一定规模的、有历史基础的、领土紧凑的社会，同时它也拥有高级的知识阶层，这些先决条件帮助该社会在文化层面上形成统一的民族。

当统一的高层次文化形成后，当文化组织演变成政治组织后，它需要进一步借助文化和身份认同上的统一来强化政治上的统治。换句话说，民族国家对内进行政治权力控制，对外行使独立国家主权时，需要借助"民族"的概念来稳固其地位。这里的民族不再是本质主义定义的种族，而是将种族性、政治意义上的国家疆界、社会成员的文化传统和认同集合起来。现代民族是通过民族国家"臆想"出来的共同体，这个共同体与该国的历史文化变迁相关，是根植于人类深层次的、意识的心理建构。① 从功能上看，民族使得民族国家的身份、政治权利统治和对社会的控制变得合法化。

对于民族国家而言，民族主义是最有效的社会动员手段。它通过创造一个以"民族"为中心的、完整的文化形象、符号和价值体系，来整合各种社会力量，通过确定和推动社会的身份认同，帮助民族国家来调整国家和社会的关系，以及该国与其他国家的关系。在民族主义的定义中"政治单位与民族单位是全等的"②，这个概念也被霍布斯鲍姆、约翰·布雷伊（John Breuilly）等人广泛采用。③

在现代性框架下，民族国家是先于民族出现的。正如波兰的解放者毕苏斯基（Józef Klemens Pilsudski）所指出，是国家创造了民族，而不是民族创造了国家。④ 霍布斯鲍姆也认为，民族主义早于民族的建立。并不是

---

① ［美］本尼迪克特·安德森：《想象的共同体》，吴叡人译，上海人民出版社2016年版，第17页。

② ［英］厄内斯特·盖尔纳：《民族与民族主义》，韩红译，中央编译出版社2002年版，第9页。

③ Ernest Gellner, *Nations and Nationalism*, New York: Cornell University Press, 2009; John Breuilly, *Nationalism and the State,* Manchester: Manchester University Press,1993.

④ Hans Roos, *A Histroy of Modern Poland*, London: Eyre & Spottiswoode, 1966, p.48.

民族创造了国家和民族主义，而是国家和民族主义创造了民族。[①] 盖尔纳（Ernest Gellner）也指出："是民族主义造就了民族，而不是相反。"[②] 诚然，民族的概念有其自身产生和发展的过程，但民族国家成立后，它会不断地在全体社会成员中强化这个概念，从而形成人们统一的身份认同来维护整个国家的合法性。汤姆·奈恩（Tom Nairn）提出："民族主义的真正起源不是在民间，不是在个人对某种整体性或认同的被压抑的激情中，而是在世界政治经济的机器中。"[③]

民族主义虽然没有将同质性强加于每一个社会成员，但它的确在客观上对成员的同质性提出了需求。作为一种现代现象，民族主义一方面与民族国家的政治有着密切联系，另一方面也与社会文化心态有着内在关联。国家和文化之间的联系，是民族主义的核心内容。"民族主义的定义是使文化和政体一致，努力让文化拥有自己的政治屋顶。"[④]

所以，在现代民族国家中，民族主义是至关重要的一环。它可以发挥其政治功效，帮助民族国家建立和巩固其政治和法律制度；也可以发挥其文化功能，通过追溯民族国家中人们共同的文化和记忆来建立身份认同，激发社会的凝聚力。一般来说，民族主义的这两个功效都是同时存在于一个国家或民族当中。从民族主义的政治功效来说，虽然它不是促进共有文化和身份认同的根本动力，但也在民族国家建设中发挥了关键性作用；民族主义的文化功能是由共同的语言、文学、记忆、宗教，或某种共同的文化经历凝聚起来的，所以是行之有效的文化要素，它们创造并维系着民族

---

①　[英] 埃里克·霍布斯鲍姆：《民族与民族主义》，李金梅译，上海世纪出版集团2006年版，第9页。

②　[英] 厄内斯特·盖尔纳：《民族与民族主义》，韩红译，中央编译出版社2002年版，第73页。

③　Tom Nairn, *The Break-up of Britain: Crisis and Neo-Nationalism,* London: New Left Books, 1977, p.337.

④　[英] 厄内斯特·盖尔纳：《民族与民族主义》，韩红译，中央编译出版社2002年版，第57—58页。

国家。

从现代民族主义的政治和文化功效上看，也可以将其分为政治民族主义和文化民族主义。政治民族主义将民族主义的政治功能和政治属性放在首位，它的基本目标是建立一个属于本民族的国家权力机关，通过强化国家机器和政治权力来实现民族的伟大理想和远大抱负。它与"追求国家身份"的政治实践紧密地联系在一起。[1] 文化民族主义强调的是民族主义的文化功能，通过保护和复兴本民族的文化及传统，来建立民族国家。它在强调各民族文化相互尊重和平等的同时，将本民族文化的独特性视为该民族国家建立的基础。

综上所述，在现代性框架下，随着工业社会劳动分工的出现，社会阶层之间产生了流动性，原本属于上层阶级的高层次文化也变得普及起来。而随着社会统一文化的日渐形成，它会驱动相同文化认同的人在政治上结成同盟。当这些政治组织形成之后，又会反过来借用同质文化维持和保障自己的政治统治。当政治经济实体的民族国家成立之后，为了对内协调各层级关系、对外建立主权国家，巩固国家统治，它是需要借助民族主义——这种思想意识形态来构建一个有着共同情感、共同文化、共同身份认同的"民族"，依靠这个虚拟的"想象共同体"，民族国家最终完成了它的构建。而1945年前的德意志民族国家则经历了由文化民族主义向政治民族主义过渡，再到带有种族性质的极端民族主义的发展演变过程。

二、1945 年之前德国民族主义的演变

德意志民族主义最初是以文化民族主义为基础，虽然带有反法性质和浪漫主义色彩，但它提倡尊重每个民族特有的文化贡献。1871 年德意志帝国的建立以及国内资本主义的快速发展，使得威廉二世时期的德意志民族主义带有了帝国主义色彩——激发民众对本民族热爱的同时，展现出了

---

[1] 陈晓律、李永刚：《当代民族主义及其未来趋势》，《史学月刊》1998 年第 6 期。

一种扩张性。而一战失败后《凡尔赛和约》的签订，使德意志刚刚建立起的民族自尊心受到极大的挫伤，进而刺激国内形成更为激进的、带有复仇意味的民族主义。第三帝国时期希特勒将雅利安人—北欧日耳曼人认定为"高等的民族"，将犹太人为代表的民族认定为"低等的种族"，这种极端民族主义和种族主义结合的思想在二战中对其他民族造成了不可挽回的伤害。

19 世纪前的德意志民族虽然拥有神圣罗马帝国的光环，但在很多方面都处于分裂和散乱的状态。从自然地理上来说，德意志虽然地处欧洲中心，但东西两边没有天然的屏障和疆界，地形地貌的多样性使国家变得碎片化；从种族上来说，德意志不是一个单一的民族地区，其种族渊源异常复杂；从宗教上来说，基督教和异教徒之间的冲突一直贯穿于德意志历史之中，而南部的天主教和北部的新教也是势均力敌，马丁·路德的宗教改革加剧了这种对峙的局面；德意志境内的政治分裂也是长期存在，无法消除。塞缪尔·冯·普芬道夫（Samuel von Pufendorf）形容当时的德意志为"一种违反常规的、类似庞然巨物的躯体"①。在这种情况下，德意志的知识分子试图从文化传统上寻找民族的共同点来弥合其内部松散和割裂的状态，并最终形成文化民族主义。

哲学家约翰·戈特弗里德·赫尔德（Johann Gottfried Herder）提出了一套完整的民族主义历史哲学。他认为，德意志的分裂从根本上看，是因为文化上的分裂，它缺乏一种真正的民族文化和精神，"整个国家缺乏共同的利益，存在不同的精神和文化"②。同时，赫尔德坚决反对德意志对外国文化的模仿。他指出，从 16 世纪开始，德意志对法国文化的过度崇拜和痴迷是对本民族文化的伤害。他一再告诫德意志人民，要停止模仿国外

---

① ［德］乌尔夫·迪尔迈尔、安德烈亚斯·格斯特里希等：《德意志史》，孟钟捷等译，商务印书馆 2018 年版，第 156 页。

② 李宏图：《论赫尔德文化民族主义思想》，《华东师范大学学报（哲学社会科学版）》1996 年第 6 期。

文化并重视自身的民族文化，因为每个民族的文化都是建立在自己民族特性的基础之上。

赫尔德提出了文化民族主义，他认为，民族是一种有机的、自然的共同体，而创作和调节这个有机体生命周期和形式的力量，就是民族魂或者民族精神。各个民族特有的语言、文学、宗教、风俗、艺术等可以帮助其独立存在，而民族长期形成的风俗习惯、行为方式，以及观察和思考世界的方式，构成了其传统，可以通过传承和历史的惯性来进一步加强和凝固该民族的特性和文化模式，并最终成为"民族"遗传因素，这也是一个民族自身存在和发展的根本。[①] 在赫尔德看来，民族精神和民族文化是息息相关的，这种文化是一个民族的精神产物，它不仅包括了社会上层的文化，还包括了社会下层广大民众的文化。而赫尔德在强调本民族特性的同时，也提出各个民族的文化和价值平等。美国历史学家伊格尔斯指出，赫尔德的民族主义论调有着世界主义的色彩："赫尔德的民族观假设促进了各个民族之间的价值平等。从这个意义上说，他与歌德一样是精神上的世界主义者。"[②] 赫尔德借助文化统一为德意志的民族统一指明了方向，所以他被称为"德意志文化民族主义的缔造者"[③]。

和赫尔德相比，约翰·戈特利布·费希特（Johann Gottlieb Fichte）更强调民族的解放和独立。费希特最初对法国大革命表示欢迎，他认为，法国人民将引导人类走向绝对自由、理性和道德的光明大道："在我看来，法国革命对于全人类都是重要的……法国革命正是一幅关于人的权利和价值的伟大课题的瑰丽画卷。"[④] 但随着 1806 年耶拿战争爆发，普鲁士战败、

---

① Robert Reinbold Ergang, *Herder and Foundations of German Nationalism*, New York: Columbia University Press, 1931.

② [美] 格奥尔格·G.伊格尔斯：《德国的历史观：从赫尔德到当代历史思想的民族传统》，彭刚、顾行译，译林出版社 2014 年版，第 45 页。

③ 李宏图：《西欧近代民族主义思潮研究——从启蒙运动到拿破仑时代》，上海社会科学院出版社 1997 年版，124 页。

④ 梁志学主编：《费希特著作选集》第一卷，商务印书馆 2006 年版，第 173 页。

柏林陷落，费希特逐渐转向了民族主义者。在他看来，当拿破仑借助革命浪潮对德意志实施占领时，德意志人因为抵抗入侵而变得更加团结和凝聚。他在《告德意志人民书》中提到："德意志民族是有着纯正本源的优秀民族，它有着与生俱来的一切德行，忠诚、正直、质朴、坚毅，作为一个优秀的，具有创造力的民族，德意志民族应该比其他的民族更优秀。现在我们虽然在战争中失败了，但我们在精神上从未失败，而一个在精神上胜利的民族必然也会在其他一切方面获得胜利。"[1]

如果说赫尔德笔下的民族精神有着世界主义的意味，那么费希特时期的民族主义则强调民族自身的独特性。德意志民族主义诗人恩斯特·莫里茨·阿恩特（Ernst Moritz Arndt）认为，德意志祖国是指那些"每一个法国人被称作敌人，而每一个德意志人被叫作朋友的地方"[2]。除此之外，还有作家高特谢德（Johann Christoph Gottsched）、音乐家巴赫（Johann Sebastian Bach）、格鲁克（Christoph Willibald Gluck）、诗人莱辛（Gotthold Ephraim Lessing）、政论家莫泽尔（Friedrich Karl von Moser）等人，他们的作品中都充满了民族情感，在呼吁回归德意志传统文化的同时，强调了民族的独特性，表达了对德意志民族统一的愿望。

在这些具有早期民族觉醒意识的知识分子看来，德意志民族是欧洲中世纪的最强者，作为曾经将"神圣罗马帝国"背负于自身的民族，它一定是"上帝的选民""宏伟的民族"。所以在这一时期，德意志民族再次复兴的神话被重新塑造。席勒曾说过："德意志人是受世界精神引导的民族……应该高度确信，它是由神的意志选定的"。弗里德里希·路德维希·雅恩（Friedrich Ludwig Jahn）也认为："上帝将德意志上升为一个'宏

---

① Johann Gottlieb Fichte, *Reden an die deutsche Nation*, Berlin: Realfchulbuchhandlung,1808.

② Ernst Moritz Arndt, „Des deutschen Vaterland, Fremdherrschaft und Befreiung:1795-1815", in Robert F. Arnold（Hrsg.）, *Deutsche Literatur, Sammlung literarischer Kunst- und Kunstdenkmäler in Entwicklungsreihen*, Leipzig: Reclam Verlag, 1932, p.136.

伟的民族'，这个民族'并将在人类历史上永垂不朽'"；默瑞兹·安德特（Ernst Moritz Arndt）也确信："那些不愿臣服于德意志的人终将失败，德国人构成了'欧洲以及世界的核心'。"① 所以，虽然德意志民族在帝国成立之前还处于分崩离析的状态，但从神圣罗马帝国延续而来的民族精神却一度高涨。

18 世纪中后期出现的民族意识和民族认同在德意志文化领域普遍发展，它表现出了典型的"文化"特征，处于开放型的"文化民族"认同阶段。② 同时，这种从精神、历史和文化角度来提升德意志民族认同感的做法，也使得德国的文化民族主义蕴含了一种浪漫主义的元素。在浪漫派眼中，国家／民族是一个活生生的有机体，它是建立在人们的情感、精神，以及认同之上的结合体，是一种纯粹的精神活动产物和象征。民族精神是根植于民族历史、文化和传统之中，是依赖于普通民众所创造的一种民族独特性。

1789 年 7 月 14 日，法国爆发了资产阶级革命。作为一场最终跨越国界的大革命，基于地理、历史和政治的因素，它对德意志的影响比对任何一个欧洲国家都更为直接。在"自由、平等、博爱"的口号下，法国大革命提出的"废除封建残余、改革国民议会、争取全民选举权以及向君主立宪制过渡"等方案在革命的初期都得到了德意志知识分子的积极响应，包括哲学家康德（Immanuel Kant）、费希特、谢林（Friedrich Wilhelm Joseph Schelling）、黑格尔，文学家赫尔德、席勒、维兰德（Christoph Martin Wieland），以及历史学家约翰内斯·穆勒（Johannes von Müller）等。其中穆勒在 1789 年 8 月 14 日写道："巴黎的 7 月 14 日是罗马帝国衰亡以来最好的一天……让他们垮台吧，那些战栗的人们，徇私枉法的法官们和高

---

① Hans-Ulrich Wehler, *Nationalismus: Geschichte, Formen, Folgen,* München: C.H. Beck Verlag, 2004, S.66.

② 刘新利、邢来顺：《专制、启蒙与改革时代》，载邢来顺，吴友法主编：《德国通史》，江苏人民出版社 2019 年版，第 480 页。

居王位的暴君们！"①

　　如果说，法国新兴资产阶级与封建统治阶级之间的斗争在革命初期引发了德意志思想界和文化界的积极响应，那么随着下层民众的骚动和暴乱，法国大革命后期给德国社会带来了消极影响。"在德意志，法国大革命的更大后果，不是所产生的革命影响，而是引发了一种反对革命所拥护的一切事物的消极反应。"② 随着 1799 年法国爆发的"雾月革命"，拿破仑走上了世界政治舞台，而代表古老封建制的德意志神圣罗马帝国也走向了终点：1803 年的《帝国代表大会总决议》（Reichsdeputationshauptschluss）将原有神圣罗马帝国的直属领地和教会产地还俗，从而彻底改变了帝国原有的政治结构；1806 年 16 个德意志诸侯国与法国签署了《莱茵联邦条约》（Rheinbundakte），使德意志南部各邦在依附法国的基础上，与普鲁士、奥地利两大邦国形成对峙，并最终加速了帝国的消亡。

　　拿破仑对德意志的统治虽然在最初得到了当地人的拥护，但随着日益加剧的赋税、严厉的镇压以及独裁专制的统治，德意志人开始对法国感到反感和愤怒，反法、仇法情绪带动了他们对自己民族的反省，"和其他民族一样，德意志民族在与早期自由主义思想结合的同时，也包含一种针对某个'敌对者'的强烈敌意"③。拿破仑被德国人看作是仇恨的对象，虽然在此之前，拿破仑引发了德国人的钦佩之情，但随着他在德国统治的延续，具有民族意识的知识分子将其视为激发德意志人团结统一的"压迫者"。

　　如果说，最初德意志的民族主义还有着"世界主义"的意味，那么，

---

　　① Joseph Hanse, (Hrsg.), *Quellen zur Geschichte des Rheinlandes im Zeitalter der französischen Revolution 1780-1801*, Bonn: P. Hanstein Verlag, 1931, S.383-384.

　　② ［美］科佩尔·S. 平森：《德国近现代史》上册，范德一译，商务印书馆 1987 年版，第 39 页。

　　③ Hans-Ulrich Wehler, *Nationalismus: Geschichte, Formen, Folgen*, München: C.H. Beck Verlag, 2004, S.69.

一旦有外来者在摧毁德意志的家园和"记忆遗产"，这种民族主义就会突出强调自身的"民族性"，从而带有爱国主义的色彩。德意志人越来越意识到，要建立一个强大、统一的民族国家来对抗法国，对拿破仑的"妖魔化"在一定程度上为德意志民族主义的迸发起到了关键作用。正如法国历史学家基扬（Antoine Guilland）所言："这就是耶拿战役之后发生的情况，是拿破仑重新唤起了沉睡已久的爱国主义情感。"[①] 历史学家平森（Koppel S. Pinson）也指出："由于法国对德意志的占领，德意志浪漫主义成为反对法国人，反对法国革命和反对革命精神的思想武器。"[②] 这也使得德意志浪漫主义和民族主义之间形成了某种密切的联系。赖斯（Hans Siegbert Reiss）提出："很多浪漫主义者称为民族主义者，同样，很多民族主义者称为浪漫主义者。浪漫主义的思想能够去证明民族主义原则的合理性。"[③] 浪漫主义元素的出现更加肯定了德意志民族精神与文化之间的紧密关系，而它对法国启蒙运动以及法国文化的抵制和反抗，使其具有了一种天然的，防卫民族传统和文化的特质。[④] 这种文化民族主义和浪漫主义的结合，最终形成了带有德意志特色的文化民族主义。加上浪漫主义中的感性因素，使得该民族主义多少还带有了对他者文化的非理性排斥，以及对自我文化非理性宣扬的色彩。

除了法国大革命和拿破仑战争激发了德意志人的民族情绪，资产阶级的兴起也在客观上为民族国家的建立起到了铺垫作用。19 世纪 30 年代，随着工业革命的出现和资本主义的发展，资产阶级在德国崭露头角，并在

---

① [法] 安托万·基扬：《近代德国及其历史学家》，黄艳红译，北京大学出版社2010 年版，第 3 页。

② [美] 科佩尔·S. 平森：《德国近代史——它的历史和文化》上册，范德一译，商务印书馆 1987 年版，第 63 页。

③ Hans Siegbert Reiss, *The Political Thought of the German Romantics 1793-1815*, Oxford: Blackwell, 1955, p.42.

④ [美] 科佩尔·S. 平森：《德国近代史——它的历史和文化》上册，范德一译，商务印书馆 1987 年版，第 64 页。

与各邦国封建统治者的斗争中不断壮大。对于他们来说，要求的不仅仅是自由民主，更希望借机为整个德意志创造一个统一的民族国家。"不同于法国的二月革命，德国的三月革命从一开始就把资产阶级的自由民主与民族统一两大任务结合在一起，具有双重特性。"① 一封来自德累斯顿的信件也提到了"三月要求"：资产阶级民主派提出建立人民武装、陪审法庭，实现新闻自由以及成立国民议会等要求，他们认为这些不仅是为了萨克森州的和平与幸福，更是为了德国的整体统一和发展。② 截至 1848 年，拥护德国统一的行动者和支持者已经呈现出了相当可观的数量，法兰克福议会的主题就是建立一个统一的、自由的、宪政的德意志民族国家。

正如德国历史学家韦勒所说："民族主义及其建立民族国家的目标，在公共生活中年复一年地、逐渐清晰地显露出来。"③ 所以德意志资产阶级自由派和民族主义者联合起来，共同担负起实现资产阶级的自由民主与民族统一的双重使命。如托马斯·尼珀迪（Thomas Nipperdey）所说，政治上的"自由主义"与建立一个统一德意志国家的民族理想主义在同一个躯干上生长。④

但现代民族国家的建立模式并不适用于德意志的实际情况，各邦国内封建割据的长期存在使得新兴资产阶级无法统一国内市场，加上自身的软弱性，导致了其在政治上担不起统一的大任。随着资产阶级和民族主义者主导各项运动的最终失败，如德意志大学生协会（Deutsche Burschen-

---

① 邢来顺：《民族国家时代（1815—1918）》，载邢来顺、吴友法主编：《德国通史》，江苏人民出版社 2019 年版，第 58 页。

② Karl Obermann（Hrsg.），*Flugblätter der Revolution. Eine Flugblattsammlung zur Geschichte der Revolution von 1848/49 in Deutschland*, München: Dt. Taschenbuch-Verlag, 1972, S. 49.

③ Hans-Ulrich Wehler, *Nationalismus: Geschichte, Formen, Folgen*, München: C.H. Beck Verlag, 2004, S.74.

④ ［德］维纳·洛赫：《德国史》，北京大学历史系世界近代现代史教研室译，生活·读书·新知三联书店 1959 年版，第 174 页。

schaft），德意志第一、第二次宪法运动（Erste/Zweite deutsche Verfassungs-bewegung），哥廷根七君子（Göttinger Sieben）和 1848 年革命等，都向世人证明了：德意志资产阶级领导的革命不是从下而上的，也不是要推翻封建专制的。资产阶级的意愿是希望与封建统治阶级合作，甚至寄希望于他们。正如莱茵地区的资产阶级者汉泽曼在革命前夕写给政府的信件中说道："我的希望，我的哀求，都寄托在我们尊贵的国王身上。靠他，靠霍亨索伦王朝，德意志才能……免于无政府状态之祸。"[1] 这意味着，资产阶级与民族主义者所倡导的自由民主和民族统一终将无法走到一起。"德国统一的梦想逐渐与自由宪政政府的梦想分道扬镳。"[2]

相比于自由民主，建立民族国家是当时亟待解决的问题。[3] 在这一背景下，德国只能寄希望于某个邦国通过王朝战争自上而下地实现统一。当时，在经济上和政治上已经做好准备的普鲁士成为当之无愧的"最佳人选"。事实上，自俾斯麦之后，德国的民族运动在服务于创造德意志民族国家的同时，更多地倾向于俾斯麦的民族扩张主义。"德意志人从 18 世纪理性的成就中产生的民族冲动，很快堕落成为武力扩张主义，这种扩张主义是 19 世纪德意志政治生活中的特点。"[4] 随着三次王朝战争，小德意志—大普鲁士帝国被创建了。尽管在此之前德意志民族主义已经在文化和经济方面做好了准备，但最终政治意义上的德意志帝国还是在 1871 年才建立起来，德意志民族的最终形成和新的同一性以及忠诚性才由此正式展开。

虽然最终由普鲁士统一了德国，但它自身有着不可回避的缺陷，包括容克贵族特性、保守主义和军国主义等。以军国主义为例，虽然 19 世纪

---

① ［德］维纳·洛赫：《德国史》，北京大学历史系世界近代现代史教研室译，生活·读书·新知三联书店 1959 年版，第 174 页。

② Jason P. Coy, *A Brief History of Germany*, New York: Facts on File, 2011, p.125.

③ Hagen Schulze, *der Weg zum Nationalstaat: Die deutsche Nationalbewegung vom 18. Jahrhundert bis zur Reichsgründung*, München: Deutscher Taschenbuch Verlag, 1985, S.110-113.

④ ［德］埃里希·卡勒尔：《德意志人》，黄正柏译，商务印书馆 1999 年版，第 324 页。

普鲁士军国主义表现为良好的道德感、责任感，以及严格的纪律性，但这种特质也意味着某种程度的单一化和思想僵化："它缩小了眼光，导致了下级对上级一切决定不假思索地服从，造成了许多生活源泉的枯竭。尤其是随着军国主义融入平民的生活，出现的普鲁士主义和一种天真的、自我陶醉的普鲁士性格，使得德意志精神视野和政治视野急遽狭隘化。"[1] 而随着普鲁士对德意志的统一，普鲁士这些固有的特征和问题都被推广到了全德意志境内。

　　从 1871 年建立到 1918 年终结，德意志帝国近半个世纪的历史因为俾斯麦和威廉二世迥然不同的执政风格被分为一前一后两个阶段，但贯穿于其中的是以德意志帝国为核心的民族主义。1871 年 4 月 16 日德意志帝国宪法（Verfassung des Deutschen Kaiserreichs 1871）颁布，从行政结构上来看，德帝国是一个联邦制国家。但鉴于普鲁士在帝国中的特殊位置，它并不是一个真正意义上的联邦国家，而是一个由普鲁士为主导的半专制国家。例如，普鲁士国王具有任免帝国国家官吏的权力、法律创制权，统帅帝国海陆空作战的权利等。如蒙森所说，普鲁士国王的手里集中了"过多的、无论整体上还是部分都不受影响的权利"[2]。1871 年国会议员汉斯·维克多·冯·安鲁（Hans Viktor von Unruh）在巴登—符腾堡旅行时，写下了他的感受："所有的小酒馆里都挂着皇帝、俾斯麦以及皇太子等人的肖像，各个阶层的人们都相信皇帝是凌驾于各邦国之上的真正统治者。"[3] 德意志的民族统一是依靠普鲁士的强权政治来完成的，其中，王权是民族运动的领导："用民族运动包裹着强权政治，即可以防止革命，防止资产阶

---

　　① ［德］弗里德里希·迈内克：《德国的浩劫》，何兆武译，天津人民出版社 2014 年版，第 16—17 页。

　　② Wolfgang J. Mommsen, *Imperial Germany 1867-1918: Politics, Culture, and Society in an Authoritarian State*, London: Bloomsbury Academic, 1995, p. 37.

　　③ Gerhard A. Ritter, *Das deutsche Kaiserreich 1871-1914*, Göttingen: Vandenhoeck & Ruprecht Verlag, 1992, S.180.

级的统治，同时又满足社会各阶级、各阶层的民族统一愿望。"① 德意志帝国虽然在普鲁士的主导下完成了统一大业，但这种民族主义是将容克地主的王权统治放在了首位，缺少了自由平等的意味，同时在帝国宪法中也没有将人民的主权作为正当性来源。

1871 年德意志成立时，国家内部存在着三个阶级：资产阶级、容克地主和工人阶级，但实际上资产阶级在建立帝国之前，就向容克地主旧势力妥协，两者作为一种传统和保守的势力存在，而工人阶级则作为一种现代化力量或引发社会变革的象征存在。在这两股势力的对阵中，作为统治阶级代表的俾斯麦需要开辟一种保守性的稳定政策，需要在传统和现代的因素之间找寻平衡，他采取了典型的波拿巴主义。② 波拿巴主义实际上是专制行政权力为了暂时达成社会影响力而采取的一种平衡措施，目的是保证统治阶级的相对自主性。它是针对工业化时期各种社会和政治后果所采取的防御性抗争，是对社会现代化的一种阻扰。③

俾斯麦一方面对社会的进步要求作出让步，给予民众一定的自由和民主。例如在宪法中实现普选法案，颁布一些社会福利制度等。如 1883 年《健康保险》（*Krankenversicherung*）、1884 年《事故保险法》（*Krankenversicherung*）和 1889 年《退休保险法》（*Gesetzliche Rentenversicherung*）④ 不仅使得医疗保险和社会福利立法在德帝国同时进行，也为后续的福利国家

---

① 关勋夏：《论俾斯麦的波拿巴主义》，《暨南学报（哲学社会科学）》1996 年第 1 期。

② 波拿巴主义源自拿破仑三世的统治以及马克思的《雾月十八日》论文中。它最早是指工业化早期的一种专制统治类型。它的基本特征：依靠军阀的国家政权在势均力敌的两个敌对阶级和敌对力量之间见风使舵。相关文献参考 W. Andreas (Hrsg.)，"Gespräche Bismarcks mit dem badischen Finanzminister M. Ellstätter", in *Zeitschrift für die Geschichte des Oberrheins 82.*, 1930, S.449。《列宁全集》第 25 卷，人民出版社 1958 年版，第 212 页。

③ ［德］汉斯－乌尔里希·韦勒：《德意志帝国 1871—1918》，邢来顺译，青海人民出版社 2009 年版，第 48 页。

④ *Gesetz, betreffend die Invaliditäts- und Altersversicherung*，Deutsches Reichsgesetzblatt Band 1889.

打下了基础。

另一方面，俾斯麦通过保守、专制、以及反自由的手段对反对派施加镇压和迫害。1878 年，俾斯麦颁布了《反社会民主党企图危害社会治安法令》（*Gesetz gegen die gemeingefährlichen Bestrebungen der Sozialdemokratie/Sozialistengesetze*），其中规定：凡属通过社会民主主义、社会主义或共产主义办法，旨在推翻现存政府或社会制度的组织……一律予以取缔。凡属于上述组织的集会、出版物和募捐等活动均应禁止。① 根据不完全统计，在该项法令实施期间，有 1300 种刊物被查禁，322 个工人组织被取缔。② 另外，俾斯麦还对反对帝国统一的天主教进行镇压，掀起了"文化斗争"（Kulturkampf）。他将天主教徒和社会民主主义者视为"帝国的敌人"，把他们从帝国民族的范围内排除出去，而严格意义上的清教徒、极端保守主义者和有产阶层才被称为符合民族精神的德国人。正如马克思所说："俾斯麦这一系列做法将德意志帝国变成一个'半封建主义和波拿巴主义的混合体'。"③ 在俾斯麦时期，德意志民族主义不再是用来汇聚有着共同文化和身份认同的社会成员的手段，而成为了统治阶级排除异己的工具，在一定程度上窄化了"民族"的概念。这一背景下，德国文化民族主义也开始转向了政治民族主义。

《普鲁士年鉴》的编辑德尔布·鲁克（Hans Belbruck）在 1895 年指出："国家当局表现为管得太宽和警察式地随心所欲。有产者自然而然的管理权，堕落成为了阶级统治，而这一切邪恶的势力汇合起来禁锢了德意志民族的自由精神。"④ 这种本质上的区别对待，依赖于清除和排挤作为一种世

---

① *Gesetz gegen die gemeingefährlichen Bestrebungen der Sozialdemokratie/Sozialistengesetze*，Deutsches Reichsgesetzblatt，1878，Nr. 34，S. 351-358.

② ［德］弗兰茨·梅林：《中世纪末期以来的德国史》，张才尧译，生活·读书·新知三联书店 1980 年版，第 240 页。

③ 《马克思恩格斯全集》第 36 卷，人民出版社 2015 年版，第 55 页。

④ ［德］弗里德里希·迈内克：《德国的浩劫》，何兆武译，天津人民出版社 2014 年版，第 27 页。

界观和民族主义的思想一直延续到德国的下个世纪。所以，德意志帝国时期的民族主义看似以民族统一为目标，但本质上却是以清除和消灭资本主义中的自由主义和民主主义作为代价，而随着德意志帝国成立后经济和社会的迅速发展，这种扭曲的、非正常的民族主义在国内反而获得了更广泛的影响力。

当德国从一个以农业为主的落后国家变成了一个现代高效的工业国家，"从一个'诗人与思想家'的民族转变为以工艺技巧、金融和工业组织以及物质进步为公共生活的民族"[①]，并随着社会经济的迅猛发展，德意志人对自身充满了自信。在帝国内部，民族主义也开始转向反对少数民族和少数派，如波兰人、犹太人等"非德意志因素"都成为攻击的对象，虽然这些反动组织在德意志帝国时期并没有形成一定的势头，但他们提出的种族类民族主义以及极端的排外思想，在后续的德国历史中却造成了巨大的负面影响。

这时德意志帝国的对外政策也从俾斯麦时期的相对保守上升到威廉二世的扩张。虽然世界政策的出现，从某种程度上代表了资本主义国家的发展趋势。作为帝国主义国家，德国需要为工业原料寻求来源地，为其产品寻求倾销地，需要依靠海外殖民地来巩固和发展现有的地位，但从根本上看，世界政策是为了服务帝国的国内政治。俾斯麦下台后，波拿巴主义衰落，帝国内部的阶级撕裂状况更为严重。一方是代表土地贵族和部分资产阶级利益的上层统治阶级，另一方是以社会民主党为代表的社会先进力量。随着社会的发展，两方之间的斗争愈演愈烈，国内政治承受的压力也越来越大，这就需要依靠对外政策来进行释放。德国历史学家韦勒认为，"世界政策建立在一种深思熟虑的，将对外政策工具化的基础之上，目的是服务于国内政治"[②]。这种将统治阶级的压力由内部转向外部的做法，从

---

① ［美］科佩尔·S.平森：《德国近代史——它的历史和文化》上册，范德一译，商务印书馆1987年版，第227页。

② ［德］汉斯-乌尔里希·韦勒：《德意志帝国1871—1918》，邢来顺译，青海人民出版社2009年版，第157页。

根本上是想把德帝国内部结构中的问题掩盖起来。比洛夫（B. V. Bülow）提出："'世界政策'是一个充满生机的民族政策，是对付社会民主党的良方。"①

如果说俾斯麦时期的民族主义还停留在以民族统一为借口，来消除国内的自由和民主的话，那么随着世界政策的出现，这一时期的民族主义俨然有了扩张的论调。不论是海军的扩建，还是抢夺海外殖民地，都激发了德意志帝国和其他欧洲国家之间的矛盾。1896 年 1 月 26 日的《法兰克福汇报》："德国的整个政治形势正在发生深刻变化。现今许多集团正在为实行世界政策进行积极鼓动，以激起某种民族沙文主义情绪。"②

而进入 19 世纪七八十年代，社会达尔文主义和泛日耳曼主义也在德帝国内部相继出现。社会达尔文主义是将达尔文进化论中生物学理论引入社会和政治生活范畴，为帝国主义提供了思想意识的合法性，也为统治集团维持现状提供了保障。泛日耳曼主义是一种扭曲的种族主义，它认为德帝国经济上的快速发展，海外殖民地的扩张都基于其特殊的自然属性和种族主义，世界必须由德意志人来主导。正如德国历史学家韦勒所言："一种在新霸权主义基础上产生的更具扩张性的民族主义应运而生，这种民族主义尝试将'世界政治'变成德国人的'意志输出'，让世界政治为德国马首是瞻。"③而普鲁士的军国主义随着国家的统一，也给德帝国带来了一种全欧性的军国主义化进程。④ 这些都为德国民族主义的扩张提供了理论基础和政策保障，使其在一战前达到顶点。

一战的爆发从一定程度看是德国人出于对民族主义的辩护。在他们看

---

① B. V. Bülow, „Deutsche Politik", in S. Körte（Hrsg.）, *Deutschland unter Kaiser Wilhelm II.*, Berlin: Reimar Hobbing, 1914, S.97.

② ［美］科佩尔·S. 平森：《德国近代史——它的历史和文化》上册，范德一译，商务印书馆 1987 年版，第 401—402 页。

③ Hans-Ulrich Wehler, *Nationalismus: Geschichte, Formen, Folgen,* München: C.H. Beck Verlag, 2004, S.78-79.

④ E. Bernstein, *Dokumente des Sozialismus 1.*, 1902, S. 473.

来，异国的"敌人"，对德国的统一和发展造成了威胁，所以德国人要通过战争去赢得"生存空间"。这是一种以自然科学为基础、具有"正当性"的自然扩张过程。韦勒认为，"这种极端的、由伪科学说装饰出的民族主义，使人们陷入了一种盘根错节、杂乱无序的思想迷宫之中，短短几年，从这种民族主义中就道出了种族主义的教义"①。

1918年，威廉二世时期以征服全世界为构想、狂热的、扩张性民族主义随着一战的失败而轰然倒塌。德国本土也因此遭受了巨大的人员伤亡和财产损失。1919年成立的魏玛共和国在帝国战败和国内动荡的背景中成长起来，虽然它在体制上实现了资产阶级的民主共和制，但由于先天不足，加上战争赔偿压力、恶性的通货膨胀以及去军事化的共同作用，伴随着世界经济危机，最终陷入了切实的、深刻的危机。②

1925年，带有保守主义色彩的陆军元帅保罗·冯·兴登堡（Paul von Hindenburg）当选为共和国总统，他毫不掩饰用专制主义来取代民主制度的意图。实际上，他的上台反映了魏玛议会政治中长久以来的问题以及当时社会、经济和文化的分歧。兴登堡的上台得益于魏玛民主，他本人也被授权来巩固该民主制度，但兴登堡反而利用这种权力侵蚀魏玛民主，这一现象实际上暴露了魏玛宪法中的短板：各派政党在无法处理严重的社会问题时，根据宪法，国家的权力会交给国家元首，由此产生了一个明显的真空地带。③

按照1928年《迈耶大辞典》中对"民族主义"的解释，它是介于积极的、温和的"爱国主义"和具有侵略性、轻蔑的"沙文主义"之间的概念。同时按照种族主义的标准，"民族主义"还可解释为"具有血缘特性的共同

① Hans-Ulrich Wehler, *Nationalismus: Geschichte, Formen, Folgen*, München: C.H. Beck Verlag, 2004, S.83.
② ［德］汉斯—乌尔里希·韦勒：《民族主义：历史、形式、后果》，赵宏译，中国法制出版社2013年版，第132页。
③ ［德］卡尔·迪特利希·埃尔德曼：《德意志史》第四卷上册，高年生等译，商务印书馆1986年版，第362—365页。

体"。① 由此可以看出，这时的"民族主义"已不再是早期概念，受到出身背景和所属地影响、具有亲属关系的共同体。魏玛时期的民族性与历史命运共同体联系在了一起，由此产生了因为受到外部压力而在内部形成的统一的认同感，而这种认同感往往是超越领土边界的。它强调社会成员除了共同血缘、文化和情感之外的共同历史（经历）。如果说一战前德意志民族主义是扩张性的，但随着战争的失败，此时的民族主义更显现出了一种复仇主义的崛起，② 它也反对民族概念中对帝国主义和军国主义的指责。③

从民族主义的角度来看，魏玛共和国的危机一方面是因为它无法逃避民族主义概念中政治的推动，《魏玛宪法》和《凡尔赛和约》都为一战后德国复仇民族主义的兴起提供了机遇；另一方面，它无法控制这种民族主义影响下的危机感。在纳粹主义上台前一年，"种族纯度"越来越成为德意志民族国家中不可或缺的关键性因素。④

从"民族主义"概念本身出发，它是一个中性词汇，并不具备某种倾向性。但随着资本主义国家的向前发展，当它带有帝国主义色彩时，它就会为了迎合民族国家的发展而产生政治实用性特点。所以，"要判断一个民族主义的性质及其政治关系，只能根据它的意识形态和其诉求的政治形态"⑤。希特勒领导下的纳粹政权掀起的是一场带有极端性质的民族主义人

---

① „Nationalismus", in Hermann Julius Meyer（Hrsg.）, *Meyers Lexikon*, Leipzig: Bibliographisches institute,1928, S.1034.

② Frank Bärenbrinker und Christoph Jakubowski, „Nation und Nationlismus seit dem deutschen Kaiserreich", in *Archiv für Begriffsgeschichte*（38）, 1995, S.201-222.

③ „Nationalismus", in *Der Große Brockhaus. Handbuch des Wissens in zwanzig Bänden (13)*,1932, S.204.

④ „Nationalismus", in *Der Große Brockhaus. Handbuch des Wissens in zwanzig Bänden (13)*,1932, S.197.

⑤ 徐迅：《民族、民族国家和民族主义》，载李世涛主编：《知识分子立场：民族主义与转型期中国的命运》，时代文艺出版社 2000 年版。

民运动，他们的目的是在魏玛之后，德国重新可以赢得民族的威望、权利和未来。纳粹政权通过排除所有的犹太人、异族人，以及所有社会敌对者来实现本民族在种族方面的最大纯粹化。所以，纳粹时期的民族主义是在维护本民族利益的同时，践踏和压迫其他民族，表现出一种极端性。当这种民族主义与种族主义相结合时，会对整个德国乃至世界产生极大的破坏力。

19世纪末期达尔文的生物学在知识界占据着主导地位，所以种族主义就借用生物学类比社会现象，为社会不平等现象提供一种解释。该概念出现于20世纪初，作为一种意识形态，种族主义会根据人类的外部特征将人们归类为"种族"，通过区分肤色、体型、语言特征甚至是文化特征来解释人与人之间的技能和能力差别。种族主义者认为，个人的肤色、语言、才能和文化以及社会地位等是由遗传因素所决定的，因为这些差异才能稳定不同群体之间的界限，他们通常认为与自己特征尽可能相似的人都具有较高的素质，而其他人则反之。该理论为种族主义者对其他个体、团体的歧视、排斥甚至迫害提供了依据和辩护，也是对启蒙运动中平等主义的回应。[1] 而对于第三帝国时期出现的种族主义，雅克·巴尔赞（Jacques Barzun）在他的书中提到："种族主义是一种手段，是德国民众在遭受《凡尔赛和约》侮辱后恢复民族自尊心的一种手段。"[2]

阿图尔·德·戈比诺（Arthur de Gobineau）的《论人类种族的不平等（1853—1854）》[3] 和豪斯顿·斯特沃德·张伯伦（Houston Stewart Chamberlain）的《19世纪的基础》[4] 都为纳粹时期的种族主义提供了理论依据。戈

---

① Dieter Nohlen (Hrsg.), *Lexikon der Politik, Band 1: Politische Theorien*, München: C.H. Beck Verlag, 1995, S.497.

② Jacques Barzun, *Race: a Study in Superstition*, Michigan: University of Michigan, 1937.

③ Arthur de Gobineau, *Versuch über die Ungleichheit der Menschenrassen*, Stuttgart: Frommanns Verlag,1939.

④ Houston Stewart Chamberlain, *Die Grundlagen des neunzehnten Jahrhunderts*, München: Bruckmann Verlag, 1899.

比诺在书中聚焦种族特性，把它视为历史事件的决定性因素。他认为，白种人体现了人类种族的高贵性，如：领导能力、体力、优越感，而这种先天就具备优越性的民族需要占据一个统治地位。作为雅利安人至上论和德国人种族中心论的主要先驱者——张伯伦相信，在西方文化史中所有伟大的东西必须归于条顿民族的贡献，同时一切卑贱的、渺小的、堕落的东西都是犹太人的作品。如果说条顿人是文化的创造者，那么犹太人就是文化的毁灭者。[①]

纳粹政权在第三帝国的统治将极端民族主义和上述种族主义理论融合在一起，在大力推崇以本民族为代表的北欧—雅利安人的同时，极力贬低以犹太人为代表的"低等种族"。随着希特勒的上台，纳粹政府开始采取一些针对犹太人的措施，包括：1933 年 4 月 1 日，对犹太人实施封锁（Judenboykott），同年 4 月 7 日的《重新建立职业公务员》法规（*Wiederherstellung des Berufsbeamtentums*）[②] 解除了所有非雅利安人的公务员职务。1935 年 9 月 15 日颁布《纽伦堡法》（*Nürnberger Gesetze*），包括《德国国旗法》（*Reichsflaggengesetz*）、《德国公民权法》（*Reichsbürgergesetz*）和《保护德意志人血统与荣誉法》（*Gesetz zum Schutze des deutschen Blutes und der detuschen Ehre*）三个法令。其中，《保护德意志人血统与荣誉法》的引言里写道："国会一致同意该法令的实施是因为德意志纯正的血统是德国人继续生存的前提，同时也是基于维护德意志民族未来的缘由。"该法令的内容包括：禁止犹太人与德意志公民及相近血统的人通婚，犹太人不得使用德国国旗及其所包含的颜色，只能使用犹太色彩等。[③]《德国公

---

① ［德］克劳斯·费舍尔：《纳粹德国，一部新的历史》上册，萧韶译，江苏人民出版社 2005 年版，第 8—11 页。

② „Gesetz zur Wiederherstellung des Berufsbeamtentums（07.04.1933）", in *documentArchiv.de Hrsg.*, URL: http://www.documentArchiv.de/ns/beamtenges.html, Stand: aktuelles Datum.

③ „Gesetz zum Schutze des deutschen Blutes und der deutschen Ehre", *in documentArchiv.de Hrsg.*, URL: http://www.documentArchiv.de/ns/nbgesetze01.html, Stand: aktuelles Datum.

民权法》规定只有德意志人及相近血统者，并以自己的行为证明有愿望及能力忠诚地服务于国家和人民的人，才能成为德国公民，从而享有充分的政治权利。①

如果说《纽伦堡法》是依靠法律的途径将犹太人从德国社会中排除出去，那么"水晶之夜"则是纳粹政权利用"偶发事件"堂而皇之地将犹太人彻底清除出德国社会。截至1939年，犹太人已经在儿童入学，进入公共场合、剧院、电影院和音乐厅等日常生活方面受到限制。鉴于纳粹政权对德国国内犹太人政策的强化，在二战爆发前，德国的犹太人已经从1933年的50多万下降到24万。②

当然，最可怕的后果是1939年纳粹政府对全世界范围内犹太人的大屠杀。1939年德国入侵波兰之后，大规模的屠杀开始出现。西欧的犹太人，塞尔维亚、保加利亚等东南亚欧的犹太人都随着二战战事的蔓延遭到了快速的灭绝。而1941年德国对苏联的入侵，使得对犹太人的灭绝行动发生了质和量的改变。之前小范围的、有特定对象的屠杀变成了大规模的、系统性和组织性的大屠杀。1942年1月的万湖会议（Wannseekonferenz）被认为是最为确切的"最终解决犹太人"方案的会议。早在1941年7月31日，即德国发动对苏战争的6周后，赫尔曼·戈林（Hermann Wilhelm Göring）要求莱茵哈德·海德里希（Reinhard Heydrich）作出一份关于"最终解决犹太人"的总体计划，其中包括需要花费的成本、组织以及具体的实施。③ 关于"最终解决方案"杀害了多少犹太人，各方的说法不一。纽伦堡审判中法庭采纳的数字是570万，包括战前居住在波兰、捷克斯洛伐

---

① „Reichsbürgergesetz", in *documentArchiv.de*, URL: http://www.documentArchiv.de/ns/nbgesetze01.html, Stand: aktuelles Datum.

② J. Noakes and G. Pridhm（eds.），*Documents on Nazism 1919-1945,* New York: Viking Press,1975, p.493.

③ Christopher R. Browning, „zur Genesis der Endlösung, eine Antwort an Martin Broszat", in *Vielterjahrshefte für Zeitschichte*, Heft 1, 1981, S.99.

克、立陶宛、拉脱维亚、南斯拉夫、希腊、荷兰和德国的犹太人中大约80%—90%遭到了灭绝。[①] 而直到 1945 年 5 月 8 日德国无条件投降，大屠杀才算是最终结束。

1933 年希特勒的上台是德意志民族主义自 1871 年帝国成立以来，从文化民族主义到政治民族主义，直至种族民族主义不断演变的"顶点"。无论是对国家经济现状的改变、对人民忠诚度的要求以及极权政府合法性的确立都被归为"民族的胜利"。而恢复军事化、退出国际联盟、攻占莱茵河、占领"西部战场"更使得德国民众的民族自豪感产生了膨胀，由此激发的极端民族主义和种族主义诱发了纳粹政权对犹太人及其他民族的大屠杀。而"第三帝国"的倒台，也意味着纳粹政权推崇的极端民族主义的消亡。

综上所述，在现代性框架下，民族主义的概念来自民族国家，是其建立国家、凝聚民心的政治动员手段。从德国历史上看，德意志民族主义经历了一系列的演变，从最初的文化民族主义，到扩张民族主义，再到复仇民族主义，直至 1933 年希特勒上台的极端民族主义。由此可以看出，从理论上被赋予中性含义的民族主义，往往有其政治属性的一面，被赋予了服务于国家政治的倾向性。第三帝国的倒台和盟国的占领意味着具有传统意味的德意志民族国家遭到覆灭，德国民族主义发展史上发生了一次至关重要的中断，而伴随着民族主义的消逝，一种深刻的祛魅化的运动即将开始。[②]

第三节　文化记忆和民族主义的互动关系

文化记忆是人们依靠代际之间的传递，借助学习来获得以文化符号为

---

①　J. Noakes und G. Pridham, *Nazism, vol.3.*, Exeter: University of Exeter, 1988, p.1208.

②　Hans-Ulrich Wehler, *Nationalismus: Geschichte, Formen, Folgen,* München: C.H.Beck Verlag, 2011, S.87.

载体的关于过去的知识。这种知识并非有据可查的历史，而是被回忆的历史。在现代性框架下，作为政治经济实体的民族国家，借助民族主义这一政治动员手段构建了一个有着共同情感、共同文化、共同身份认同的"民族"。在这个过程中，民族国家中成员的身份认同是核心要素，个体成员形成集体身份认同除了接受传统的文化、语言之外，还需要依赖共同的过去。所以，文化记忆和民族主义两者之间存在一定程度上的关联。民族主义的核心是民族国家成员的集体认同，这种认同仰仗于对这一集体的想象，而想象则来自共同回忆的过去。

一、文化记忆与民族主义的理论联系

维系文化记忆和民族主义之间的核心要素是"身份认同"。这个概念最早来自德裔美籍心理学家埃里克·埃里克森（Erik Erikson）提出的"identity"，它可以翻译成"同一性"。埃里克森将自我同一性视为自我同一性、个人同一性和社会同一性三个层面，强调自我与环境、个人与社会之间的相互依存关系。[①] 塞缪尔·P. 亨廷顿（Samuel P. Huntington）也提出，"identity 的意思是一个人或一个群体的自我认识，它是自我意识的产物……在大多数情况下，identity 都是建构起来的概念。人们在程度不等的压力、诱因或自由选择的情况下，决定自己的 identity"[②]。所以，个人身份认同的建立是源自个体对自我的认识和承认，具有一定的连续性，也来自个体和社会群体之间的平衡。"身份认同"涉及了时间和社会两个维度。

从时间维度来看，身份认同的确立是一个个体历史的建立过程。它包括过去、现在和未来三个时间段的共同作用，而个体在不同时间段里对这个世界的感知即为该认同的核心；从社会的维度来看，身份认同由社会构建，是由个体所在社会、学校、国家，或信仰的宗教所提供的，是需要依

---

① 韩晓峰、郭金山：《论自我同一性概念的整合》，《心理学探新》2004 年第 2 期。

② [美] 塞缪尔·亨廷顿：《我们是谁?》，程克雄译，新华出版社 2005 年版，第 20 页。

赖一定的生活环境。所以，身份认同不是在一个孤立和静止的背景下进行，而是从时间和社会两个维度来确立。

"身份认同"除了指个体的身份认同之外，也可以指一个集体的概念，即"国家"或"民族"的集体概念。集体概念中的身份认同，不仅是集体内部成员对自我个体形象的认同，更指向这些成员对所在集体形象的认同。即该集体作为一种怎样的形象存在，取决于人们如何理解、想象和展现相关概念。相比于个体认同的具体性，集体认同则更为抽象，它更近似一种虚拟的集体形象，其内部成员要和这个形象进行身份确认。当成员承认这一集体形象时，这个集体就存在，当成员否认或者不接受这个集体时，它就不存在，或者该集体形象在成员中的存在感非常微弱。

集体认同的产生需要依赖集体记忆，因为这种记忆强调的是成员内部的认同感。分享了同一集体记忆的人，就可以凭此认为自己归属于这个群体。从这个角度来看，这种集体记忆并不是一个单纯的、普通的，属于该群体的记忆，而是一种集体自我形象的反映。集体通过设定某些回忆，帮助成员形成一个关于共同的、集体形象的想象，所以它更容易被看作是一种操作的手段。这些回忆是成员共有的，也与当下的政治、社会背景相关。因此，这种记忆的内容往往会与真实的历史史实之间存在偏差，而更多地加入了集体情感和心理的因素。

这里涉及了之前提到的"功能记忆"和"存储记忆"。历史作为"存储记忆"，包含了很多无用的、没有被合法化的回忆。而记忆作为"功能记忆"，是一个被占据和被选择的记忆。集体记忆属于功能记忆，它存在于一个记忆的行为主体中。在一个民族国家中，国家是这个记忆的行为主体，它通过功能记忆来建构自己，为自己设定一个特定的过去。这种记忆可能并不真实，和过去的历史也存在一定的偏差，但它却具有不可动摇的合法性，因为这种记忆属于集体中的官方记忆，是统治者或社会上层和记忆结成了同盟。

记忆的承载者会逐渐消失，所以这些集体记忆需要依靠文字、图画、电影等文化载体来存储和传播。"需要借助外部的存储媒介和文化实践来组织属于他们的回忆"①。而随着载体的不断变化和发展，记忆的形态也发生了改变，从最初的文字记录，到19世纪的储存语言、图像，再到20世纪对声音的存储。由集体记忆衍生出的文化记忆不会随着记忆承载者的消逝而灭亡，而是具有一定的固定性，当然文化载体还包括纪念碑、纪念场所、博物馆和档案馆等。相对于个人记忆的随机性和不稳定性，文化记忆的大部分载体都是在集体和官方层面上进行的，它依赖于媒介和政治，是一种有目的的记住或遗忘。

所以，集体身份认同是建立在这种共享过去的选择性记忆之上。此类记忆通过文化载体被存储下来，形成了文化记忆："文化记忆是知识的储存，一个群体从这种储存中获得关于自己的整体性和独特性的意识……文化记忆所提供的根本特点，是我们属于谁和不属于谁的清晰区别。"② 文化记忆的一个重要特征就是"身份固化"或"群体关系"。从时间维度上来看，文化记忆具有长时间留存记忆的能力，而这种记忆是立足当下对过去的一种认识；从社会维度上来看，文化记忆多代表了官方的利益，展现了官方的看法。

在一个民族国家中集体认同的体现是社会成员对这个民族和国家的认同，其产生取决于特定的历史阶段树立一个新的国家/民族认同与社会中价值、伦理、道德的重构，它往往会与一个国家/民族过去发生的历史事件，或关键性历史人物有关。这些事件和人物构成了文化符号，在发挥其文化功能，激发社会成员对这个国家/民族认同的同时，展现了某个历史阶段中该国家/民族的气质和品格。正如民族学家吕迪格·肖特所说："以发生在过去的时间作为自己的统一性和独特性的支撑点。社会需要'过

---

① Yori M.Lotman, *The Semiotics of Russian Culture*, Michigan: University of Michigan, 1984.

② ［德］扬·阿斯曼：《集体记忆与文化身份》，载陶东风、周宪主编：《文化研究》第11辑，社会科学文献出版社2011年版，第7页。

去'，首先是因为社会要借此来进行自我定义。"① 埃及学者穆罕默德·侯赛因·海卡尔（Mohamed H.Haiker）也说："只有使过去复活，一个民族才能存活。"② 当一个民族国家想创造一个关于"民族"的形象，并获得全体成员对该形象的认同时，它需要从这个"民族"的历史中找寻过去。"集体找到了对自我的解释和意识——这是所有成员的共同财富，这个财富越巨大，集体的概念就越稳固和深入人心。"③ 把民族作为一个集体的想象，是要依赖于对一种可以回溯到时间深处的连续的想象。

　　所以，在现代民族国家的背景下，民族不再只是单纯等同于种族，而与主权国家密不可分。民族主义作为一种意识形态，通过创造一个以"民族"为中心的、完整的文化形象或符号，甚至价值体系来完成对民族国家的构建，其中民族国家成员对民族和国家形象的认同尤为关键，需要民族主义发挥其政治和文化上的功能来帮助其成员形成集体认同。共同记忆就是民族主义文化功能上的关键一环，只有大家都拥有了共同的记忆，个体才能有存在感和归属感，才能对这个民族国家产生认同感。虽然，这种记忆会通过成员内部的不断交换和传递来完成，但根本上受到了民族国家的左右和干涉。而文化记忆因为时间上的延续性和内容上的宽泛性，成为民族国家的官方来源。所以，记住和归属都有规范化的方面："如果你想要归属，那你必须记住。"④

　　当然，民族国家在构建共同记忆时会根据需要从存储记忆（历史）中

---

① ［德］扬·阿斯曼：《文化记忆——早期高级文化中的文字、回忆和政治身份》，金寿福、黄晓晨译，北京大学出版社 2015 年版，第 136 页。

② H.H Biesterfeldt und Ibn Haldun, „Einnerung, historische Reflexion und die Idee der Solidarität", in Aleida Assmann, Dietrich Harth（Hrsg.）, *Mnemosyne: Formen und Funktionen der kulturellen Erinnerung*, Frankfurt am Main: Fischer Taschenbuch Verlag, 1991, S.277-288

③ Johann Gustav Droysen, *Grundriss der Historik*, Leipzig : Veit Verlag, 1868.

④ Jan Assmann, "Communicative and Cultural Memory", in Peter Meusburger and Michael Heffernan（eds.）, *Cultural Memories: the Geographical Point of View,* London&New York: Springer, 2011, p.23.

收集、整理、删减或增添相关的素材，把它们重新整理、排序，甚至编写成为符合要求的、可利用的功能记忆。所以霍布斯鲍姆说："记忆总是会被合法化。"① 文化记忆，除了拥有集体记忆的基本功效之外，最大的优势是借助了那些不可消失的文化载体。相比于短时间的代际记忆，文化记忆影响的范围更广泛，时间更长久。而且因为这些文化媒介多是由官方来主导的，所以和口述记忆相比，它更具有固定性和权威性。

综上所述，对一个民族国家来说，民族主义和文化记忆都是建立民族身份认同的关键性因素。从某种程度上来看，两者具有相似性甚至重合性。在现代性的框架下，民族不再仅限于血缘、种族、地域等，而是由民族国家创造的概念，抑或被称为"想象的共同体"。所以，现代民族主义实际上是一种在民族国家支配下的民族意识和社会动员手段，通过创造一个以"民族"为中心的文化形象，来确定和推动社会的认同意识。

文化记忆源自集体记忆，是基于当下背景，人们对一个社会过去的全部认知。它从当下的角度出发，对过去进行构建，强调集体中各个成员的同质性，并实现了成员在集体中的身份认同，因此它具有当下性、社会性和身份认同性。鉴于文化对遗忘的对抗，以及对记忆的传承，文化记忆借助它的物质载体，如博物馆、档案馆、纪念碑以及重大的文化活动等，把集体记忆的内核保存并传承下去。

民族主义和文化记忆的相似性在于，一方面它们都受民族国家所支配，在现代国家的范畴内，要建立怎样的一种民族主义，要形成怎样的一种文化记忆都是由民族国家及其上层所决定的；另一方面它们都与塑造人们集体认同的思想意识息息相关，在民族主义的影响下，人们对这个民族／国家产生认同；而通过对过去的解释和塑造，通过文化记忆，人们会形成在民族／国家中自我的身份认同。

---

① ［英］埃里克·霍布斯鲍姆：《史学家——历史神话的终结者》，马俊亚、郭英剑译，上海人民出版社 2002 年版，第 6 页。

　　民族主义和文化记忆的相关性在于，一个民族国家在建立民族认同时，需要民族主义发挥它在政治和文化上的功能性，而它的文化功能除了共同语言、文字、习俗之外，最重要的就是记忆。当人们在关于过去的认识中形成了对这个国家的认同，那他们就会归属于这个国家。虽然民族主义和文化记忆都受民族国家的支配，但就二者关系来说，民族主义是一种民族认同，它间接影响着人们对过去某个历史阶段和历史事件的认识，即文化记忆，而文化记忆是从属于民族主义文化功能上的一个分支。

　　民族主义和文化记忆的差异性在于，民族主义是人们对一个民族国家的身份认同，它受民族国家的支配，是一个关于国家的整体民族意识和认同意识；文化记忆则是人们对民族国家中某个历史阶段或历史事件的认识，这种认识虽然源自历史本身，但更多地会受到当下民族国家的影响。另外，因为文化记忆除了记忆的部分，也有着文化的特性，所以它有时也会展现出与民族国家认识相悖的情况。由此可见，民族主义是关于一个民族的整体认同，文化记忆是对民族中部分过去和历史的认识，文化记忆和民族主义的产生虽然都受制于民族国家，但文化记忆有时会从中挣脱出来，尤其是"自下而上"的文化记忆，有时会表现出与民族国家意志相悖的社会现象。

　　比如，卡尔在《现代建筑艺术》中提到关于 1907 年纪念碑的建立："诸侯们顽固地把他们家族祖先的形象展现在市民眼前，而市民则通过自己的政治和精神领袖歌功颂德、竖立纪念碑来回应这一挑战，这时作为自我目的的街头纪念碑就出现了，在这样的狂热竞赛中哪怕最小的广场都被占据了。"[1] 通过纪念碑这种文化记忆形式，我们可以看到社会上层想借助此物来形成属于该阶层的记忆，而普通市民也有权利用这种记忆形式来构建自己的历史。不同政治集团之间的竞争，也会通过纪念碑的形式表现出来。"一个时代越是充满了危机，不同利益团体的自信心也越是摇摇欲坠，纪

---

　　① 　Karl Scheffler, *Moderne Baukunst,* Leipzig: Julius Zeitler Verlag, 1908.

念碑的数量也就会越多……它们代表的愿望是把当下变成永恒，否定历史的进程”①。

所以，从理论层面上看，民族主义和文化记忆之间存在一定的相互关系。民族主义会左右民众对过去历史的记忆和认识，而这种认识反过来也会对民族主义产生一定的影响。因为纳粹政权对犹太人实施的大屠杀事件在德国整体历史进程中具有典型性，对该事件的认识也影响着战后德国人的身份认同，所以以此类文化记忆为研究对象，可以在分析和解读战后联邦德国在不同历史阶段对大屠杀认识的同时，也可以弄清德国的民族主义、民族认同与文化记忆在国家政治历史大背景下的互动关系。

二、德国民族主义视角下文化记忆的变迁

本书侧重对 1945 年至 2021 年德国文化记忆的变迁研究。考虑到语言表述，以及 1990 年后联邦德国和民主德国的重新统一，所以后续内容涉及文化记忆的部分，书中表达用德国文化记忆取代联邦德国文化记忆。

德国文化记忆关注的是第一次世界大战以来的历史事件，特别是1933 以来的事件，其关注的焦点是纳粹罪行和纳粹时代，而纳粹分子对犹太人的屠杀成为这一焦点的重中之重。无论是 20 世纪五六十年代呈现的缄默，还是八九十年代出现的社会反思，大屠杀一直以来都在德国文化记忆中占据突出的地位。大屠杀作为德国文化记忆的核心实际上是一个历史问题，人们对于大屠杀这个专有名词——“Holocaust”的认定经过了一系列的历史演变：1942 年，德国把对犹太人的大屠杀称为“Endlösung”（最终解决）；50 年代，德国社会以“Ausschweiz”（奥斯维辛）指代纳粹分子对犹太人的暴行；60 年代，末美国拍摄了关于大屠杀的电影《Holocaust》，正是由于该电影在德国乃至世界范围内的传播，“Holocaust”（大屠杀）最

---

① ［德］阿莱达·阿斯曼：《回忆空间：文化记忆的形式和变迁》，潘璐译，北京大学出版社 2016 年版，第 149—151 页。

终成为代表纳粹分子屠杀犹太人的专有名词，伴随而来的是德国文化记忆的开始。正如阿莱达·阿斯曼所言，"Holocaust 一词的出现标志着德国文化记忆的积极开始"[①]。

德国关于大屠杀的文化记忆源于上述历史事件所带来的"消极记忆"，相比于其他国家，二战后的德国人对国家历史抱有消极的态度。当其他欧洲国家关于二战和大屠杀的文化记忆着重于本国民众所遭受的苦难，强调国内抵抗势力与纳粹分子的斗争，以及将战争的起因和屠杀犹太人都归结在德国人身上的时候，德国在战后很长一段时间内，无论是政府还是民众都以沉默的态度拒绝承认大屠杀及其受害者，特别是犹太人在二战中所遭受的劫难和痛苦。在德国社会以及家庭内部，对于二战和大屠杀的话题是禁忌的，甚至是粉饰的。他们认为，参与纳粹暴行的德国人是少数，而大多数德国人与纳粹保持了距离。所以那些经过二战的德国人在讲述历史时常常出现自相矛盾的情况，"老一辈人讲述着被美化的过去，而青年一代却把这种神话当作历史"[②]。

而当今德国人的文化记忆则更多带有了普遍历史意义的批判性质。正如德国历史学家弗伦巴赫（Brend Faulenbach）所言："德国文化记忆具有多样性和普遍性，但它的突出特点是具有高度的反思性。"[③] 德国文化记忆的反思性反映出近代德国人所承受的心理负担以及所背负的历史责任。大屠杀幸存者维泽尔[④]（Elie Wiesel）在谈到大屠杀问题时说道："德国应当对

[①]　Aleida Assman, *Der lange Schatten der Vergangenheit, Erinnerungskulur und Geschichtespolitik,* München: C.H. Beck Verlag, 2006, S.155.

[②]　H.Welze und S.Möller, "Opa war kein Nazi", in *Nationalsozialismus und Holocaust im Familiengedächtnis*, Frankfurt am Main: Fischer Verlag, 2002, S.43-45.

[③]　Bernd Faulenbach, „Die Erinnerungskultur Deutschlands", in Peter Birle und Elke Gryglewski（Hrsg.）, *Urbane Erinnerungskulturen im Dialog: Berlin und Buenos Aires*, Berlin: Metropol-Verlag, 2009, S.37-46.

[④]　埃利·维泽尔（1928—2016），作家、社会活动家、大屠杀幸存者，出版了描述其一家人在纳粹集中营遭遇的著作《夜》，1986 年获诺贝尔和平奖。

二战的爆发以及它给人类带来的灾难尤其是犹太人遭受的灭顶之灾负有主要责任，记住并回忆大屠杀对德国民众来说是最起码的道德义务。"①

本书侧重对 1945 年至 2021 年德国文化记忆变迁的研究，该时段的选取主要基于 1945 年是德国战败的年份，关于大屠杀的文化记忆在这个时间点上刚刚兴起，2021 年是德国总理默克尔代表的基民盟下台时间，选择这个时间点是为了保证研究对象（德国政界）的完整性。同时，本书中涉及的文化记忆是指联邦德国以及统一后的德国对犹太人大屠杀反思所特有的记忆。承载这一记忆的文化载体是多样的，包括记忆的场所：如卑尔根—贝尔森纪念馆、布痕瓦尔德和达豪集中营等；重要的纪念日：如 1 月 27 日是纳粹统治的受害者日，5 月 8 日和 6 月 17 日都是纪念 1945 年战争和纳粹统治结束的日子；以及相关的纪念活动和仪式：如弗里茨·菲舍尔之争、80 年代史学家之争、勃兰特在犹太人纪念碑前的下跪等。相对于德国文化记忆核心的单一性，即纳粹分子对犹太人的大屠杀，作为文化记忆主体的德国人可以根据其不同的社会定位划分为政界、社会界和思想界三个层面。本书将借助多样性的文化记忆载体，从德国政界、社会界以及思想界中梳理出德国关于大屠杀文化记忆的特点以及变迁过程，并结合同一时期的德国民族主义，分析文化记忆和民族主义之间的互动关系，力争对德国战后文化记忆的形成以及变迁的真正动因一探究竟。

本书涉及的是德国 1945 年以后的民族主义、文化记忆和民族认同。需要强调是，这个时期的民族认同并不是普遍意义上，德国人对德意志民族主义的认同，它实际上被分成了两类：一类是德国人对之前传统民族主义的认同，是 1871 年德意志第二帝国建立以来的民族认同；另一类是联邦德国在建立后形成的西方范式下的"民族认同"，这种认同是德国人在西方民主政治的影响下，对新建立的国家所产生的新的集体和民族认同。

---

① 陈新、彭刚主编：《文化记忆与历史主义》，浙江大学出版社 2014 年版，第 57 页。

德国民族主义在 1945 年之前从文化民族主义演变为极端民族主义是有其连续性的，但随着第二次世界大战的失败，德国一以贯之的传统民族主义和民族认同最终也遭到了断裂，在新的国家和新的时期呈现出了若隐若现、影影绰绰的动态变化。所以在本书中，民族主义多数情况是指德意志传统民族主义，但有时它也会与民族认同重合，指联邦德国在战后不同阶段对自己民族和国家的整体认同。

按照历史事件的发展顺序，德国超过半个多世纪的战后史被分成了5 个阶段：包括 1945 年盟国占领时期、1949—1963 年阿登纳执政时期、1964—1982 以勃兰特为主执政时期、1982—1998 年科尔执政时期以及1998 以后的德国统一时期。因为民族主义和文化记忆都与民族国家的社会上层关系密切，所以以不同领导人的执政时间为界线可以更清楚地看出德国上层在大屠杀这一问题上的不同看法和历史政策，而与之相关的该时期民族主义和民族认同的特点也可以展现得更加鲜明。

1949 年联邦德国的重新建立，虽然使得政治意义上的民族国家重新出现，但德意志传统的民族主义却在西方民主制度的影响下，被德国社会所"抛弃"，分裂的德国也意味着德意志传统民族主义的断裂。但联邦德国在重建之后，仍然需要借助民族主义这一政治动员手段来建立人们对国家的信心，以达到凝聚民心的目的。所以这一时期的民族认同转变成了在西方民主政治影响下，对联邦德国的新的集体认同。这类新的民族认同的出现，以及西方价值体系和话语体系的不断侵入，使得德国人在战后很长一段时间里对曾经引以为傲的传统民族主义持排斥和否定的态度，直至20 世纪 80 年代科尔的上台和 90 年代的两德统一，才最终使得其重新焕发了生机。而大屠杀文化记忆则经历了从同盟国占领时期的缄默，到阿登纳时期的"集体遗忘"，到勃兰特时期的开始反思，再到科尔时期关于大屠杀历史"正常化"和"历史化"的论调，直到两德统一之后对大屠杀历史责任的一并接受。德国的文化记忆演变虽然是迂回反复的，但从总体上看却也是螺旋上升的。尽管民族主义的演变和大屠杀文化记忆的变迁都是由当下民族国家的特性和国家上层来决定的，但民族主义在依赖大屠杀文化记忆构成德国人战后身份认同的同时，也在一定程度上影响了德国人对大屠杀的认识。

综上所述，决定民族主义和文化记忆的关键是民族国家的存在，由国家来决定给国民赋予一种怎样的集体认同，由国家来决定国民如何对曾经的一段历史进行回忆和定义。与此同时，民族主义和文化记忆之间也存在着密不可分的互动关系。德国的文化记忆是战后德国人对犹太人大屠杀的认识，这种文化记忆的主体涉及了德国政界、社会界和思想界，其文化载体也涵盖了纪念场所、纪念日、纪念活动以及文献资料和影像资料等。该文化记忆不仅随着战后联邦德国统治阶级历史政策的转变而发生改变，同时也受到德意志传统民族主义和西方国家影响下新的民族认同之间的张力变化而发生变迁。

在现代性框架下，民族主义来源于民族国家，它是民族国家用来整合和凝聚国民的一种手段，借助"民族"来形成统一的集体认同，从而维护民族国家的统治；文化记忆是民族国家对曾经的历史或事件的认识，但这种认识只有附着在文化载体上，才有被延续和传承的可能。决定民族主义和文化记忆的关键是民族国家的存在，由国家来决定给国民赋予一种怎样的集体认同，由国家来决定国民如何对曾经的一段历史进行回忆和定义。与此同时，民族主义和文化记忆之间也存在着密不可分的互动关系。

德国的文化记忆是战后德国人对犹太人大屠杀的认识，这种文化记忆的主体涉及了德国政界、社会界和思想界，其文化载体也涵盖了纪念场所、纪念日、纪念活动以及文献资料和影像资料等。该文化记忆随着战后德国统治阶级的历史政策的转变而发生变化，而战后德意志传统民族主义的若隐若现也在一定程度上影响了文化记忆的变迁。为了加深对德意志传统民族主义的了解，本章也对 1945 之前的德意志民族主义进行了简单梳理。纵观德意志民族发展史，虽然它最初建立民族国家的诉求是正确的，关于民族统一和民族强大的愿望也是值得被肯定的，但最终民族主义为了迎合德国民族国家的政治实用性，而发生了性质上的转变，造成了不可挽回的德意志民族主义悲剧。

第二章
德国重建中的缄默与排斥（1945—1949）

随着第二次世界大战欧洲战场的结束，德国和德国人陷入了混沌，国家破旧残败，国民迷茫无助。各同盟国为了从根本上消除未来德国对世界和平的威胁，签订了《波茨坦协定》，成立了纽伦堡国际军事法庭，对德国实施了"四化"改造等。尽管这些做法存在着争议，但也在一定程度上推动了德国的去纳粹化和民主化。曾经的德意志民族主义随着德国的战败和分区占领走向了断裂，为了重新找回历史定位和民族认同，德国回溯到了文化民族主义时期，希望借由古典的传统文化来弥合断裂，找回重建的力量。在此背景下，德国的政界、社会和思想界对"大屠杀"的文化记忆呈现出各自不同的特点，但总的趋势表现为排斥和缄默。而1945年5月8日作为这一时期文化记忆的载体被定义为"零起点"，意味着德国对过去的遗忘和重新开始。

第一节　文化民族主义重塑下的文化记忆

二战后，随着德意志民族国家在政治意义上的终结，德意志人的自身认同和国家认同感开始消失，曾经引以为豪的传统民族主义遭到了断裂。但一个民族国家要继续生存是需要借助民族主义来凝聚全民的民族意识，在这种背景下，德国只有从民族主义的根源上去寻找，通过最初的文化民族主义来弥合战后德国人认同上的裂痕，来抚慰战后精神上的创伤。

一、德意志民族主义遭到中断

二战之前的德意志民族主义虽然是从文化民族主义走上了极端发展的道路，但它有着一定的延续性。而随着战争的结束、国家的陷落，德国作为一个独立自主的民族国家已不复存在，由此依附在其之上的民族主义也随之断裂，加之纳粹暴行不断被揭露，德国人逐渐对其传统民族主义和身份认同产生了怀疑，甚至排斥。

如果说赫尔德时期的德国民族主义还有着世界主义的意味，那么随着第二帝国和第三帝国的相继出现，德国最终演变成一个具有垄断官方意识形态、一党专制的极权国家，而与之相伴的是德国人对本民族认同意识的积极回应。特别是在第三帝国时期，纳粹政权通过官方宣传，对德国人进行思想上的改造，提出了建立一个凝聚力强，种族上纯粹的"共同体"。这对于刚刚经历过一战，深受《凡尔赛和约》创伤的德国人来说是极具吸引力的，它在唤醒人们内心深处不可名状情感的同时，也强化了他们对国家的认同。历史学家迈内克指出，德国到了第三帝国时期"民族的自我主义和权力国家的概念……愈来愈压倒世界公民——人道主义的成分"。[1]

从民族特性来看，德国人长久以来在心中充满了对国家权力的崇拜和服从。在第二帝国建立之初，当德国新兴资产阶级需要在自由民主和民族统一之间作出选择时，他们舍弃了前者，借助和普鲁士的联合最终完成了民族统一。海因里希·冯·聚贝尔[2]（Heinrich von Sybel）在《德意志帝国创建史》的开篇中提到："我渴望的不是通常意义上的自由，这种自

---

[1]　[德] 弗里德里希·迈内克：《德国的浩劫》，何兆武译，天津人民出版社2014年版，第34页。

[2]　海因里希·冯·聚贝尔（1871—1895），19世纪德国历史学家、政治学家，德国民族主义和新教的卓越代表。

由无非是削弱中央权力去满足个人权力；我的自由则意味着国家权威的增强。"① 德国的政治学家保罗·阿哈修斯·普菲茨尔（Paul Achatius Pfizer）也曾警告过德意志人，民族的统一绝不能屈服于政治自由："绝大多数有思考能力的人都承认需要公民自由，但他们并没有认识到这一必要性，即永远也不应该为了政治自由而随意牺牲民族独立。"② 对德国人来说，相比于民主和自由，统一的国家权力更为重要。

但随着第二次世界大战的失败，德国人长久以来信奉的民族主义遭到中断。从现代民族主义的理论层面上看，民族国家在形成后，需要借助一个以"民族"为中心的、完整的文化形象、符号和价值体系，向广大民众灌输和强化"民族"以及"国家"意识，帮助其形成统一的身份认同，使其承认和接受民族国家。战败的无条件投降，以及被同盟国分区占领，使得德国在政治上丧失了民族国家的特性，它没法对内进行政治权力控制，对外行使独立的国家主权，所以附着在民族国家上的民族主义也随之消逝。

另外，从自我意识和身份认同上看，德国民众在体会到国家灭亡带来的痛苦之时，也开始对长久以来传统的民族主义和民族认同产生怀疑，对战争及犹太人所背负的罪责成为他们民族意识的"绊脚石"，他们对自己国家的认同感降到了历史最低，"引以为傲"的民族意识受到了前所未有的冲击。对德国来说，战争摧毁的不仅仅是政治概念上的国家，更重要的是，法西斯政权所推崇的"帝国神话"在一夜之间坍塌了，纳粹政府惨无人道的暴行被揭露了，很多德国人对此感到震惊，一时之间无法接受。在他们看来，之前所追求和崇拜的民族优越感在一瞬间遭到了瓦解，随之而来是对自己作为德国人身份的否定，对这个国家的认同感也逐渐消失。在

---

① ［法］安托万·基扬：《近代德国及其历史学家》，黄艳红译，北京大学出版社2010年版，第130页。

② Paul Achatius Pfizer, „Gedanken über das Ziel und die Aufgabe des deutschen Liberalismus", in *Briefwechsel zweier Deutschen*, Berlin: Nabu Press, 2011, S.331-366.

战后的四十年间，民族主义在德国已不再作为国家的合法性和正当性的来源。[1]

在这个背景下，德国战后的重建工作不单局限在对经济、社会秩序的恢复，还在于对德国人自我身份认同的重构，以及对"新国家"的承认和接受。但由于当时德国被盟军占领，所以它无法自主决定这方面的认识，更多的是受到盟国的牵引。东、西两方完全不同的意识形态，使得德国人的自我认同和国家认同走向了两个截然相反的方向。

对于西占区来说，美、英、法通过灌输西方的民主政治理论，来重新打造符合西方标准的"新德国"。"他们将纳粹新威胁的可能性'内化'，并且以一套民主的、从理论上说是不可摧毁的宪法秩序加以控制"[2]。在西占区，人们不会谈及德国的民族主义，而把更多的关注点放在国家重建以及对整个"欧洲"的忠诚上来；对于东占区来说，它是在苏联的"指导下"通过彻底改变社会结构来剥离曾经的历史。那些所有与纳粹有关的东西在东占区被摧毁了，一切法西斯分子都被排斥到了西占区。纳粹政权和法西斯主义在东边看来是发达资本主义内部固有的问题，通过将它们"外化"，东占区与曾经的德意志国家分开了，有关德意志的民族认同也就谈不上了。所以，无论是美英法的西占区，还是苏联的东占区，在消灭纳粹残余的同时，也在弱化德国人的民族意识，消除他们的民族认同感。

对德国人自身来说，盟国的做法只是外部的因素，战后初期从根本上重建自我身份认同是非常重要的。尤其是纽伦堡审判所曝光的纳粹罪行让德国人产生强烈的负罪感之外，更带来了一种心理上的失落和迷茫。之前

---

[1]　Hans-Ulrich Wehler, *Nationalismus: Geschichte, Formen, Folgen*, München: C.H.Beck Verlag, 2004, S.88.

[2]　M. Rainer Lepsius, „Das Erbe des Nationalsozialismus und die politischen Kulturen der Nachfolgestaaten des Großdeutschen Reiches", in Michael Haller（Hrsg.）, *Kultur und Gesellschaft: Verhandlungen des 24. Deutschen Soziologentags*, Frankfurt am Main: Campus Verlag, 1989, S. 247-264.

长期建立的民族认同和民族自豪感消失殆尽，德国人对之前的德意志民族国家和民族意识产生了怀疑，甚至否定，一直以来作为德国人的身份认同也出现了裂痕。那么如何重新塑造德国的民族主义，如何重新激发德国人的民族情感并建立起战后新德国的身份认同，就显得尤为重要了。

二、重新追溯文化民族主义

战后初期德国陷入了失败的困境，落入了盟国的管制之下，无论是在东占区、还是在西占区，盟国都主张德国人丢掉曾经的民族特性，投入到"新德国"的重建中来。曾经让德国人引以自豪的民族主义在此时恰恰成为了他们自卑和痛苦的根源，德意志民族主义遭到断裂。在这个背景下，德国的知识分子认为，只有回到过去，回到遥远的民族文化源头，德国才能结束当前低迷的精神状态；只有从德意志传统文化中汲取民族的力量，才能重建德意志民族文化，德国人才能找到国家认同，重建其历史定位。

以历史学家迈内克为首的德国知识分子提出，从古老的德意志文化中去探寻纯正的、纯粹的民族传统文化，从而帮助德国从当下分裂的国家局面中找到自己民族的根源。迈内克大声疾呼："即使是一个被剥夺了自己民族的政治独立性的、分裂的德国——正如今天我们被规定的那样——也应该怀着骄傲的忧伤怀念她自己过去所享有的统一和强大。"[1]在这些知识分子看来，德国只有重新回归人文主义，重新建立起"歌德的共同体"，通过新的方式来重新供奉"德意志文化和精神"，才能重新找回德国自己的民族主义。

在19世纪赫尔德的口中，文化民族主义是指本民族特有的民族语言、文学、宗教、风俗、艺术等，它们可以帮助本民族独立地存在。民族自身长期形成的风俗习惯、行为方式，以及观察和思考世界的方法等，最终构

---

[1] ［德］弗里德里希·迈内克：《德国的浩劫》，何兆武译，天津人民出版社2014年版，第130页。

成了本民族的民族精神或者民族魂，通过历史的传承和惯性，这些由文化为主导所构成的民族主义成为一个民族的遗传因素，这也是该民族存在和发展的根本。"他调用了一个传统的德国概念——文化民族，由跨越邦国边界的共同文化所界定的一个民族，而非一个政治共同体。"[1]

二战后初期的德国重新追溯文化民族主义，是希望借助传统文化的力量，包括语言、诗歌、神话、风俗等来重新找到德国人继续生存下去的支柱和依靠。通过呼唤传统文化，来抚慰战后德国的精神创伤。迈内克提议，通过歌德文化来治疗德国的认同创伤。[2] 战后德国应该向人们提供最崇高的音乐和诗歌，就像在歌德和莫里克的作品中登峰造极的抒情诗，以及歌德和席勒那些灵心善感的沉思诗——"这些或许是我们德国文坛上最富有德国性的部分了。凡是沉浸在其中的人，都会在我们祖国的不幸和山河破碎之时，感受到某种永不破碎的东西、某种永不磨灭的德国特色"[3]。德国著名的作家托马斯·曼（Thomas Mann）提出，要凭借德国人的第一家园——德语，来重新找回德意志民族精神。在 1949 年的两次演讲中，借着歌德诞辰 200 周年的契机，托马斯·曼指出："一位独立的作家，他的家园乃是自由的、丝毫不受占领之影响的德国语言……"[4] 托马斯·曼对德语语言的认识和迈内克等人提出的"歌德共同体"的想法一样，都是从古老的文化中去追溯德国的民族精神，借助曾经的文化民族主义，帮助德国从当下分裂的局面中找到文化根源。雅斯贝尔斯也认为，德国的传统文化是高贵的，它可以帮助德国从第三帝国的泥潭中摆脱出来。

---

① ［德］扬-维尔纳·米勒：《另一个国度，德国知识分子、两德统一及民族认同》，马俊、谢青译，新星出版社 2008 年版，第 32 页。

② Friedrich Meinecke, *die deutsche Katastrophe, Betrachtung und Erinnerungen*, Weisbaden: Brockenhaus Verlag, 1946, S.9.

③ ［德］弗里德里希·迈内克：《德国的浩劫》，何兆武译，天津人民出版社 2014 年版，第 143 页。

④ Thomas Mann, „Ansprache im Goethejahr 1949", in *Gesammelte Werke*, Frankfurt am Main: S. Fischer Verlag, 1960, S.488.

综上所述，随着德国战后民族国家的消失，民族主义遭到断裂，对国家和民族的自豪感在德国人的头脑中已"不复存在"，但对一个需要重建的民族国家来说，民族主义和身份认同是维系起该国继续生存和发展的根本。虽然西占区提出了西方的民主政治、东占区提出了社会主义制度，但究其根本，这些都是"舶来品"，并非德国人自己的民族精神和民族魂。为了重新找回民族主义，德国人只有通过对德意志传统文化的挖掘，强调自己与德意志民族祖先之间的紧密联系，在肯定德意志民族文化独特性的基础上，重建他们对德国国家的身份认同以及民族和社会归属感。

第二节　占领当局主导下的政界反思

第二次世界大战的结束，对世界人民来说，意味着解放和新生活的开始，但对德国人民来说，不仅要面对残败的国家，还要面临生存的痛苦和迷惘。在 1949 年联邦德国成立之前，德国还算不上是一个真正拥有独立主权的民族国家，所以它的上层统治者在大屠杀问题上也无法表达自身的看法和态度。西占区的德国在盟国的主导下开展了"四化"改造，虽然该项工作帮助德国人开始了解纳粹政权的罪行并引发了自我反思，但因为它是基于同盟国自身利益的考虑，所以也引起了德国民众的不满。尤其是纽伦堡审判和非纳粹化，即便它们在一定程度上清除了纳粹残余和纳粹思想，但关于审判的公正性以及非纳粹化的广泛性也引发了德国国内的争论。

一、战后同盟国对西占区的改造

1945 年 5 月 8 日，德国国防军最高统帅威廉·凯特尔（Wilhelm Keitel）在柏林签署了"无条件投降书"（*die Bedingungslose Kapitulation der*

Wehrmacht）标志着第二次世界大战欧洲战场的结束。这场由德国发动的战争，不仅给欧洲和世界人民带来了巨大的灾难，也给德国自身留下了难以磨灭的创伤。

随着战争的日渐结束，盟军对德国实施了大规模空袭，纽伦堡、卡塞尔、汉堡、科隆、杜塞尔多夫、德累斯顿等十几个德国城市被炸成了废墟。柏林在战争即将结束的几天内，承受了苏联红军的 4 万吨炮弹，75%的建筑物不复存在。[①] 德国境内的基础设施遭到了毁灭性打击，铁路、桥梁、公路、港口等基本被摧毁。以交通运输为例，经过盟军轰炸，英占区 1.3 万公里的铁路只剩下 1000 公里可以行车，1.2 万辆客车中有将近一半不能使用。[②] 德国的城市在轰炸中变成碎石瓦砾，被炸毁的建筑物都是空余的外壳，住宿的房屋也基本上是断壁残垣。阿登纳在回忆起他刚刚返回科隆时所见到的场景："到处都是空荡荡的，阒无一人，一切都被毁坏无遗……就房屋和公共建筑来说，有一半以上完全被毁，而所有其他建筑也遭到了部分破坏，只剩下 300 所房屋保存完好。"[③]

二战期间（1939—1945）德国人的伤亡极为惨重，根据美国国家二战博物馆 2020 年 1 月的最新统计数据表明，在二战期间德国死亡的士兵人数大约 553 万人，平民的死亡为 216 万人左右。[④] 幸存下来的德国人也面临着严峻的生存考验。大量东部难民由东向西涌入德国，在战争结束后不久，德国发生了近代史上最大规模的人口迁移，1200 万东部德国人从奥

---

① ［美］托尼·朱特：《战后欧洲史：旧欧洲的终结 1945—1953》，林骧华等译，中信出版社 2014 年版，第 20 页。

② 参见［英］迈克尔·鲍尔弗、约翰·梅尔：《四国对德国和奥地利的管制 1945—1946 年》，安徽大学外语系译，上海译文出版社 1980 年版，第 8—9 页。

③ ［德］康拉德·阿登纳：《阿登纳回忆录》（1945—1953），杨寿国等译，上海人民出版社 2018 年版，第 6—7 页。

④ *Zahl der Toten nach Staaten im Zweiten Weltkrieg in den Jahren 1939 bis 1945*, Quelle: National WWII Museum, Veröffentlichungsdatum: Januar 2020, https://de.statista.com/statistik/daten/studie/1055110/umfrage/zahl-der-toten-nach-staaten-im-zweiten-weltkrieg/.

德—尼斯河以东的波莫瑞、西里西亚和东普鲁士向德国本土逃亡。"东部难民的涌入使德国人口增加了 23.6%，有 780 万难民进入了英国和美国占领区。"① 如何安置这些人，给他们提供膳食和生活用品是战后德国政府迫切需要解决的问题。

战后德国的生存条件也极为恶劣，人们无法获得基本的生活保障，每人只能领取少量的食物配给。1945 年冬天，每个德国人每天得到的食物不足 1000 卡路里。② 日常生活中的燃料短缺也使得德国人的生存状况雪上加霜。1946 年，美军向卡塞尔市发布了一则公告："根据美国驻欧洲武装部队总司令艾森豪威尔将军的命令，从本月 6 日开始，德国民众在这个冬天将没有煤炭供暖。当地居民可以通过砍伐森林，收集足够的木材以备不时之需。"③ 从历史上看，1946 年 11 月到 1947 年 3 月的冬天被称为"饥饿的冬天"。它不仅是 20 世纪最寒冷的冬季，也因为战后生活物资的匮乏，致使德国近几十万人最终死于饥寒交迫。④ 除了上述无法保障的基本生存条件之外，带给德国人真正痛苦的是战后混乱的社会秩序、缺失的公共道德以及他们对未来生活的迷茫和无助。

1945 年 7 月 17 日至 8 月 2 日，美英苏三国首脑杜鲁门、丘吉尔和斯大林在柏林附近的波茨坦举行了第三次会议，其中提到对德国进行改造的根本目的："将德国军国主义和纳粹主义予以根除，各盟国一致

---

① Jan Foitzik, *Sowjetische Militäradministration in Deutschland (SMAD) 1945-1949,* Berlin: Akademie Verlag, 1999, S.61.

② 吴友法等：《重新崛起时代（1945—2010）》，载邢来顺、吴友法主编：《德国通史》，江苏人民出版社 2019 年版，第 10 页。

③ „Bekanntmachung Nr.67, Bekanntmachungen für die Stadt Kassel", *Originaldokumenten im Stadtarchiv Darmstadt, Infrastruktur und Gesellschaft im zerstörten Deutschland*, bpb: Bundeszentrale für politische Bildung, https://www.bpb.de/geschichte/nationalsozialismus/dossier-nationalsozialismus/39602/infrastruktur-und-gesellschaft?p=all.

④ Justus Rohrbach,*Im Schatten des Hungers. Dokumentarisches zur Ernährungspolitik und Ernährungswirtschaft in den Jahren 1945–1949,* Hamburg und Berlin: Paul Parey Verlag, 1955.

同意，于现在和将来采取其他必要措施，使德国永远不再威胁邻邦或世界和平。"[1] 关于如何改造和处置战后德国，同盟国基于两方面来考虑：一是希望德国人能够真正意识到战争的失败，从根本上防止未来德国的崛起。美国总统罗斯福在 1944 年 8 月 26 日写给科德尔·赫尔[2]（Cordell Hull）的信中提到："最重要的是要让德国的每一个人都认识到这次德国是一个战败国……必须让全体德国人都痛切地理解，整个德国都曾参与了破坏现代文明准则的，无法无天的阴谋。"[3] 英国首相丘吉尔也认为："纳粹暴政和普鲁士军国主义是德国生活中必须要彻底摧毁的两个因素。如果欧洲和世界要避免更可怕的第三次世界大战，上述这两个因素必须连根铲除。"[4] 二是同盟国多从自己国家的利益出发来考虑处置德国，这一做法的最终结果导致了德国乃至欧洲的分裂。如英国历史学家迈克尔·鲍尔弗（Michael Balfour）在评论苏联的做法时提到："俄国和法国一样，需要赔偿的首要目的是为了救急，而不是为了报复或安全。"[5]

根据上述处置原则，各占领区对德国进行了"四化"改造，包括非卡特尔化（Entkartellierung）、非军事化（Entmilitarisierung）、民主化（Demokratisierung）和非纳粹化（Entnazifizierung）。其中，非卡特尔化主要针

---

① ［苏］萨纳柯耶夫·崔布列夫斯基编，［德］亚·菲舍尔注释：《德黑兰、雅尔塔、波茨坦文件会议集》，北京外国语学院俄语专业、德语专业译，生活·读书·新知三联书店1978 年版，第 508 页。

② 科德尔·赫尔（1871—1955）：美国的政治学家，曾担任过美国国务卿一职，1945年获得"诺贝尔和平奖"。

③ *The Memoirs of Cordell Hull*, Volume 2, New York: Macmillan Company, 1948, p.1603.

④ Winston Churchill, "debated on Tuesday 21 September 1943", *House of Commons Hansard*,1943, Volume 392, Column 88, https://hansard.parliament.uk/Commons/1943-09-21/debates/1083c667-4ccd-40de-b6a1-e387f595fee8/WarSituation?highlight=german#contribution-0f5031d2-d57f-4dbb-9a03-0bf0a926d426.

⑤ ［英］迈克尔·鲍尔弗、约翰·梅尔：《四国对德国和奥地利的管制 1945—1946年》，安徽大学外语系译，上海译文出版社 1980 年版，第 64 页。

对德国经济中的垄断组织；非军事化是解除德国全部武装，使之完全非军事化，铲除或控制可用作军事生产的一切德国工业；非纳粹化和民主化则在清除纳粹思想、重建德国战后民主政治生活方面发挥了作用。可以说，盟国对德国实施的"四化"改造，不仅消除了纳粹政权赖以生存的经济、政治和军事基础，也从客观上为德国的重建提供了机遇。"'四化'改造是前所未有地、有计划地、系统地采用西方民主体制和价值观改造一个已相对成熟的西方社会的大胆尝试。"①

二、同盟国引导下的"集体罪责"一说

随着各盟国对德国实行占领，清除德国社会中的纳粹残余就被摆到了一个重要的位置，纽伦堡审判的开始和非纳粹化的实施也意味着，在盟国看来，纳粹罪行并不应仅局限在纳粹政权或纳粹党身上，普通的德国民众也应该担负起历史的责任，"集体罪责"一说由此而来，虽然德国民众对此抱有抵触情绪，但这一时期的德国政府还处在被盟国控制的局面之下，所以也只能无奈地接受了这一说法。

在盟国对德国实施的改造中，最值得一提的是纽伦堡审判，它包括针对主要战争罪犯的纽伦堡国际军事法庭（Nürnberger Prozesse gegen die „Hauptkriegsverbrecher"）以及另外 12 起由美国军事法庭在纽伦堡主导的审判。纽伦堡审判提出了有关纳粹德国罪责性质的问题，以及法律、道德、政治在其中所发挥的作用，它将纳粹政权的罪行第一次完全暴露在德国民众的视野之中，在伸张正义的同时，起到了一定的警示作用。根据对德国民众进行的民意调查显示，有 65%的德国人认为，通过此次审判提高了自我认识，而随着纽伦堡审判的不断深入，该比例上升至 87%；之前只有 29%的德国人听过大屠杀，但在审判之后这一数字上升到了

---

① 张沛：《凤凰涅槃——德国西占区民主化改造研究》，上海世纪出版集团 2007 年版，第 6 页。

57%。[1]

美国审判长罗伯特·H.杰克逊（Robert H. Jackson）在庭审前的致辞，也许更能说明这次审判的意义："这是历史上首次举行对危害世界和平罪行的审判，这是一项重大的责任。我们力求谴责和惩罚这些罪行，它们是如此复杂、邪恶，同时具有破坏性，致使人类文明无法忽视它，否则在这些罪行之下文明也不能幸免。"[2] 可以说，纽伦堡审判除了具有法律功效之外，更重要的是让德国人产生了学习的动力，使得他们在直面纳粹暴行的同时，开始进行自我反思。

但关于这次审判的司法权和合法性存在一定的争议。有人认为，"这次审判是追溯性起诉，因此并不公正"；有人认为，"这是战胜国对战败国采取的一次政治行动"。[3] 尤其对德国人来说，这是历史上耻辱的一幕。德国历史学家埃尔德曼（Karl Dietrich Erdmann）提出，"这是战胜国的法庭在德国土地上把一个借德国名义行事达12年之久的政权判为有罪"。[4] 所以即便纽伦堡审判有其公正性和历史突破性，但对德国人来说，它也造成了某种程度上的民族伤害。

如果说纽伦堡审判针对的是参与纳粹统治、身居纳粹政权要职的德国人，那么同一时期开展的非纳粹化运动则更为深入、涉及的人数更为众多。非纳粹化运动包括：从盟军进入德国到1946年3月《解脱法》颁布为第一阶段，盟国对纳粹政权进行了大规模清算，取缔了纳粹党及其附属组织，逮捕和惩办了纳粹战犯及其组织成员；第二阶段是截至1947年7

---

① Anna and Richard L. Merritt（eds.），*Public Opinion in Occupied Germany: The OM-GUS Surveys, 1945-1949,* London: University of Illinois Press, 1970, p.93-94.

② Henry Bernhard, „Geschichte Aktuell- Vor 60 Jahren, Briefe an den Hauptankläger im Nürnberger Prozess", in *Deutschlandfunk*, 11. Dezember 2020.

③ ［美］科佩尔·S.平森：《德国近现代史：它的历史和文化》，范德一译，商务印书馆1987年版，第718页。

④ ［德］卡尔·迪特利希·埃尔德曼：《德意志史》第4卷下册，高年生等译，商务印书馆1986年版，第174页。

月 JCS 1779 文件出台，非纳粹化的对象从纳粹罪犯、纳粹组织以及纳粹党员转变成了普通大众。该做法是为了进一步消除纳粹政权在普通民众中的影响；[1] 第三阶段是 1947 年 7 月—1950 年 12 月，随着美苏"冷战"的开始，美国政府一再要求尽快解除非纳粹化。美国商务部部长艾哈里曼（William Averell Harriman）在 1947 年 8 月的一份报告中指出："必须早日结束非纳粹化以解救这些人……让他们返回到生产生活中……"[2] 1949 年9 月，德意志联邦共和国成立，联邦政府从盟国手中接过了西占区的非纳粹化任务。1950 年 12 月，联邦议员向各州建议在全德范围内结束非纳粹化，4 年之后，联邦政府宣告非纳粹化在德国的正式终结。

盟国之所以要开展这项运动，是希望通过摧毁纳粹体制，解散一切纳粹组织机构，清除德国公众生活和文化生活中的纳粹分子以及思想残余，达到改造德国社会的目的。"实施广泛的非纳粹化，同时由具有民主思想的各界人士来填补各项领导职位，从而为德国建立西方式的民主扫清障碍。"[3] 非纳粹化的实施不仅在德国社会推行了一次大清洗运动，也让那些曾经参与纳粹政权的普通民众开始反思自己所犯下的罪行。

不可否认的是，非纳粹化改造是盟国在德国占领中最具有争议的政策，该任务的出发点是"纳粹主义必须根除"。但作为一个在德国实施了长达 12 年之久的"政治信条"，纳粹主义并不能依靠简单的，类似医学的手段进行完全根除。尤其是一个长期受到纳粹思想毒害的、庞大又复杂的德国社会，如何能真正划清罪犯、其支持者以及其反对者之间的界限，如何从思想上真正清除德国人的纳粹残余，这些都不容易做到。

---

① *Beate Ruhm Von Oppen, Documents on Germany under Occupation, 1945—1954*, Oxford: Oxford University Press ,1955, pp.168-179.

② Carolyn Woods Eisenberg, *Drawing the Line, The American Decision to Divide Germany, 1944-1949*, Cambridge: Cambridge University Press, 2008, p.373.

③ 张沛：《凤凰涅槃——德国西占区民主化改造研究》，上海世纪出版集团 2007 年版，第 6 页。

特别是在非纳粹化改造期间，盟国提出了"集体罪责（Kollek-tivschuld）"一说，引起了德国人的普遍反感。这个概念最早出现在《黑记录：德国的前世今生》一书中，英国人罗伯特·范西塔特[①]（Robert Vansittart）提出，"将德帝国时期的德国与希特勒的德国进行比较，可以看出纳粹主义在德国不是一种反常，而是一种结果"[②]。由此他认为，正是因为德国人主动参与或默许了这一发展过程，因此德国人日后应集体对此负责。1945年瑞士心理学家荣格（Carl Gustav Jung）指出，德国人对自己同胞在大屠杀中所犯下的罪行，感觉到了一种集体的罪责感。[③] 上述两位学者都将大屠杀的罪责转嫁到德国全体民众的身上，而这个概念在德国的真正推广与战后美国对德的政策密切相关。

二战结束后，美国心理战专家罗伯特·麦克卢尔（Robert A.McClure）提出："再教育的第一步是向德国人展示一个无法辩驳的事实，以使德国产生一种对战争罪责的意识，以及他们对集中营所犯下罪责的负罪感。"[④] 1945 年 4 月，美国政府给美占区总司令下发了《关于占领德国基本原则的文件（JCS 1067）》，其中明确表明了军事占领德国的目的："必须向德国人明确表明是残酷的战争和纳粹分子激烈的抵抗摧毁了德国的经济，造成了不可避免的混乱和苦难，德国人无法逃避他们自己背负的责任。"[⑤] 随后在各式各样的战后宣传海报中，在反映集中营

---

① 罗伯特·范西塔特（1881—1957），曾担任英国政府的首席外交顾问，在二战期间反对绥靖政策，主张对德国采取强硬的措施。

② Robert Vansittart，*Black Record, Germans Past and Present,* London: Hamish Hamilton Press, 1941，p.45.

③ Theodor W. Adorno, *Guilt and Defense:On the Legacies of National Socialism in Postwar Germany,* Cambridge: Harvard University Press, 2010, pp.24-25.

④ 参见 Constanze Kutschker und Debora Landu, „Ein Gründungsdilemma der deutschen Erinnerungskultur:Das Massaker von Gardelegen am 13. April 1945 und seine Folgen", in Dietrich Harth und Axel Michaels（Hrsg.）, *Forum und Ritualdynamik*, 2005.

⑤ Direktive an den Oberbefehlshaber der US-Besatzungstruppen in Deutschland（JCS 1067）, April 1945. http://germanhistorydocs.ghi-dc.org/sub_document.cfm?document_id=2297.

生活的影视作品中，包括与纽伦堡审判相关的新闻报道中，以美国为首的西方盟国都在向德国民众传达了一种思想："这是你们的错！"（Das ist Eure Schuld!）

盟国把"集体罪责"一说强加给战后的德国人，一方面是想从德国人的身上彻底根除德帝国以来的军国主义和民族主义思想，另一方面也是为今后德国走上西方民主政治之路奠定基础。而他们之所以可以在德国大张旗鼓地提出的"集体罪责"一说，是因为战后初期德国还没有重建起自己的民族国家，德国的上层统治者也在忙于战后经济的恢复和社会的重建，他们无暇来引导德国民众对大屠杀问题的反思。但正如前文所述，文化记忆不仅有官方的一面，还有非官方的一面，德国社会和思想界在这一时期并没有停下对大屠杀罪责的思考。

综上所述，第二次世界大战结束后，德国人不仅面临着难以为继的生存问题，而且对未来的生活也充满了迷茫和困惑。同盟国一方面为了彻底地清除德国的纳粹残余，另一方面出于对自己国家利益的考虑，对其实施了分区占领以及"四化"改造。特别是纽伦堡审判和去纳粹化政策的实施，不仅让德国人正面了解了纳粹政权的所作所为，也开始进行自我反思。但随着非纳粹化第二阶段的开始，清除纳粹残余的对象由纳粹党员变成了普通民众，这在一定程度上引发了德国人的争议。特别由此提出的"集体罪责"一说，更激发了他们的排斥和反对。德国人不仅对同盟国插手战后重建工作充满了厌恶："根除民族社会主义毒瘤的这一任务，现在就转移到了战胜国手中。这对我们这些一直默默地希望以自己的力量来解决这一任务的德国人来说，是心灵上沉重的负担。"[1]同时，也迫使他们开始从自己的角度去思考"大屠杀"这一问题。

---

① ［德］弗里德里希·迈内克：《德国的浩劫》，何兆武译，天津人民出版社2014年版，第123页。

第三节　德国社会以沉默抵制"集体罪责"

为了让德国人更深刻地领会到纳粹历史和大屠杀问题，以美国为首的占领国有目的地在西占区散播关于德国人"集体罪责"一说。作为被占领国，虽然德国没有权利和机会公开抵制这种说法，但社会内部还是发生了分歧。德国教会和流亡作家在一定程度上接受了这种指责，但更多的德国人却对此产生了排斥和抵触，从而形成了这一时期德国社会关于大屠杀的沉默文化记忆。在这个背景下，1945 年 5 月 8 日被德国人称作是"零起点"，一方面反映了他们"受害者"的心理，另一方面也表达了德国人关于遗忘纳粹历史，重新开启新生活的愿望。

一、以缄默抵制"集体罪责"一说

1945 年 5 月 8 日的无条件投降把德国人带入了痛苦的深渊，无论是面对未来的生活，还是面对传统的民族精神，德国人都表现出了失望，甚至是绝望。从个人记忆来看，人们对大屠杀的记忆是多种多样、充满矛盾的。但从集体记忆来看，德国社会需要重塑对那段历史的统一记忆。扬·阿斯曼曾经说过："集体记忆具有可重构性。记忆不断经历着重构。过去在记忆中不能保留其本来面目，持续向前的当下产生出不断变化的参照框架，过去在此框架中不断重新组织。"[①] 所以当战后德国人作为一个群体稳定下来的时候，他们需要根据当下的状况创造一种共同的集体记忆来整合现有民众。

针对盟国提出的"集体罪责"一说，虽然当时大部分的德国人都在忙于战后经济和社会秩序的重建工作，没有时间和精力去进行大屠杀的反思。但德国社会内部还是出现了两种不同的声音。第一种声音是以德

---

① ［德］扬·阿斯曼：《文化记忆——早期高级文化中的文字、回忆和政治身份》，金寿福、黄晓晨译，北京大学出版社 2015 年版，第 35 页。

国教会和流亡作家为代表的承认集体罪责派。战后初期，德国福音教会在1945年10月率先发表了《斯图加特认罪书》（*Stuttgarter Schuldbeken-ntnis*），他们作出了这样的表态："我们以极其沉痛的心情说，是我们给许多民族和国家带来了无穷的痛苦……我们曾经多年以耶稣基督的名义同纳粹暴政所体现的邪恶精神做过斗争，但我们也要控告自己没有更勇敢地面对，没有更虔诚地祈祷，没有更愉快地相信，没有更热烈地爱。"[1] 在德国历史学家埃尔德曼看来，该认罪书以基督教的名义勇敢地承担了纳粹时期德国人所犯下的罪行。除此之外，一些流亡在外的德国知识分子也呼吁德国人要认识到自己所背负的罪责。如德国女作家安娜·赛格赫斯（Anna Seghers）提出：德国作家要出于天职提醒德国人，帮助他们正视咎由自取的处境，激励他们去争取一个不同的、美好而和平的新生活。[2]

第二种声音是部分知识分子和右翼分子坚决拒绝承认"集体罪责"一说。在他们看来，纳粹的暴政以及对犹太人的屠杀和广大的德国民众无关，所以德国人无须背负这一责任。如著名的历史学家迈内克将希特勒和德国人明显地区分开，他认为，大屠杀的责任是在以希特勒为首的纳粹政府的当权者手中，与普通的民众无关。德国的右翼分子则采取了一种"羞耻"的立场来选择沉默。他们对纳粹政权所主导的大屠杀避而不谈，希望借助对纳粹历史的缄默来保住德国传统文化的高贵性："大屠杀和相关罪行'不作为被讨论的主题'，它有一个独有的特征，即'集体（有意识）的沉默'。"[3] 库特·舒马赫[4]（Kurt Schumacher）也明确表

---

① ［德］卡尔·迪特利希·埃尔德曼：《德意志史》第4卷下册，高年生等译，商务印书馆1986年版，第263页。

② Lerke von Saalfeld（Hrsg.），*Geschichte der Deutschen Literatur: Von den Anfängen bis zur Gegenwart*, München: Droemer Knaur, 1989, S.645.

③ ［德］约恩·吕森：《历史思考的新途径》，綦甲福、来炯译，上海人民出版社2005年版，第177页。

④ 库特·舒马赫（1895—1952），德国政治家，1946年起成为德国社会民主党主席，1949年成为西德联邦议院第一位反对党领袖。

示反对"野蛮的集体罪责"一说：如果把全体人民都判为有罪，那就是保护真正的罪犯，不能达到对每个参加过民族社会主义运动的人进行个别教育的目的。[①] 欧根·科贡[②]（Eugen Kogon）同样指出："同盟国的非纳粹化政策，是一项用来惩罚那些唯一的罪过是犯了一次政治错误的人们。"[③]

由此可见，当时的德国社会针对"集体罪责"一说分成了态度鲜明的两个阵营：一方为接受盟国的这一说法，承认德国人犯下的大屠杀罪责；另一方则反对"集体罪责"一说，通过将罪责推诿给纳粹政权以及统治者，来回避普通人的罪责问题。随着纽伦堡审判和非纳粹化运动的深入，盟国对纳粹分子的界定从参与纳粹政权的活动者扩大到了普通人身上，这种做法最终引发了大多数德国民众的不满，尤其是对"集体罪责"一说颇有微词。但鉴于当时德国战后初期的政治局面，他们无法公开或者激进地表示反对，只能采取一种默无声息的抵制，而随着20世纪50年代中后期纳粹精英重返德国社会，这种沉默的文化记忆在德国本土很快地传播开来。

因此，在战后初期的德国出现了关于"大屠杀"两种不同的文化记忆：一种是以盟国为主导的，承认德国人有罪的官方公共文化记忆；另一种是以德国大众为代表的沉默文化，以静默方式排斥和抵制"集体罪责"一说。前一种文化记忆虽然是上层的，但并不能代表德国人自身的记忆，后一种文化记忆虽然是下层的，却代表了战后初期德国人对大屠杀历史的态度。就像阿莱达·阿斯曼所说："在战后德国的50年代存在着两种文化，一种

---

① ［德］卡尔·迪特利希·埃尔德曼：《德意志史》第4卷下册，高年生等译，商务印书馆1986年版，第183页。

② 欧根·科贡（1903—1987），德国历史学家、社会学家和政治家。作为纳粹集中营的幸存者，他坚决反对纳粹政权。同时他也被看作是西德和欧洲一体化的创始人之一。

③ Eugen Kogon, „Das Recht auf politisches Irrtum", in *Frankfurter Hefte*, Vol 2. 1947, S.641.

是被罪责宣传所覆盖的公众文化，一种是在羞耻主导下的沉默文化。"① 不得不承认，沉默的文化记忆正是这一时期德国人对大屠杀的历史认识。

二、"零起点"——1945 年 5 月 8 日

不同于交往记忆，文化记忆是将相关记忆根植在文化的积淀中，依附在文化的载体上，如纪念场所、纪念日、纪念碑、文字、图画、电影等。对于刚刚结束二战的德国来说，1945 年 5 月 8 日具备了这种文化记忆的表征。这一天从历史上看，是德国国防军统帅部总长凯特尔代表德国在柏林签署正式的无条件投降条约的日子，被以美英为首的西方国家看作是第二次世界大战欧洲战场胜利的纪念日。② 而德国人在战后初期，把 5 月 8 日这个时间点称为"零起点"（Stunde Null）。

从 5 月 8 日零点开始，所有的欧洲战场都陷入了静寂，战斗声和炮火声也渐渐散去，人们开始清理战场的残骸和废墟。"零起点"所标志的 5 月 8 日不仅仅是指第二次世界大战欧洲战场的结束，也指代德国新的开始。"这个隐喻作为一个流行性单词，在关于战争结束和新起点的报道中将长期使用。"③ 它一方面指德国的失败，是一种无望的表达，但另一方面又蕴含了战后德国政治和社会的新开始。德国人普遍认为，1945 年的战败和无条件投降是德国历史的最低点，这种低迷和悲观的情绪在整体社会中蔓延开来，如何激发德国人对未来社会的向往，如何调动人们生活的积极性和主动性，"零起点"这个提法恰恰满足了战后德国人的心理需要。

从文化记忆的角度来看，人们对过去某个时间点或者事件的关注，在

---

① Aleida Assmann und Ute Frevert, *Geschichtsvergessenheit Geschichtsversessenheit, Vom Umgang mit deutschen Vergangenheiten nach 1945*, Stuttgart: Deutsche Verlags-Anstalt, 1999, S.111.

② 因为该协议生效时是莫斯科时间的 1945 年 5 月 9 日，所以以俄罗斯为首东面国家的胜利纪念日为 5 月 9 日。

③ Christoph Kleßmann, „1945-welthistorische Zäsur und Stunde Null", in *Docupedia-Zeitgeschichte*, 15.Oktober 2010, S.5.

文化记忆中可以凝结成一种可供回忆附着的象征物。战后德国对于盟国所强加的"集体罪责"一说是排斥和抵触的，表现为整个社会对大屠杀历史的沉默。作为一个战后遭到中断的民族国家来说，德国需要一种集体记忆来整合和鼓舞民众，但曾经那段不堪回首的历史记忆不能承担这一重任，所以需要重新塑造一个新的概念和记忆。

虽然从历史史实的角度来看，1945 年 5 月 8 日是德国联邦国防军的投降日，是德国历史上耻辱的一天。但在集体记忆的重建过程中（尤指德国人的心理建设），这个日子被塑造成了德国人的重生之日，成为了富有深意的"零起点"。"在文化记忆中，那些基于事实的历史被转化为回忆中的历史，从而变成了神话。"① 在 5 月 8 日这个时间点上虚构出"零起点"的纪念意义恰恰在于此，"在这一天结束了一个可怕的时代，开启了一个充满希望的时代"②。

就个体而言，每个德国人对战争的回忆是不尽相同的。对有些人来说，1945 年战争的结束意味着痛苦回忆的开始。直至 1944 年，德国民众才开始感受到战时的限制和物资的短缺，德国的战败使得他们最终失去了参加前线战争的丈夫和儿子，亲人在盟军的轰炸中生死未卜，房屋被毁，个人财产消失殆尽。随着物质世界的崩溃，德国人的心理安全感也被瓦解了。③ 他们陷入战后的苦难生活。但对另一部分人来说，1945 年意味着美好记忆的开始。德国终于从纳粹的暴政下走出来了，法西斯政权终于被推翻了，德国人和世界人民所遭受的压榨和迫害终于结束了。纳粹政权的最终失败意味着新生活的开始，他们可以重建之前破碎和痛苦的生活。

---

① ［德］扬·阿斯曼：《文化记忆——早期高级文化中的文字、回忆和政治身份》，金寿福、黄晓晨译，北京大学出版社 2015 年版，第 47 页。

② Hermann Glaser, *kleine deutsche Kulturgeschichte, eine west-östliche Erzählung vom Kriegsende bis heute*, Frankfurt am Main: S. Fischer Verlag, 2004, S.9.

③ Gabriele Rosenthal, "May 8th, 1945: The Biographical Meaning of a Historical Event", in *International Journal of Oral History,* Vol.10, 1989, pp.183-193.

　　这两类看似矛盾的记忆实际上指向同一种"受害者"心理。无论是沉浸在战争痛苦回忆中的德国人，还是认为1945年是美好开始的德国人，他们都把自己放在了被纳粹政权所压迫或遭受盟国轰炸的角色当中，从而认定自己是"受害者"。虽然这些德国人的个体记忆不同，但都有着共同的命运。在这种背景下，1945年5月8日对他们来说，是一种角色和身份上的转换，是从"施害者"转变成了"受害者"。德国人之所以对盟国赋予的"集体罪责"一说是抵触和排斥的，正是出于他们并不认为自己应该对纳粹政权或大屠杀的历史负有责任，正是因为在他们看来，自己也是该政权和该事件的受害者。这种想法不仅是战后初期德国对于大屠杀沉默记忆形成的出发点，同时德国人也可以借由这种"受害者"的身份争取到战后国际社会的同情。

　　1945年5月8日作为一种文化符号，是战后初期德国人关于大屠杀记忆的文化附着点。它包含了普通的德国民众看待纳粹历史的态度，反映了战后德国人这一群体的战后处境和认同需求。德国战后初期关于大屠杀的文化记忆表现为以沉默代表的大众文化记忆，所以这个日子被定义为"零起点"。这表示德国人不愿回忆和面对曾经的那段历史，对此持有否定态度。通过"零起点"概念的引入，德国人的身份地位由同盟国口中的"施害者"演变成了"受害者"，这也意味着他们有权遗忘纳粹的过去，重新开始一段新的历史进程。

　　综上所述，为了根除二战后德国的军国主义和民族主义思想，为了让德国尽快地走上西方民主政治道路，以美国为首的同盟国提出了"集体罪责"一说，将纳粹政权的罪责从纳粹分子转移到普通民众的身上。当德国的教会和流亡作家代表在赞同这一说法的同时，德国部分的知识分子和右翼分子却表示反对，而德国社会也以抵制和拒绝的态度来应对，这一点可以从1945年5月8日被命名为"零起点"看出。"零起点"提法的关键是使得德国民众的战后身份从"施害者"转换成了"受害者"，在这个语境下，德国人有权对曾经的历史进行遗忘，也有权对大屠杀的记忆保持沉默，所以缄默和排斥一时间成为德国社会战后初期的文化记忆特征。

第四节　德国思想界对大屠杀历史的两种态度

不同于战后德国民众对大屠杀历史的缄默和抵制，德国的知识分子从理性和相对客观的角度入手，更深入地分析了这一问题。以雅斯贝尔斯[①]为首的左翼知识分子，主张直面曾经的纳粹历史，认为只有这样才能更好地认识到德国人自身的责任；而以迈内克为首的保守派知识分子则提出将纳粹历史排除在德国历史之外，因为在他们看来，以希特勒为首的纳粹分子并不具备德国人的特性，所以需要将这段黑暗的历史与德国的传统历史割裂开。

一、以雅斯贝尔斯为首的理性思考

对于盟国提出的"集体罪责"一说，战后初期的德国社会以抵制和回避的态度来应对，缄默构成了当时德国人关于大屠杀文化记忆的特征。而作为拥有更强自我意识的知识分子来说，他们对纳粹历史的看法并不完全等同于普通的德国人，有着相对理性和清醒的认识。

在哲学界名声显赫的尤里乌斯·埃宾豪斯[②]（Julius Ebbinghaus）、特奥多尔·利特[③]（Theoder Litt）等人，都主张从理性的角度去探讨德国在大

---

① 卡尔·雅斯贝尔斯（1883—1969）：德国的哲学家和精神病学家，是存在主义的杰出代表。他的哲学作品在宗教哲学、历史哲学和跨文化哲学领域具有很大的影响力。

② 尤里乌斯·埃宾豪斯（1885—1981）：德国著名的哲学家。康德学派的推崇者，受到海德堡新康德主义的影响，撰写了法律哲学等著作，自1940起担任德国马堡大学的教授。

③ 特奥多尔·利特（1880—1962）：德国的文化—社会哲学家、教育学家。他提出了一种独立于文化哲学和哲学人类学的方法，该方法是由个人与社会、人类与世界、理性和生活之间的辩证关系所决定的。利特将这一思想投射到了教育学中去，成为20世纪初改革教育学的起点。

屠杀问题上的罪责。埃宾豪斯呼唤传统德意志主义的复兴，呼唤德国人就自己在过去 12 年中的行为做"自我启蒙"。① 利特认为，"纳粹时代的恐怖，从某个层面上看，是某种'人的原形毕露'，它提供了'对我们自身的清楚认识'"②。德国社会学家欧根·科贡在 1946 年出版的《党卫军国家——德国的集中营制度》③ 是最早介绍和说明纳粹集中营的书籍，通过对纳粹集中营和劳动营系统的、条理清楚的叙述，欧根·科贡让当时的德国同胞真正了解了纳粹党卫军的暴行，该书也被认为是对纳粹恐怖组织第一次历史性的系统分析。

　　而其中影响力最大的当属哲学家卡尔·雅斯贝尔斯（Karl Jaspers）在 1946 年出版的《罪责问题》（Die Schuldfrage）。这本书取材于雅斯贝尔斯在德国大学里的一系列演讲。关于德国人的罪责，雅斯贝尔斯在维护德国人自尊的基础上，尽量从客观的角度，将德国人的罪责分为四种类型：刑事罪犯、政治罪犯、道德罪犯和抽象罪犯。他提出法律只适用于前两种形式的犯罪，对于道德和抽象罪犯并不适用。但与此同时，雅斯贝尔斯也认为，集体罪行和个人罪行之间是存在着重要区别的……只有个体才是犯罪者，指控整整一国的国民犯有道德罪行也是错误的。④ 这一说法也表明了他对盟国"集体罪责"一说的反对和抵制。

　　但雅斯贝尔斯并没有以此来回避道德犯罪。他指出，"罪责的问题不仅仅是别人对我们提出的问题，更是我们对自己提出的问题，我们如何从内心最深处来回答这个问题，这关系到我们建立当下的存在意识和自我意

　　① ［德］扬-维尔纳·米勒：《另一个国度，德国知识分子、两德统一及民族认同》，马俊、谢青译，新星出版社 2008 年版，第 35 页。

　　② Theoder Litt, *Von der Sendung der Pilosophie*, Wiesbanden: Dieterich' sche Verlagsbuchhandlung, 1946, pp.24-25.

　　③ Eugen Kogon, *Der SS-Staat — das System der deutschen Konzentrationslager*, München: Karl Alber Verlag, 1946.

　　④ ［美］科佩尔·S.平森：《德国近现代史》下册，范德一译，商务印书馆 1987 年版，第 732 页。

识……虽然战争胜利方对我们有罪的宣判对我们的存在产生了巨大的影
响，但这只是政治性质的……我们只有独自面对自己的时候，从哲学和神
学的角度才能认识到罪责的深度问题"①。在雅斯贝尔斯看来，纽伦堡审判
虽然从政治角度来看是正确及必要的，但它并没有涉及德国人内心深处的
道德犯罪和抽象犯罪，想要实现这方面的悔过或者忏悔，需要德国人发自
内心地反省。

可以说，以雅斯贝尔斯为首的德国知识分子并不接受"集体罪责"一
说，但他们却在道德层面上提出了"集体责任"：虽然盟国从政治和法律
的角度，对德国曾经的纳粹罪行作出了审判，但作为德国人，还需要从内
心深处认识到由此衍生出的历史责任。对于德国人来，未来持续数年关于
德国认同的争论都紧紧围绕着一个主题：即曾经犯下的历史罪行是不是应
该由一个连贯的民族共同体来承担？事实上，在战后初期，以雅斯贝尔斯
为代表的知识分子就已经给出了明确的答案：作为德国人应该从道德角度
承认大屠杀的历史，认识到德国人在其中所背负的责任。但不同于 20 世
纪 60 年代以菲尔舍为首的左翼知识分子对德国传统民族特性的批判，以
雅斯贝尔斯为代表的知识分子仍然认同德国传统文化的高贵性，信奉文化
民族主义是凝聚德国社会的源泉。

二、将大屠杀历史排除在传统历史之外

在同一时期还有一大批德国知识分子提出所谓的文化二分法或二
元法②，在强调纳粹和法西斯历史根本上不属于德国历史的同时，坚持对
德国传统文化以及民族优越性的肯定。通过将纳粹历史与德国传统历史割
裂开，把希特勒排除在德国人之外，从而来摆脱德国普通民众在大屠杀问
题上的历史罪责。

---

①　参见 Karl Jaspers, *die Schuldfrage*, Heidelberg: Lambert Schneider Verlag, 1946。

②　徐健：《纳粹史叙事与民族认同——战后七十年联邦德国史学界对纳粹历史的思
考》，《史学集刊》2015 年第 4 期。

如德国历史学家奥托·欣策（Otto Hintze）① 在评价希特勒时说："这个家伙确实一点也不属于我们这个种族。他身上有着某些完全是外国的东西。"② 德国历史学家迈内克也认为，希特勒的性格和行动对德国人来说，存在着某种独特的、陌生的和难于理解的地方。格哈德·里特尔③（Gerhard A.Ritter）在《欧洲和德国问题：德国国家思想性的独特性》中指出："纳粹主义和它的暴力方式并不是德国人特殊的遗产，而是属于文化衰退和道德虚无主义时代的遗产。"④ 其中，莱奥波特·冯·维泽⑤（Leopold von Wiese）的说法最为典型："像一次阴险的突然袭击，瘟疫从外而来，人们没有任何准备。"⑥ 他们将希特勒与德国人明显地划分开。在排除希特勒是德意志人的同时，突出希特勒代表德国人的非必然性："希特勒及其纳粹党和德国的历史文化之间并没有任何的内在有机联系，所以他对德国是一幕偶然。"⑦

而对于德国传统文化和特有的民族主义，这类知识分子则坚持用肯定的眼光去看待。迈内克在其著作《德国的浩劫》中强调：德国精神之转趋于现实，乃是健康的而且是在有机体上是必要的，它最初从 1815 年非常

---

① 奥托·欣策（1861—1940）：德国历史学家，被认为是德意志帝国后期和魏玛共和国时期最重要的德国社会历史学家之一，也是现代政治结构史的先驱。

② ［德］弗里德里希·迈内克：《德国的浩劫》，何兆武译，天津人民出版社 2014 年版，第 71 页。

③ 格哈德·里特尔（1929—2015）：德国的历史学家、政治学家。他是 1945 年后德意志联邦共和国批判社会史的先驱之一。他将历史学和政治学联系起来，并进行系统的历史比较，实现了早期的社会史转向。

④ Christoph Cornelißen, „Europa und der deutsche Sonderweg Betrachtungen zu einer Streitschrift von 1948", in *Zeithistorische Forchungen*, Heft 3, 2004, S.470.

⑤ 莱奥波特·冯·维泽（1876-1969）：德国社会学家和经济学家。

⑥ Leopold von Wiese, „die gegenwärtige Situation, soziologisch betrachtet", in *Verhandlungen des Achten Deutschen Soziologentages*, vom 19. Bis 21. September 1946, Frankfurt am Main, S.29.

⑦ ［德］弗里德里希·迈内克：《德国的浩劫》，何兆武译，天津人民出版社 2014 年版，第 69—83 页。

缓慢地开始，后来到 1830 年以后就变得越发强劲了；当时正处在觉醒之中对民族统一和民族国家强大的热望也是全然健康的，它最初和歌德式的遗产在古典自由主义的那种综合体中是联系在一起的……① 迈内克在肯定德国民族统一的基础上，强调了德国的古典思想并不是这场浩劫的根源。同时，相比于 20 世纪 60 年代菲舍尔等人对第三帝国和德意志帝国连续性的强调，认为第三帝国的出现是基于德意志民族国家在建立之初就存在一定的缺陷性。迈内克等人却认为，俾斯麦帝国是德国一项伟大成就、一项宝贵的精神财富："俾斯麦帝国的建立始终是一桩历史性的伟大成就，就我们这一代和它一起成长起来并为它而献身的人来说，它是那令人鼓舞的忠诚，对我们始终是一份珍贵的纪念品。"②

所以在这类知识分子的主导下，战后初期的德国人认为，德国传统民族主义和文化从根源上看是优秀的、没有缺陷的。虽然迈内克也承认，人们对于过去辉煌中隐蔽着的黑暗面注意得太少，这也是它致命的弱点，③但最终"误入歧途的德国历史"一时之间成为战后德国流行的叙事模式。"浩劫""悲剧""宿命"成为对那段不堪回首历史的总结。

综上所述，雅斯贝尔斯在《罪责问题》中指出，虽然纽伦堡审判对德国人进行的法律和政治审判，是非常必要的，但对德国人来说，从内心深处认识到纳粹政权的问题，担负起大屠杀的历史责任则是为更重要的道德审判。而以维泽为首的保守派知识分子，在肯定德国传统民族性的同时，坚持将希特勒排除在德国人之外，把纳粹历史从德国历史中剔除出去，以此来回避德国人在其中的罪责。不论是接受责任，还是割裂

---

① ［德］弗里德里希·迈内克：《德国的浩劫》，何兆武译，天津人民出版社 2014 年版，第 71 页。

② ［德］弗里德里希·迈内克：《德国的浩劫》，何兆武译，天津人民出版社 2014 年版，第 72 页。

③ ［德］弗里德里希·迈内克：《德国的浩劫》，何兆武译，天津人民出版社 2014 年版，第 72 页。

历史，都代表了战后初期德国知识界在大屠杀问题上的思考，相比于德国民众的沉默和抵制，他们的思考显得更加客观、理性和多元，也显得尤为珍贵。

德国在二战后被同盟国占领，从表面上看，作为政治象征的民族国家已不复存在。而战后悲惨的生活状况，同盟国对德国施加的政治、经济以及社会文化方面的压力，也使得德国人不愿去回忆曾经引以为傲的德意志历史，那些从帝国时期在民众心中形成的身份认同、民族归属和国家认同也随之消逝。而战后德国的重建，需要重新树立起民众的民族意识和民族自信，所以德国人只能从古老和传统的民族文化中去寻找民族精神。

德国战后初期的政界、社会和思想界因为对纳粹历史和大屠杀有着不同的认识，继而形成了不同的文化记忆。政治上因为被同盟国占领，所以战败后的德国并不是一个拥有独立主权的民族国家，而是由占领国来主导其政治和社会的走向，所以只能接受同盟国提出的"集体罪责"一说；虽然社会上对待大屠杀存在"罪责文化"和"沉默文化"两种态度，但对于大部分德国人来说，战后苦难的生活使得他们对盟国强加的"负罪文化"更多地采取了抵触和沉默的态度；相比之下，思想界虽然相对理性，但仍旧存在不同的两股思潮，部分知识分子引导德国民众接受德国的历史责任，但更多的知识分子则强调对德国传统文化的保全，提出要将纳粹历史排除在德国历史之外。这些来自各方的不同看法最终形成了这一时期德国人关于大屠杀文化记忆的核心表现——缄默和排斥。

需要注意的是，尽管个人记忆的形成要借助集体框架，但它也不完全依赖于集体的灌输，也同样存在于个人的头脑之中。虽然在德国人的个体记忆中关于大屠杀的历史依旧存在，但它更多地融入了当时德国社会的集体记忆和文化记忆的范畴，通过将个人苦难和集体经历的融合，个体记忆被糅合到德国公共历史和公共记忆中去。所以在战后初期，德国大屠杀的历史被"被害者"叙事风格下"零起点"所掩盖，用阿莱达·阿斯曼的话来说，1945 年是德国记忆史上的盲点。[①] 但必须要承认，虽然这一时期的文化记忆是将历史转化成为回忆的历史，建构出的过去含有刻意隐瞒和虚构的成分，但在一定程度上它对战后德国民族国家的重新塑造起到了较大的推动作用。

---

① Aleida Assmann und Ute Frevert, *Geschichtsvergessenheit Geschichtsversessenheit, vom Umgang mit deutschen Vergangenheiten nach 1945*, Stuttgart: Deutsche Verlags-Anstalt, 1999, S.97.

第三章
"克服过去"历史政策下的记忆转向
(1949—1963)

在西方盟国的支持下，联邦德国在成立后很快就走上了正轨。在对待纳粹历史问题上，阿登纳政府推出了"克服过去"的历史政策，使得前纳粹分子重新融入德国社会，造成了民众对大屠杀的"集体遗忘"，这种文化记忆表现为对纪念馆和博物馆的忽视以及疏于管理，但20世纪60年代初的反犹主义却在提醒德国人正视历史的重要性。德国思想界出现了保守主义对纳粹历史的辩护以及"菲舍尔之争"，关于纳粹历史连续性的问题引发了人们的思考。这一时期联邦德国带有矛盾性大屠杀文化记忆的出现，一方面是出于政府在向西方看齐的过程中，对自我民族主义的否定和摒弃，另一方面德国人开始意识到大屠杀历史对国民身份认同的重要性。

第一节　传统民族主义遭遇否定

不同于战后初期德国人对传统民族主义的追溯，在阿登纳政府看来，德国之所以会走上第三帝国的歧路，很大程度上都与德意志传统民族主义有关，所以重新恢复先前的民族主义是十分危险的，只有摒弃旧式的民族主义，向西方自由民主制度看齐，将两德统一与欧洲统一结合起来，德国才能重新走上健康和正确的复兴之路。而普莱斯纳提出的"迟到民族"一说也是对传统的民族主义予以否定，在这些去民族化思潮的影响下，关于大屠杀的文化记忆也逐渐从沉默走向了冲突。

一、对旧式德意志民族主义的摒弃

在 20 世纪 50 年代，与公认的、普遍的政治冷漠同时存在的还有联邦德国政府对旧式民族主义的心有余悸。阿登纳认为，复活旧式的德意志民族主义是危险和有害的，德国之所以走上第三帝国的歧路，很大程度上都与德意志民族主义有关。"民族主义是欧洲的痼疾，过分狭隘的民族主义把欧洲带到了深渊的边缘。"① 在这种情况下，阿登纳在战后极力推崇德国借助融入欧洲来实现民族复兴。他写道："德国人只有通过欧洲一体化，才能摆脱他们先前的民族主义思想，要把欧洲人从他们狭隘的民族政治生活中解救出来，将他们置身于欧洲的广阔天地……如果不把德国拴在欧洲，那就有可能重走旧路，导致灾难性的后果。"② 在阿登纳看来，德国战后的重建必须依赖欧洲，只有通过与欧洲其他国家的联合，德国才能克服那种旧式的、极端的以及狭隘的民族主义。

相比于 1945 年被占领时期，联邦德国在建国初期对传统民族主义的看法已经发生了改变。在占领时期，纳粹政权的罪行因为德国战败而被揭露，德国人一方面处在羞愧文化之中，另一方面仍寄希望于传统的古老文化，希望借由古典文化重整德国人的精神世界，通过德意志文化民族主义的再次复兴来重塑德国人的身份认同，将业已断裂的民族主义和历史认同衔接起来。

但到了建国初期，联邦德国为了尽快地恢复重建、恢复国家主权，重返欧洲，对德国旧式民族主义进行了摒弃。在 20 世纪 50 年代的联邦德国

---

① 杨寿国：《阿登纳传》，上海外语教育出版社 1992 年版，第 12 页。

② James L. Richardson, *Germany and the Atlantic Alliance, The Integration of Strategy and Politics*, Cambridge, Mass: Harvard University, 1966, p.14.

当局看来，德国黑暗历史和灾难的渊源来自传统的民族主义。阿登纳指出，德国文化中长久以来对国家权力的崇拜是导致纳粹主义和大屠杀的原因之一。"好几十年来，所有各阶层的德国人民对国家、对政权、对个人在国家地位上具有一种错误的看法，因而受到了危害。他们把国家搞成了偶像，供奉在祭坛之上，个人、个人的尊严和作用就成了这个偶像的牺牲品"。① 由此阿登纳政府认为，德国传统民族主义中对权利的崇拜和服从对新政权的建立是有害的，所以他们极力地摆脱传统民族主义的束缚。

正是因为这一时期任何一种形式的民族主义都会让联邦德国当局感到不安，从而使得他们迫切产生了重塑新的国家和民族认同的愿望，在这种想法下，阿登纳政府积极地融入各种欧洲的经济和政治组织就显得"情有可原"了。受西方模式的影响，西德在经济上奉行社会市场经济制度，在政治上采取资本主义政治制度和联邦议会民主制的政体，实行了西方式的"自由与民主新秩序"。虽然长期以来，一些精英人士以魏玛共和国为例，认为西方的民主并不适合德国的土壤，但随着经济的发展与政治的恢复，民众逐渐对新的体制有了信心和认同，也开始接受自己新的"欧洲公民"身份，其中不可否认的是经济快速发展所带来的助力作用。

根据调查，在 20 世纪五六十年代初期，联邦德国中持民主政治观念而非君主政治或纳粹主义观念的人的百分比增长幅度，与其对物质生活满意程度的增幅呈正相关关系。② 按照玛丽·费尔布鲁克③的说法，德国人能够在战后很快地接受西方民主，很大程度上取决于联邦德国经济上的成功。"新的民主制度是在民族战败与蒙羞之际，主要由外力强加在德国人

---

① ［德］康拉德·阿登纳：《阿登纳回忆录》（1945—1953），杨寿国等译，上海人民出版社 2018 年版，第 29 页。

② Elisabeth Noelle und Erich Peter Neumann，(Hrsg.)，*Jahrbuch der öffentlichen Meinung, 1947 – 1955*, Allensbach: Verlag für Demoskopie, 2010.

③ 玛丽·费尔布鲁克（1951—），英国籍历史学家，主要研究方向为 20 世纪的德国独裁政府和纳粹大屠杀之后的欧洲史学。

民头上的，以前不知民主为何物的数以千万计的德国人竟然能够很快接纳这个新鲜事物，究其原因，经济的迅速成功肯定是一个有力的保障因素。"①

另外，从阿登纳政府在两德统一上的态度也可以看出，相比于德意志民族主义，他们更看重联邦德国在欧洲的利益，主张从欧洲统一的角度去看待两个德国的问题。当联邦德国在坚定不移地加入西方集团的同时，它需要面对苏联胁迫下的两德统一。阿登纳政府借助西方的支持对苏联进行强硬的抗衡，在阿登纳看来，东西方的对峙和苏联对东德的强硬控制，使得两德统一不会在短时间得以解决，"东欧——苏联的范围——和西欧截然分开，这是一个事实"②。联邦德国因此首先需要把注意力放在自己的民主建设上来，相比之下国家的统一显得不再那么至关重要了。

阿登纳认为解决两德统一的问题不单单只是德国的问题，是一个与欧洲和世界政治密切相关的问题。所以他一再强调处理这个问题的原则必须与欧洲的利益相关联。"我们必须再三强调，重新统一是欧洲的切身利益所在，也是世界切实利益所在……过去和现在能使我们获救的办法在于：欧洲，自由的欧洲，过去和现在都必须结成一个统一的前提，而我们的过去和现在都必须是这个欧洲的不可分割的一部分。"③正因为在阿登纳政府看来，两德统一的问题必须要让位于西德自身发展，统一问题的解决也必须在欧洲的语境下进行，由此德国的传统民族主义在这一刻也显得并不那么重要了。

相比于战后初期对传统民族主义的推崇，联邦德国自1949年建国以

---

① ［英］玛丽·费尔布鲁克：《德国史（1918—2004）》（第四版），卿文辉译，上海人民出版社2011年版，第160页。
② ［德］康拉德·阿登纳：《阿登纳回忆录》（1945—1953），杨寿国等译，上海人民出版社2018年版，第24页。
③ ［德］康拉德·阿登纳：《阿登纳回忆录》（1953—1955），杨寿国等译，上海人民出版社2018年版，第5—6页。

来并未借助文化民族主义来重建德国人的身份认同和国家认同。相反，在阿登纳看来，德国出现的纳粹历史和大屠杀事件在很大程度上是基于德意志民族主义的缺陷，加上经济的重新复苏和社会秩序的重新建立都需要仰仗西方的支持，所以阿登纳政府力争向欧洲看齐，融入欧洲的政治民主新秩序，在此基础上，普莱斯纳提出的"迟到的民族"一说也被这一时期的联邦德国所接受。

二、普莱斯纳提出的"迟到的民族"

1959 年德国社会学家赫尔穆特·普莱斯纳[①]（Helmuth Plessner）出版了《迟到的民族》[②]，该书来源于普莱斯纳在荷兰流亡期间给格罗宁根大学开设的一门系列讲座课——"关于当前德国的精神斗争和哲学"，在 1935年集结成册由瑞士出版商出版。因为这本书在德国的发行受到保守派报纸《日耳曼杂志》（Zeitung für das Deutsche Volk）的批判，一度受到阻碍，直到 20 世纪 50 年代末才最终在德国出版。

在《迟到的民族》一书中普莱斯纳通过追溯 16 世纪以来德国精神领域的发展，探讨了德国资产阶级在第三帝国期间支持希特勒的问题。他指出，从历史的角度来看，德国人的心态具有独特性、矛盾性和危险性。当西欧各国在 17、18 世纪开始实现政治民主化的时候，德国还沉浸在神圣罗马帝国的光辉中，而这对未来德国的发展带来了负面影响。与其他成功的西方国家相比，德国最突出的问题是，启蒙思想一直没能在政治和文化中占据主导地位。[③] 在普莱斯纳看来，虽然神圣罗马帝国

---

① 赫尔穆特·普莱斯纳（1892—1985）：德国的哲学家和社会学家，哲学人类学的主要代表之一。

② Helmuth Plessner, *Die Verspätete Nation: Über die Politische Verführbarkeit Bürgerlichen Geistes*, Stuttgart: W. Kohlhammer Verlag, 1959.

③ Hermann Lübbe, „Verspätete Nation, Überraschende Ergebnisse einer Pflicht", in *Zeitschrift für Ideengeschichte*, Heft Ⅶ /2 Sommer 2013, S.83-102.

覆灭了，但对德意志来说，由多个松散邦国所组成的帝国阴影却一直还在，从而引发了浪漫主义在中世纪的转变，这些因素都不利于民族国家的形成，特别是普鲁士和奥地利的争斗，使其最终也无法实现"大德意志"的设想。所以，一个现代化民族国家的兴起在德国来说不仅是迟到的，而且是没有完全成功的，"德国没有能将它的人民组成一个国家"[①]。普莱斯纳认为，对德国民众来说，一个强大的德意志民族政治并没有在正确的时间内完成，民族主义恰恰成为他们政治不幸的根源。对现今的德国来说，需要在融入欧洲联盟的过程中克服自身的民族主义缺陷。

"迟到的民族"和后期德国历史学家韦勒提出的"德意志特殊道路"密切相关，这两种说法都是将德国与西方国家的政治体制相对比，认为其在发展过程中偏离了其他西欧国家所走的历史之路。但相比于"特殊道路"，"迟到的民族"更侧重于时间纬度的概念，当西欧各国开始建立自己的民主制度之时，德国还处在神圣罗马帝国的阴影中，所以德国人在普莱斯纳看来是"后来者"。正是因为他们没有跟上其他类似国家的发展脚步，正是因为其在现代化制度和思想上的滞后，最终引发了第三帝国，直至大屠杀的发生。

《迟到的民族》在德国出版后，引发了人们热议。马克斯·霍克海默（Max Horkheimer）和赫伯特·马尔库塞（Herbert Marcuse）认为该书中对民族社会主义的描写，会淡化人们对其的认识，从而助长了纳粹历史"正常化"的可能性。[②]哈贝马斯也提出：普莱斯纳曾将社会学描述为对一个濒危社会的永久控制，而他对法西斯主义起源的解释，实际上也是在

---

① Helmuth Plessner, *Die Verspätete Nation: Über die Politische Verführbarkeit Bürgerlichen Geistes*, Stuttgart: W. Kohlhammer Verlag, 1959，S.49.

② Wolfgang Bialas, *Politischer Humanismus und »verspätete Nation«. Helmuth Plessners Auseinandersetzung mit Deutschland und dem Nationalsozialismus*，Göttingen: Vandenhoeck & Ruprecht Verlag, 2010,S.13.

行使这种控制权。① 历史学家海因里希·奥古斯特·温克勒（Heinrich August Winkler）则称该书是"德国通往西方的漫长道路上的一个里程碑"②。

虽然普莱斯纳提出的"迟到的民族"一说，在德国战后初期引发了争论，但这也是德国重建之后，首次从民族主义的根源上去探讨纳粹政权和大屠杀问题，相较于前一阶段德国左翼知识分子对纳粹罪行的承担，普莱斯纳更强调通过与西欧国家的对比来发现德国传统民族主义的缺陷，这也和当时阿登纳政府"向西方靠拢"的政治政策有关。

总体而言，尽管普莱斯纳提出的"迟到的民族"和阿登纳政府摒弃旧式的民族主义在渊源上有所不同：在阿登纳看来，德国之所以一再地走上歧途，是因为它旧有的民族主义存在某种缺陷，即对国家权利的极度崇尚；在普莱斯纳看来，德国是因为在发展过程中没有完全遵循西方的模式，从而使得政治制度和德国人的思想更新跟不上现代化的发展节奏。但他们在一点上却达成了共识：即德国一直以来所推崇的民族主义是当今政治不幸的根源。两者的不谋而合最终造成这一时期对德意志民族主义的摒弃成为必然，就像阿登纳在 1958 年所说的"至于说到德国的民族主义，目前我们已经把这种民族主义压下去了，而且我本人也一直在尽力不让民族主义抬头"③。

第二节　阿登纳政府与"克服过去"的历史政策

1949 年 9 月联邦德国成立，美苏两国在冷战时期的紧张关系，时刻

---

① Jürgen Habermas, *Philosophisch-politische Profile*, Frankfurt am Main: Suhrkamp Verschlag ,1987,S.137.

② *Deutschland – Europa – Welt, Helmuth Plessners "Verspätete Nation" in der Diskussion, Veranstaltungshinweis*, H-Soz-Kult, 29.August 2012, https://www.hsozkult.de.

③ ［德］康拉德·阿登纳：《阿登纳回忆录》（1955—1959），杨寿国等译，上海人民出版社 2018 年版，第 328 页。

影响着它们在德国问题上的做法。为了能尽快恢复德国主权，阿登纳领导下的联邦德国在政治、经济以及社会文化上坚持采用西方的模式，而五六十年代德国国民经济的迅速恢复和发展，也让德国民众逐步接受了这一理念。在对待大屠杀问题上，阿登纳政府针对盟国的"去纳粹化"政策提出了"克服过去"的历史政策，将前纳粹分子重新纳入社会的同时，也造成了德国社会对大屠杀的"集体遗忘"。

一、阿登纳时期的联邦德国

1949年8月14日，德国西占区举行了第一届联邦议院选举，联盟党成为第一大党。9月12日，特奥多尔·豪斯（Theodor Heuss）当选为首任联邦总统，15日，康拉德·阿登纳（Konrad Hermann Joseph Adenauer）当选总理，20日，德意志联邦共和国（Bundesrepublik Deutschland）正式建立，定都波恩；同年10月7日，苏占区成立德意志民主共和国（Deutsche Demokratische Republik），由威廉·皮克（Wilhelm Pieck）出任共和国总统，担任第一副总理兼统一社会党中央第一书记的是瓦尔特·乌布里希（Walter Ulbricht），民主共和国的首都为柏林。

随着二战的结束，以欧洲为中心的世界格局面临崩溃，以美苏两极格局为核心的新世界体系——雅尔塔体系逐渐形成。作为雅尔塔会议上所确立的二战后新格局，该体系一方面具有反法西斯主义的进步性，提出了设立联合国组织、实行"大国一致"原则的设想。但另一方面，雅尔塔体系的出现也意味着美苏共同主宰世界的格局初步形成。东西德的建立是以美国为首的西方阵营和以苏联为首的东方阵营从战后合作走上决裂的结果，因为两者的国家利益、意识形态都有所不同，德国注定成为东西方冷战的牺牲品。

对美国而言，将德国置于西欧恢复重建的框架之下，对自身是非常有利的。一个繁荣、开放的欧洲市场，一个强大、一体化的军事同盟不仅为美国社会的发展提供了一个强有力的资本市场，还可以借此压制苏联，抵抗共产主义在全球范围内的蔓延；对苏联而言，虽然战后曾一度热衷于德国政治上的统一，但基于曾经的历史，它也希望能在东欧建立一个由卫星国组成的防御地带，从而在一定程度上保证自身的国家安全。由此可见，美苏两国都将德国作为双方博弈的前线战场，在二者实力相当的情况下，对峙和斗争的结果无疑会导致德国的最终撕裂。就像当时的柏林市市长恩斯特·罗伊特①（Ernst Reuter）所言：“我们生活在两个世界的分界线上，这里正经历着遍及全世界的斗争。”②在冷战的国际大背景下，东西两边的德国人只是世界格局变化中的牺牲品，他们无法左右自己的命运，只能任由占领国将其带上一条分裂和相反的路径。

伴随着康拉德·阿登纳的上台，联邦德国在经济体制上采取了“社会市场经济”体制。该体制的理论来源是德国“弗赖堡学派”（Freiburger Schule）③，同时也融入了古典自由主义和基督教社会理论的要素。代表人物有阿尔弗雷德·米勒–阿尔马克④（Alfred Müller-Armack）、路德维希·艾哈德⑤（Ludwig Wilhelm Erhard）等。他们主张在新经济学发展中，既要维护私人企业和自由市场，又要采取国家干预，从而避免自由市场中所存在的弊端。米勒—阿尔马克提出：“我们今天必须进入一个‘社会的市场经济’。”⑥而在联邦德国真正决策和实施这一经济制度的人是艾哈德，

---

① 恩斯特·罗伊特（1889—1953），德国的政治学家，在1948年柏林分裂时，担任柏林市市长。

② ［德］卡尔·迪特利希·埃尔德曼：《德意志史》第4卷下册，高年生译，商务印书馆1986年版，第307页。

③ 弗赖堡学派：该学派是指在20世纪30年代，聚集在弗赖堡大学，由经济学家和律师所组成的研究团体。他们的理论依据来源于“秩序自由主义”（Ordoliberalismus），提倡由国家建立监管机制以确保经济竞争和市场上市民的自由。

④ 阿尔弗雷德·米勒–阿尔马克（1901—1978），德国经济学家、社会文化学家。“社会主义市场经济”的提出者和共同创始人。

⑤ 路德维希·艾哈德（1897—1977），德国经济学家、社会学家。被称为“社会市场经济之父”，曾在1963—1966年担任德国总理一职。

⑥ ［德］何梦笔主编：《德国秩序政策理论与实践文集》，庞健、冯兴元译，上海人民出版社2000年版，第14页。

他在 1949 年到 1963 年期间担任德国经济劳动部部长一职，正是在他的推行下，社会市场经济从理论变为了现实。

社会市场经济体制的基础是私有制，企业自主以及市场竞争。它一方面需要坚持市场原则，鼓励市场竞争，认为只有竞争才能提高生产效率，帮助社会实现和谐发展；另一方面，国家也要在体制内发挥作用，在制定市场规则的同时，监督市场经济遵守规则。"但这种国家干预是有限的，是指导性而非控制性的，是间接的而不是直接的，是根据必要灵活运用，通过市场并'有利于市场'的。"[①] 虽然"社会市场经济体制"在联邦德国的制定和实施过程中并非一帆风顺，但它一直以来都是德国经济发展的重要支柱。战后无论哪个党派上台，都接受了该经济制度，从而保证了联邦德国的经济长期稳定和持续的发展。

在国内政治方面，联邦德国采取的是以中等阶层占主导地位的资产阶级民主政治统治形式。1949 年 5 月 23 日颁布的《德意志联邦共和国基本法》（*Grundgesetz für die Bundesrepulik Deutschland*）规定了联邦德国基本的政治体制，包括议会民主制、法治国家以及联邦制等。

《基本法》规定国家立法机构是两院制议会，包括联邦议院（Bundestag）和联邦参议院（Bundesrat）。联邦议院是联邦最高立法机构，它制定和通过法律，选举总理，批准对外条约，审查联邦政府的政策等。联邦议院的议员每四年选举一届，并按党派组成议会党团。而联邦参议院则由各州的代表组成，参议员要反映各州政府、执政党的主张和要求，从而维护联邦州各自的利益。"联邦与各州权利互相制约，目的是阻止权利过分向联邦集中，保障各州的利益。"[②] 联邦政府由获得联邦议院多数席位的政党或政党联合组成，其任务是执行联邦议院和参议院通过的立法和决议，处

---

① 吴友法等：《重新崛起时代（1945-2010）》，载邢来顺、吴友法编：《德国通史》，江苏人民出版社 2019 年版，第 131 页。

② 吴友法等：《重新崛起时代（1945-2010）》，载邢来顺、吴友法编：《德国通史》，江苏人民出版社 2019 年版，第 110 页。

理国家外交、国防、铁路、航空等政策事务。联邦总理是最高行政长官，他由总统和议会党团协商后提名，并由总统任命。

另外，根据《基本法》第 20 条的规定：德意志联邦共和国是一个民主和社会的联邦制国家。[1] 德国的联邦制为"复合联邦制"（Verbundföderalismus），它是通过中央政权与地方政权的分权来实现国家权力的运行。联邦政府享有对外主权，而对内的统治权则由联邦政府与各州分掌。德国联邦制的这种纵向分权的结构模式，使联邦和各州无论在行使自己的权力，还是在完成许多国家任务时都必须紧密合作。该制度是其宪政体制中不可侵犯的基本原则，它不仅符合德国的宪法传统，而且也有利于防止国家权力的过分集中和滥用，有利于保障更多的民主。

阿登纳政府除了重建联邦德国的经济和政治制度之外，还考虑了如何在错综复杂的国内外形势下，找到国家的定位和发展方向，其中外交策略起到了至关重要的作用。阿登纳政府实施的外交政策是不遗余力地向西方靠拢，在恢复其主权国家地位，重返国际舞台的同时，为德国的复兴创造有利的外部环境。

阿登纳作为联邦德国成立后的第一任总理，本身是一个坚定的西方自由民主制度的信徒。他上台后，面对联邦德国内外交困的国家形势，选择了不遗余力地向西方靠拢。在阿登纳看来，对于当下的西德而言，只有两条路可走，不是同西方走在一起，就是同苏联走在一起。所有其他一切中间道路都不是政治，而是空想。而只有依附美国，西德最终才有可能恢复重建，重返欧洲。的确，依据当时的国际形势，德国是战败国，无论从国家实力还是道德高度上来看都是一个弱国，它如果拒绝和西方以及欧洲合作，那么它就没有朋友，这种孤立主义对当时的德国来说是非常危险的。根据传统和信念，德国属于西方，也只有依靠这种同西方的伙伴关系，德

---

[1] „Grundgesetz für die Bundesrepulik Deutschland", *Ausfertigungsdatum*: 23. Mar 1949.

国才能更好地看到自己的未来。

所以当德国战后需要在重新统一和融入西方之间作出抉择时，阿登纳毫不犹豫地选择了后者。① 在他看来，德国的统一不能以牺牲自由民主为代价，而随着"马歇尔计划"在德国的实施，更使得阿登纳对西方国家，尤其是美国表现得过于热衷。他在 1946 年 4 月 6 日访美期间提到："一个战胜国的人民能像美国人民那样对战败者肯伸出他们的慷慨援助之手，这在历史上是极为罕见的……德国人由此又重新获得了勇气，恢复了信心。"② 4 月 8 日，阿登纳在面对美国新闻界，谈到对德意志联邦共和国的处境和世界总体形势的看法时说："我们要把德国人民的未来紧紧地同西方民主国家联系在一起。"③

1949 年，联邦德国加入欧洲经济合作组织（Organizattion for European Economic Cooperation，OEEC）和鲁尔国际管制机构（International Authority for the Ruhr）。同年，美英法三国还与阿登纳政府签署了《彼得斯贝格协定》（*Petersberger Abkommen*），不仅中止了三国卸拆鲁尔等地的工业设备，也提出，作为热爱和平的成员，德国可以加入所有的国际组织，并可与外国发展贸易并建立领事级的外交关系。④ 该协定的签订，虽然并没有从根本上满足德国在国际上的所有愿望，但它却是德国外交政治史上伟大的成果，标志着联邦德国走向主权国家的第一步。"战败以

---

① Josef Foschepoth, „Westintegration statt Wiedervereinigung: Adenauers Deutschlandpolitik 1949-1955", in Josef Foschepoth (Hrsg.) , *Adenauer und die Deutsche Frage*, Göttingen: Vandenhoeck&Ruprecht Verlag, 1988, S.29.

② ［德］康拉德·阿登纳：《阿登纳回忆录》（1945—1953），杨寿国等译，上海人民出版社 2018 年版，第 493 页。

③ ［德］康拉德·阿登纳：《阿登纳回忆录》（1945—1953），杨寿国等译，上海人民出版社 2018 年版，第 508 页。

④ *Petersberger Abkommen: Niederschrift der Abmachungen zwischen den Alliierten Hohen Kommissaren und dem DeutschenBundeskanzler auf dem Petersberg bei Bonn, 22. November 1949*, Konrad Adenauer Stiftung, https://www.konrad-adenauer.de/quellen/vertraege/1949-11-22-petersberger-abkommen.

来，第一次正式承认了我们的平等地位，我们第一次又重新踏入了国际范围之中。"①

而武装力量的重建和国家主权的恢复是阿登纳政府在国际政治秩序中的重要诉求。虽然阿登纳在 1950 年 6 月提出的建设一支联邦警察队伍的设想被英美法外长所否决。但随着美苏对抗的愈演愈烈，1950 年 10 月，法国总理普里文（René Pleven）提出建立"欧洲防务共同体"（Europäische Verteidigungsgemeinschaft）的建议。该计划在同意联邦德国武装起来的同时，满足了西方国家对防务的需求。1952 年 5 月 27 日，德国和法、意、荷、比、卢五国共同签署了《欧洲防务共同体条约》，同意将德国所建的 12 个师一并收归于欧洲军队，归欧洲防务共同体管辖。② 阿登纳在回忆录里写道："我认为有一点是完全清楚的，在我们对防务不作任何贡献的情况下，不能期望美国的父母亲会准备牺牲自己的儿子。"③ 虽然该条约终因法国国民议会的阻挠而遭到扼杀了，但在 1954 年 10 月 23 日，联邦德国还是与美英法意等多国签署了《巴黎协定》（Pariser Verträg）。

根据该协定，德国将加入西欧联盟和北大西洋公约组织，并在这些框架下重新组织武装，建立一支 50 万人的军事力量。另外，德国只有经过北约最高司令官和西欧联盟理事会 2/3 多数的同意，才可以生产远程导弹、感应手雷、大型军舰和舰艇等武器，并受到西欧联盟有关机构的监

---

① ［德］康拉德·阿登纳：《阿登纳回忆录》（1945—1953），杨寿国等译，上海人民出版社 2018 年版，第 243 页。

② Klaus A. Maier，„Die internationalen Auseinandersetzungen um die Westintegration der Bundesrepublik Deutschland und um ihre Bewaffnung im Rahmen der Europäischen Verteidigungsgemeinschaft"，in *Die EVG-Phase.Anfänge westdeutscher Sicherheitspolitik.Herausgegeben vom Militärgeschichtlichen Forschungsamt.* Lutz Köllner, u. a.（Hrsg.），München: Oldenbourg Wissenschaftsvertag, 1990, S. 15.

③ ［德］康拉德·阿登纳：《阿登纳回忆录》（1945—1953），杨寿国等译，上海人民出版社 2018 年版，第 326 页。

督。[1] 与此同时，美英法发表联合声明，承认联邦德国为德国唯一的自由与合法政府，它有权在国际上代表德国人民，通过和平谈判以求得德国问题的解决，最终以和平途径实现德国的自由与统一。[2]

正是因为联邦政府在外交方面的积极作为，以及西德本身与以美国为首的西方之间存在的依附和利用关系，所以在阿登纳看来，随着西德进一步向西方靠拢，关于纳粹历史和大屠杀问题也终将在这种关系的掩盖下遭到遗忘，纳粹历史所带给德国的负面影响会随着东西方冷战格局的日渐形成逐渐消除。"一个强大的西欧的兴起对于美国来说是切身的需要，为此德国是不可或缺的。一个戴上镣铐的国家不是完全没有用的好伙伴。因此，我认为我们身上的镣铐是会逐渐脱落的。"[3] 正是基于这种想法，阿登纳政府在大屠杀问题上采取了"克服过去"的历史政策，借由纳粹分子重新融入德国社会的机会，让德国人继续遗忘和回避这一问题。

二、"克服过去"的历史政策

"克服过去"（Vergangenheitsbewältigung）的概念起源于德国历史学家赫尔曼·海因佩尔（Hermann Heimpel），他在题为"祖国之死"（der Tod fürs Vaterland）的演讲中提到了这个词。"克服过去"意味着"把过去人们与民族社会主义对抗中所认为的民族耻辱文化范式转换为负责任的有罪文化范式"[4]。联邦德国战后第一任总统特奥多尔·豪斯在战后多个场合也

---

[1] "Protocol Modifying and Completing the Brussels Treaty, Paris, October 23,1954",in Uta Poiger（eds.）, *Germany History in Documents and Images, Vol.8, Occupation and the Emergence of two Sates, 1945-1961*, http://germanhistorydocs.ghi-dc.org/.

[2] C.C. Schweitzer（eds.）, *Politics and Government in Germany 1944-1994*, Basic Documents, Berghahn Books, Providence and Oxford, 1995. pp.120-121.

[3] [德] 康拉德·阿登纳：《阿登纳回忆录》（1945—1953），杨寿国等译，上海人民出版社 2018 年版，第 211 页。

[4] Nicolas Berg, *der Holocaust und die westdeutschen Historiker, Erforschung und Erinnerung,* Göttingen: Wallstein Verlag, 2003, S.251.

提及这个词。用社会政治学家埃克哈德·杰西（Eckhard Jesse）的话来说，"克服过去"的首要条件是有过犯罪，其次是犯罪已经终止，最后是民主化。① 而另一位政治学家赫尔穆特·科尼格(Helmut König) 说得更为明确："'克服过去'与当下新的民主制度和旧的非民主前任国家有关，主要问题是新的民主制度如何处理前任国家的结构、个人以及精神的遗产。"②

所以"克服过去"概念的本意是指，一个已经实施了新民主制度的国家如何看待和面对曾经的历史罪责。"它是指一个国家和民族在直面其想要回避的历史时，如何克服其在挣扎过程中遇到的所有困难。"③ 在德国的背景下，"克服过去"是指联邦德国在建立之后，如何对待曾经的纳粹和大屠杀历史，以及在这个主导思想下，人们在社会各个层面上所做的努力。这个概念也表达了战后德国人的心理：处理好已经过去的事情，别让过去成为今天的负担。

但阿登纳时期所实施的"克服过去"历史政策与"克服过去"的本意有所不同，它主要针对盟国占领时期所实施的"非纳粹化"政策，所以又被称为"重新融入政策"（Reintergrationspolitik）。从 1945 年到 1950 年，盟国为了根除德国的纳粹残余，分三个阶段对德国实施了"非纳粹化"。其中，美占区对纳粹分子和军事罪犯的审判为 168282 起，英占区为 22296 起，法占区 17353 起，截至 1948 年 3 月，共有 520734 人在西占区的非纳粹化运动中被解职。④

① Ulrich Battis und Eckhard Jesse,*Vergangenheitsbewältigung durch Recht, Drei Abhandlungen zu einem deutschen Problem*. Berlin: Duncker & Humblot Verlag, 1992, S. 716.

② Helmut König, „Von der Diktatur zur Demokratie oder Was ist Vergangenheitsbewältigung", in *Vergangenheitsbewältigung am Ende des zwanzigsten Jahrhunderts*, Helmut König, Michael Kohlstruck（Hrsg.）, Wiesbaden: VS Verlag für Sozialwissenschaft, 1998, S. 375.

③ 吕一民、范丁梁：《"克服过去"：联邦德国如何重塑历史政治意识》,《人民论坛·学术前沿》2014 年第 10 期。

④ Wofgang Benz, *Postdam 1945, Besatyungsherrschaft und Neuaufbau im Vier-Zonen-Deutschland*, München: deutscher Taschenbuch Verlag, 1986, S.177.

不可否认，"非纳粹化"运动在一定程度上肃清了德国人关于纳粹的思想残余，但它强调的是德国人的集体罪责，让每个德国人都意识到，个体无法逃脱集体的罪责，人人自危。"非纳粹化"在德国的实施不仅让很多德国人失去了工作和生活的来源，也对其心理造成了创伤。在这种情况下，阿登纳政府提出了"克服过去"的历史政策，让那些在1945年之后因为"非纳粹化"被免职的公职人员重新回到工作岗位上，重新回归德国社会。

1949年到1953年期间，联邦德国为曾经的纳粹分子重新融入社会提供了法律方面的先决条件。根据1951年《基本法》第131条的规定，很多当初被解职的公职人员重新得到起用。约5.2万名因前纳粹党员身份而被解职的公职人员重新回到了工作岗位；有129名前纳粹党员进入了第二联邦议院（der Zweite Bundestag）[1]……1954年7月17日，联邦议院颁布了《大赦法》（das Straffreiheitsgesetz），旨在"纠正战后和战后事件所造成的特殊事件"。根据该法令第一条规定，对于1953年1月1日之前所犯的刑事犯罪和行政犯罪，可免除已施加的惩罚和罚款，并撤销代决的诉讼程序。该法令的第一部实际上已于1949年颁布，在1950年1月1日生效。当时规定1949年9月15日之前的犯罪在某些条件下可以免除。当然，这里大赦的罪犯并不单指在第三帝国参与纳粹犯罪的人，还包括建国期间所犯下刑事犯罪的人。

截至1951年，大约有80万人被赦免，虽然不确定其中有多少是前纳粹党员，但估计应该在5位数，同时有2547项诉讼被终止。[2]《大赦法》的颁布实际上是阿登纳政府"克服过去"历史政策的具体体现，它的目的是终止盟国的"非纳粹化"政策，使一些犯罪程度不严重或者从属纳

---

[1] „Biographic sketch on General Reinhard Gehlen", *Reproduced at the national archives*, freigegeben ab 2011, S.12.

[2] Andreas Eichmüller, *Keine Generalamnestie: Die Strafverfolgung von NS-Verbrechen in der frühen Bundesrepublik*, München: De Gruyter Oldenbourg, 2012, S.39.

粹犯罪的人重新融入德国社会。① 根据调查，50 年代联邦政府官员中有40%—80%是前纳粹党党员，而纳粹时期在司法部门工作的公职人员中，仅有极少数人被永久取消了任职资格。

随着"克服过去"历史政策的实施，联邦德国对纳粹罪犯追究刑事诉讼的工作基本处于停滞状态，曾经的纳粹分子又都重新回到了自己的工作岗位。比较有争议的，如汉斯·格罗伯克（Han Globke），他曾经是负责解释 1935 年《纽伦堡法案》（Nürnberger Gesetze）的前纳粹政府官方评论员，但他在 1953 年至 1963 年期间担任联邦德国阿登纳总理府的负责人，主管人事政策和内阁事务。"格罗伯克现象"说明了当时德国社会对前纳粹分子的接纳程度，"对于曾经在不同环境下犯有并非很严重罪行的人们，当局和社会看中的仅仅是他们现今的态度，以及外部的表现"②。

通过对比"克服过去"的本意与阿登纳政府提出的"克服过去"的历史政策，就会发现其中的端倪。其本意是指人们如何面对不想面对的历史，将一种民族羞耻文化转变成一种有罪的、负责任的文化范式。从当时的联邦德国来看，"克服过去"应该是针对纳粹历史和大屠杀所进行的一系列社会讨论和反思。但阿登纳政府所实施的"克服过去"历史政策针对的却是盟国的"去纳粹化"，该政策"克服"的并不是纳粹和大屠杀历史本身，而是这段历史所造成的社会后果。"当时，联邦德国对历史的思考很大程度上与'非纳粹化'的批判结合在一起，其关注的是 1945 年以后的政治社会现实，而非 1945 年之前的纳粹罪行。"③

借助阿登纳政府"克服过去"的历史政策，可以看出当时德国政界对

① 参见 Norbert Frei, *Vergangenheitspolitik: Die Anfange der Bundesrepublik und die NS-Vergangenheit*, München: C.H.Beck Verlag, 1996。

② ［英］玛丽·费尔布鲁克：《德国史（1918—2004）》（第四版），卿文辉译，上海人民出版社 2018 年版，第 242 页。

③ 吕一民、范丁梁：《"克服过去"：联邦德国如何重塑历史政治意识》，《人民论坛·学术前沿》2014 年第 10 期。

大屠杀这一问题的主导思想：纳粹和大屠杀的历史已经过去，德国人需要把民众的个体记忆与联邦德国的现实割裂开。其关注的焦点"不是你过去曾经做过了什么，而是你未来能为联邦德国做些什么？"阿登纳政府之所以会在建国初期推崇这一历史政策，主要是基于以下几点的考虑。

第一，联邦德国当局深信，在向西方国家学习民主自由制度的过程中，对大屠杀或者纳粹历史的回顾无疑是其中的绊脚石。在建国初期，以阿登纳为首的联邦政府急需按照西方模式建立自己的经济和政治秩序，在向西方靠拢的过程中，重提纳粹历史不仅会让曾受其害的欧洲人民重新陷入痛苦的回忆，也不利于德国自身融入欧洲。"德国民主化过程与面对纳粹历史的过程无法取得统一"[1]。所以阿登纳政府采取了整合的策略，借助当时冷战的国际大环境，利用战胜国还沉迷在东西方对抗而无暇顾及德国之际，借助"克服过去"将曾经的纳粹罪犯无差别地融入德国的民主社会。

第二，鉴于联邦德国面临的冷战国际大环境。当时以美苏为代表的东西方正陷于冷战之中，尤其是1948年的柏林危机使得德国，这个刚刚给欧洲和世界带来灾祸的国家"摇身一变"成为东西方意识形态斗争的前沿阵地。雅尔塔体系的形成和两极化格局的出现，都使得当时国际社会的焦点，从对纳粹历史的清算转变成了美苏两国的争霸。在与苏联共产主义的斗争中，德国和其他欧洲国家由战前的敌人变成为战后的亲密盟友。所以"克服过去"历史政策的实施在这种国际大背景下并不会激起其他西方国家的反弹和抵制。

第三，出于对联邦德国战后重建的需要。对于德国政府和德国人民来说，战后新生活的开始意味着德国要尽快走上正常的社会秩序，而不是对已经过去的纳粹历史的清算。同时，前纳粹分子中相当一部分人曾经是德

---

① 吕一民、范丁梁：《"克服过去"：联邦德国如何重塑历史政治意识》，《人民论坛·学术前沿》2014年第10期。

国社会的精英，国家的重建需要他们。当时的阿登纳政府大力地重建德国经济、政治和外交制度，就是希望德国能尽早地从战胜国手中获得国家主权。而这些工作的具体实施，需要稳定的社会制度和高端的人才储备。只有实行了"克服过去"的历史政策和大赦政策，才能保证建国后国家的稳定，防止人才的流失。当时有观点认为：如果不宽待和吸纳前纳粹分子，如果没有惊人的经济成功，波恩民主十有八九会像魏玛民主那样难有一线生机。[①]

第四，阿登纳本人对大屠杀事件的看法。虽然阿登纳本人在纳粹时期也遭受了迫害，但他坚持，并不是所有德国人都要对纳粹政权所犯下的罪责负责。[②] 在他看来，德国民众当年对犹太人大屠杀一事并不知情，它只是由希特勒和一小撮政治帮凶所煽动起来的。所以阿登纳在战后把关注点更多地放在联邦德国的重建上，包括他所主导的对犹太人的赔偿，也多是出于和犹太人关系的调整以及德国国际形象的重新塑造。

由此可见，阿登纳政府所推崇"克服过去"的历史政策并非对纳粹历史的反思，而是对联邦德国重建的设计。他们一方面把希特勒从德国历史中孤立出来，为德国传统精英和国防军开脱；另一方面对前纳粹分子甚至战犯给予大赦，为德国的重建做好铺垫。所以从政治层面来看，战后初期的德国政府仍旧延续前一阶段缄默和排斥的文化记忆，来抵抗与大屠杀有关的记忆。

三、对纪念馆和博物馆的忽视

和纪念日一样，纪念场所、纪念馆、博物馆等也是文化记忆的载体，这一依据是来自法国学者皮埃尔·诺拉的"记忆场"理论。诺拉认为，有

---

① [英] 玛丽·费尔布鲁克：《德国史（1918—2004）》（第四版），卿文辉译，上海人民出版社 2018 年版，第 243 页。

② [德] 康拉德·阿登纳：《阿登纳回忆录》（1953—1955），杨寿国等译，上海人民出版社 2018 年版，第 103 页。

关记忆的研究不是对历史的复原或重新建构，它也不是单纯地指向过去，而是一种基于过去的现在记忆。随着记忆的消失，与过去发生勾连的感情只残存于一些"场"中。现代的、机械的记忆空间即为"记忆场"，类似纪念馆、博物馆就是典型的记忆场。[①] 所以，以博物馆为代表的记忆场承载了关于过去的记忆，而这些记忆是在当下的社会框架中被重新建构的，借由这些纪念场人们可以更好地了解当下社会对过去历史的看法和认识，而反过来它也可以左右人们的相关认知。

20世纪五六十年代德国政界以及社会界对大屠杀文化记忆的表现，可以通过这一时期德国政府对纪念馆和博物馆的疏于建设和管理一窥究竟。德国的达豪集中营（Konzentrationslager Dachau），在50年代一直被政府遗忘，一直到60年代中期才改建为关于大屠杀记忆的纪念场所，"与其说它们的重建是作为一种对历史记忆的积极认识，还不说它们是一项有着历史负担的工作"[②]。而1953年在柏林本德勒大楼（Bendler-Block）举行的施陶芬贝格[③]（Claus Schenk Graf von Stauffenberg）纪念馆的开幕仪式，德国社会几乎无人问津。还有一些标志着纳粹主义暴行的重要场所和地点，如盖世太保的总部、党卫队国家安全部、万湖会议的旧址、T-4行动[④] 的地点以及很多运送犹太人去集中营的聚集地和火车站等，德国政府和社会一直对此避而不谈，直到八九十年代才进入人们的视野。

1945年10月在英国军事政府的要求下，贝尔根—贝尔森集中营（Konzentrationslager Bergen-Belsen）正式改建为一个纪念馆。它原本是纳

---

① ［德］扬·阿斯曼：《文化记忆——早期高级文化中的文字、回忆和政治身份》，金寿福、黄晓晨译，北京大学出版社2015年版，第55—56页。

② Reinhard Rürup, *Der lange Schatten des Nationalsozialismus Geschichte, Geschichtspolitik und Erinnerungskultur*, Göttingen: Wallstein Verlag, 2014, S.129.

③ 克劳斯·冯·施陶芬贝格（1907—1944），纳粹德国陆军上校，他于1944年7月20日刺杀希特勒的行动中被捕，7月21日被枪决。

④ T-4行动是指第二次世界大战后，纳粹德国曾执行的、系统地杀害身体有残疾或心理、精神病患者的"安乐死"计划。

粹德国在萨克森建立的一座集中营，共有囚犯大约 11 万到 12 万人，待到集中营解放时，死亡的人数将近一半。[①] 其中还有《安妮日记》的作者安娜·弗兰克（Anna Frank）。1952 年 4 月 27 日在该纪念馆的开幕仪式上，联邦德国首位总统特奥多尔·豪斯说："贝尔根—贝尔森这个名字与许多集中营的名称一样，代表对人类最严重的伤害。除了对死者的悲伤，对受害者的同情之外，我也感到了羞耻和愤怒。而这种羞耻和愤怒正是德国人所犯下了这些罪行……1945 年 4 月 15 日的集中营解放并不意味着苦难的结束，幸存者们离开了集中营，但记忆却会伴随着他们的一生……"[②] 虽然豪森在讲话中表达了对德国人所犯罪行的控诉，但实际上这座纪念馆并没有作为记忆场所很好地保存下来。虽然该纪念馆覆盖了原集中营的所有旧址，但除了保留一些建筑的地基之外，三分之二的区域已建成花园的式样，1960—1961 年在联邦政府的主持下，整个纪念场馆进行了景观设计。[③]

这些场馆、场所作为记忆残留物的场域是人们从历史中寻找记忆、寻求自我认同的切入点。阿斯曼夫妇对诺拉的"记忆场"理论进行了延伸以及再加工，对这些场馆在呈现、储存与传承文化记忆中的作用进行了肯定。它们可以按照时间或者空间顺序进行组织，其组织形式除了叙述模式外，还有其他超越文本的东西。博物馆储存的文化记忆在新的秩序中展现了对相关历史新的诠释，它在文化记忆呈现与传承上发挥着重要的作用。

[①] Arnold Jürgens und Thomas Rahe, „Zur Statistik des Konzentrationslagers Bergen-Belsen – Quellengrundlage, methodische Probleme und neue Statistische Daten", in *KZ-Gedenkstätte Neuengamme, Die frühen Nachkriegsprozesse,* 1997, S. 140.

[②] 参见 Theodor Heuss, *Ansprache von Bundespräsident Roman Herzog in Bergen-Belsen*, Bergen-Belsen, 27.April 1952, https://www.bundespraesident.de/SharedDocs/Reden/DE/Roman-Herzog/Reden/1995/04/19950427_Rede.html。

[③] 参见贝尔根—贝尔森纪念馆的官方网站：https://bergen-belsen.stiftung-ng.de/de/geschichte/。

正是因为这一时期德国人对大屠杀的文化记忆是集体遗忘，所以博物馆和纪念馆的建造，以及馆内展品的陈设和摆列都体现了联邦德国对这段历史的重新诠释，并有意识地抹去人们关于纳粹历史的记忆。比如：为避免"疾病的传播"而拆除之前的集中营，拆掉盖世太保总部的大楼；虽然当局也将福洛森堡集中营（Konzentrationslager Flossenbürg）改建成了一个"纪念公园"，但里面的建筑和展品都不是旧日阴森恐怖的样子……

借助文化记忆载体可以更具体地看出这一时期德国政界大屠杀文化记忆的特点。出于当时政治的需要，德国当局在20世纪五六十年代仍然延续了前一阶段对大屠杀和纳粹历史的缄默和排斥。正是因为如此，以博物馆为代表的文化记忆在这一时期也没有很好地发挥其承载历史和诠释历史的作用，而遭到了遗忘和舍弃。

综上所述，在联邦德国成立的短短几年里，阿登纳带领德国又一次走上了欧洲甚至世界的舞台，其中当然有国际环境的助推力。虽然冷战的爆发将德国一分为二，但危机中同样蕴含着机遇。联邦德国抓住了这个机遇，在夹缝中找到了自己的生存空间，在一心一意追随美国的同时，积极地融入欧洲世界。在对待大屠杀的问题上，阿登纳政府出于对当时德国面临的国际形势和重建的需要，选择了延续上一阶段缄默的文化记忆，并将其付诸"克服过去"的历史政策之中。通过对纳粹分子的大赦，让他们重新融入德国社会，在维护社会秩序稳定的同时，更好地为德国重建服务。德国政界所代表的缄默记忆体现在这一时期联邦政府对相关博物馆和纪念馆的疏于管理，这种记忆属于官方层面，它在一定程度上主导着德国社会对大屠杀的看法，所以在这个阶段，德国社会在大屠杀问题上继续保持沉默，而随着后期反犹主义的兴起，纳粹历史和大屠杀问题再度浮出"水面"。

第三节　德国社会的"集体遗忘"到反犹主义

当德国人接受了政府让纳粹分子加入德国重建的这一事实，表明了整体社会对纳粹历史的"心照不宣"，大屠杀从德国历史中被割裂出去，德国人在记忆上对这一事件产生了"集体遗忘"。当然，这也是前一阶段缄默文化记忆的延续。汉娜·阿伦特认为当时的德国是在"逃避现实"。但现实终究无法逃避，长时间的麻木不仁最终会迎来现实的正面冲击。随着20世纪50年代末和60年代初反犹主义在联邦德国的兴起，德国社会不得不开始直面曾经那段羞耻的历史。

一、"集体遗忘"的延续

随着20世纪50年代德国进入国家重建，整体社会的重心更多地放在西方民主制度的建立、社会市场经济制度的确立和国际社会地位的重新树立等问题上，对于曾经的纳粹和大屠杀历史不再回望和关注。如果说，被占领时期，德国社会出于对同盟国"集体罪责"的抵制而对大屠杀问题保持缄默，那么进入50年代，这种默不作声的态度在一定程度上已演变成了德国人自己主观愿望上的遗忘。

阿登纳政府推行的"克服过去"历史政策以及大赦政策，是将前纳粹分子或者曾经与纳粹政权有关联的德国人，重新纳入到德国社会中参与国家重建。当德国社会对政府所主导的这一现象保持沉默不语时，就意味着他们已经接受了这样的政府设定，对纳粹政权所犯下的罪责产生了回忆上的缺失。这种遗忘是基于以下两点原因，第一点是上一阶段"受害者"思想意识的延续。在德国被盟国占领时，德国人将1945年5月8日设为"零起点"，这种设定是将自己置于"受害者"的语境之下。无论是盟国的轰炸，还是纳粹政权的统治，战后的德国人都认为自己深陷其中，也在承受着苦难和折磨。所以每当谈及大屠杀的受害者时，德国人总是更倾向于诉说自己的痛苦：比如，自己的至亲好友在战争中的死亡、囚禁、被驱逐以及盟国大轰炸所带来的梦魇等，他们正是借由抒发自己所遭受的困难来对抗大屠杀中其他种族所遭遇的苦难。

汉娜·阿伦特[①]（Hannah Arendt）在 1950 年重返德国时，是这样描述当时的德国人："德国在逃离现实的表现中最突出，也最可怕的是他们对待历史事实的态度，就好像这些事实仅仅是某些人的观点……整个社会都达成了共识，就是每个人都可以对事实保持一无所知……"[②] 当阿伦特与幸存下来的德国人进行关于大屠杀或者纳粹历史的对话时，他们的表现是："首先会出现短时间的令人尴尬的停顿，然后他们不会谈及个人问题，而是会诉说大量有关德国人所遭受苦难的故事……这些聪明的，甚至受过教育的人们会将德国人的苦难和其他人的苦难相提并论，从而默认两种苦难之间存在的某种平衡性。"[③] 对于建国初期的德国人来说，他们坚持自己在二战中经受的苦难和其他受纳粹政权摧残的民族所承受的苦难是一样的，所以他们也属于"受害者"的一员，故而有资格对曾经的大屠杀和纳粹罪行保持沉默，对这一历史事件避而不谈。

第二点是德国社会在接受西方自由民主制度的基础上，借由反对苏联来回避纳粹历史。随着阿登纳政府的上台，联邦德国的经济在西方盟国的支持下快速走上了复苏之路，20 世纪 60 年代的德国重新成为世界上的经济大国，出现了所谓的"经济奇迹"。在这种情况下，德国人接受了美国带来的自由民主新制度，认为正是在这个新的社会制度下，德国才得以重生和发展。在当时冷战的背景下，接受西方，就意味着反对东方，所以西德人站在与苏联的对立面。反对第三帝国，反对曾经的纳粹历史就是反对

---

① 汉娜·阿伦特（1906-1975）：犹太裔美国政治理论家、哲学家、作家。

② Hannah Arendt, „Besuch in Deutschland, die Nachwirkungen des Naziregimes", in *Zur Zeit. Politische Essays,* Marie Luise Knott（Hrsg.）, Hamburg: Rotbuch Verlag, 1999, S.47-49.

③ Hannah Arendt, „Besuch in Deutschland, die Nachwirkungen des Naziregimes", in *Zur Zeit. Politische Essays,* Marie Luise Knott（Hrsg.）, Hamburg: Rotbuch Verlag, 1999, S.49.

苏联，反对极权主义，这种反对的态度表现在与它们保持距离，产生遗忘，进而不与其发生关系。所以这一时期的联邦德国社会出于当下政治的需要，与第三帝国割裂开，对曾经的纳粹历史保持沉默和集体回避。

无论是出于心理需要，还是当代政治的需要，德国社会在20世纪五六十年代仍旧在逃避曾经的那段黑暗历史，"有人用'麻木'、'非政治化'、'逃避现实'、'沉寂的50年代'来描述当时德国人的精神状态"[①]。他们借由对西方物质文化生活的崇拜和迷恋来逃避过去的历史。当时的德国人穿着各色时尚的衣服，搭配不同款式的帽子，沉迷在以美国为首的西方文化中："人们还可以搭配太阳镜，再搞一支美国香烟叼在嘴里。好的服色帮助人们摆脱了辛苦生活的重压。人们穿戴整齐，时尚靓丽地穿梭在废墟般的城市中。"[②]

所以在50年代到60年代初期，出于对前一阶段缄默文化记忆的延续，出于对西方自由民主制度的认同，联邦德国对大屠杀仍旧保持了沉默，对这段历史产生了遗忘，这一度成为社会上的一种共识，并很快就传播开来。特别当很多前纳粹精英在"克服过去"的历史政策下又重新走上了政治舞台，重新控制了话语权，"集体遗忘"也理所当然地成为联邦德国建国初期文化记忆的特征。

二、五六十年代反犹主义的兴起

无论是出于宗教的原因，还是社会经济的原因，反犹主义在欧洲由来已久。从1871年德帝国建立以来，德意志社会只要一出现经济危机，反犹的浪潮就会一度袭来。1873年到1895年德帝国出现了长达22年的经济萧条，其间德国历史上也出现了第一次大规模的反犹浪潮；1916年到

---

① 吴友法等：《重新崛起时代（1945—2010）》，载邢来顺、吴友法主编：《德国通史》，江苏人民出版社2019年版，第394页。

② ［德］赫尔曼·格拉瑟：《德意志文化（1945—2000）》，周睿睿译，社会文献出版社2016年版，第92页。

1923 年出现了第二次；1929 年到 1933 年出现了第三次。所以每每出现经济危机，犹太人就成为德国社会衰亡的承受者。

战后的反犹主义并没有随着纳粹政权的消失而消逝，1952 年，阿伦斯巴赫民意调查研究所（das Allensbacher Institut für Demoskopie）对战后德国民众提出了这样一个问题："你觉得是不是没有了犹太人，德国会变得更好一些？"根据民调结果显示，37%的德国人回答"是"，几乎一半的德国人（44%）表示"无所谓"，只有 19%的人持否定态度。[①] 事实上，虽然距离纳粹政权杀害犹太人事件才过去了 7 年，但德国人并没有从根本上意识到这个问题的严重性。相反，很多人认为，自己在二战中或者盟国占领时所遭受的苦难可以抵消第三帝国给犹太人造成的痛苦。由此可见，战争和纳粹政权的结束，并不意味着反犹思想在德国人心中的消失。

随着阿登纳政府"克服过去"历史政策的实施，很多前纳粹精英又重新回到德国社会中，并占据高官显位，他们的上台在一定程度上意味着反犹主义无法从战后德国社会中拔除。在这一时期，右翼极端势力在德国仍然猖獗，1951 年传播反犹主义和历史修正主义的杂志《欧洲民族》（*Nation Europa*）和《德国军人报》（*die Deutsche Soldatenzeitung*）相继出现；而关于对导演法伊特·哈尔兰[②]（Veit Harlan）的无罪释放，也表现了德国战后社会对前纳粹分子的宽容和反犹主义的盛行。从 1945 年到 1950 年期间，400 个犹太人墓地中的一半都遭到了反犹主义者的破坏。阿诺·格齐

---

① Arno Gerzig, „Jüdisches Leben in Deutschland", *Information zur politischen Bildung*, 2010（2），S.64. https://www.bpb.de/system/files/dokument_pdf/bpb_307_neu_13_optimiert_0.pdf.

② 法伊特·哈尔兰（1899—1964），德国电影导演和演员。他在纳粹时期担任导演，并在戈培尔的支持下拍摄了带有强烈反犹色彩和种族主义色彩的电影《犹太人苏斯》（Jud Süß）。战争结束后，哈尔兰本人提出按照联邦德国的除罪法，他应该被判为"无罪"。虽然有人认为，《犹太人苏斯》这部电影是在纳粹时期协助和教唆迫害犹太人的工具，但 1950 年 4 月，汉堡地区法院宣布哈尔兰无罪释放。

格（Arno Gerzig）的《犹太人在德国的生活》一书中，提到了很多类似的情况：许多从集中营或者流放地返回德国的犹太人发现，德国社会仍旧没有接纳他们，自己仍然是这个国家里的陌生人。[①]

随着 20 世纪 50 年代，经济奇迹的出现，德国政治经济秩序处于相对稳定的状态，德国人的反犹倾向不再过于激进，特别是官方关于反苏反共的宣传，新敌人的出现，转移了德国社会之前对犹太人仇视的视线。截至 50 年代末，关于是否认为，没有犹太人德国人就会变得更好的肯定回答下降到了 22%。[②] 但 1959 年科隆犹太教堂的涂鸦事件又一次提醒人们历史并未过去，反犹主义在德国依然存在。

在 1959 年圣诞节前夕，两名德国改革党成员（DRP，Deutsche Reformpartei 德帝国时期的反犹主义党派）在科隆犹太教堂上写下"德国人要求，'犹太人滚出去'"的标语，[③] 由此揭开了联邦德国 50 年代反犹主义的浪潮。在之后的一个多月的时间里，德国境内有 685 起类似的犯罪，其中西柏林 123 起。在 1960 年 1 月 7 日的高峰期间，一天达到了 58 起。[④]

虽然，总理阿登纳在 1960 年 1 月 16 日发表了题为《在德国人民中没有民族社会主义根源》（*Im deutschen Volk hat der Nationalsozialismus keine Wurzel*）的广播演讲，以针对此次反犹事件。他在演讲中说："我想让全

---

① Arno Gerzig, „Jüdisches Leben in Deutschland", *Information zur politischen Bildung*, 2010（2），S.65. https://www.bpb.de/system/files/dokument_pdf/bpb_307_neu_13_optimiert_0.pdf.

② Werner Bergmann, *Antisemitismus in öffentlichen Konflikten. Kollektives Lernen in der politischen Kultur der Bundesrepublik 1949-1989*, Frankfurt am Main: Campus Verlag, 1997.

③ Michael Brenner, „1959: Hakenkreuze an der Kölner Synagoge", in *Jüdische Allgemeine*, 22 Jan.2013.

④ Marc-Simon Lengowski, „Die antisemitische Welle 1959/1960", in *Wiederkehr der Nazis oder Kinderkritzeleien? Lehrmaterial und Unterrichtseinheit zur antisemitischen Welle von 1959/1960 in Hamburg*, Hamburg: Hamburg Geschichtsbuch, 2016.

世界都知道，今天的德国完全拒绝反犹主义，在科隆犹太教堂发生的事情是一种耻辱……我也想告诉国外的反对者和怀疑者，整个德国民众用最团结和最强有力的方式来谴责反犹主义和纳粹主义，这显示了反犹主义思想和倾向在德国民众中间是没有根基的。在纳粹时期，大部分民众是迫于当时巨大的专政压力才服务于纳粹主义的，绝不是每一个德国人都是纳粹主义者。纳粹主义并没根植于德国民众之中，少数的现存的纳粹主义支持者必将一事无成。"[①]

但事实上，反犹主义之所以会在 20 世纪 50 年代末重新出现，不得不说与阿登纳政府所执行的"克服过去"历史政策有关，该政策所造成的社会沉默，成为联邦德国民主的基础。"这一（有意识的）沉默属于新的西德民主的基础历史。"[②] 所以，虽然阿登纳在演讲中体现了德国民众对纳粹政权的反对，但其实联邦政府对犹太人的态度，用历史学家莫妮卡·里查兹（Monika Richarz）话来说是"象征性政策"。对当时的德国政府来说，与犹太人的积极关系将成为年轻民主制度的一个试验案例。

这一点也表现在联邦政府的战后赔款上。阿登纳政府在 20 世纪 50 年代借助赔款的方式承担了第三帝国的全部责任。1952 年 9 月，依据《卢森堡协定》（*Luxemburger Abkommen*），西德政府同意支付以色列 30 亿马克，给代表以色列之外的犹太人组织支付 4.5 亿马克。在阿登纳看来，该协定的签署从一定程度上"减轻了德国前任政府的罪恶所造成的难民苦难和不幸"[③]。另外，在 1953 年 9 月，联邦德国颁布了《联邦补偿法》（*das*

---

① „Im deutschen Volk hat der Nationalsozialismus keine Wurzel", *Bulletin des Presse- und Informationsamts der Bundesregierung*，Nr.11,19 Januar 1960, S.89. https://www.kas.de/c/document_library/get_file?uuid=e64a3a5a-fe40-264b-89cd-5d3d2418d1b4&groupId=252038.

② ［德］约恩·吕森：《历史思考的新途径》，綦甲福、来炯译，上海人民出版社 2005 年版，第 177 页。

③ ［德］康拉德·阿登纳：《阿登纳回忆录》（1953—1955），杨寿国等译，上海人民出版社 2018 年版，第 103 页。

erste bundeseinheitliche Entschädigungsgesetz）[①]，在此基础上，1956 年《纳粹受害者赔偿法》（*das Bundesgesetz zur Entschädigung für Opfer der NS-Verfolgung*）相继出台，根据这项法律，大约近 400 万名在第三帝国时期遭受到纳粹迫害的受害者获得了德国的赔偿。

虽然阿登纳政府用赔款的方式来弥补纳粹政权对世界人民，尤其是对犹太人民所犯下的罪行，得到了国际社会的认可，但这种做法也向他国表明了联邦德国是德国的唯一合法继承人，在占据道德和民族主义制高点的同时，阿登纳政府并没有从根本上认识到纳粹罪行的严重性，也不能掩盖这一时期德国社会对纳粹历史的"集体健忘"。正如阿登纳在他的回忆录中写到的一样："1949 年我任联邦总理时，就把调整我们跟犹太人的关系看成是最重要的任务之一，我们的诚意首先可以用物质援助来证明。"[②]

综上所述，德国社会在 20 世纪五六十年代对大屠杀的文化记忆表现为"集体遗忘"，这源于上一个阶段的缄默，相比于之前对盟国"去纳粹化"政策的抵制，这个阶段的遗忘在德国政府"克服过去"历史政策的引导下，显得更加主观。这也和德国人对西方民主制度的接受度日渐提高有关。但沉默或者遗忘并不能让历史消失，五六十年代末反犹主义在联邦德国重新抬头，最终引发了德国思想界对这一问题的深入争论。

第四节　德国思想界对纳粹问题的争论

20 世纪五六十年代是德国关注纳粹历史问题比较集中的时期，这一

---

① „Entschädigung von NS-Unrecht Regelungen zur Wiedergutmachung", *Bundesministerium der Finanzen*, Aufgabe 2006. https://www.bundesfinanzministerium.de/Content/DE/Downloads/Broschueren_Bestellservice/2018-03-05-entschaedigung-ns-unrecht.html.

② ［德］康拉德·阿登纳：《阿登纳回忆录》（1953—1955），杨寿国等译，上海人民出版社 2018 年版，第 104 页。

时期纳粹历史刚刚过去，新的德国刚刚建立，如何定义过去，如何面向未来，新旧历史意识在其中发生了剧烈碰撞。"纳粹历史对德国自我形象的重要性在任何十年都没有像德意志联邦共和国成立后的几年那样明显和集中地体现出来。"① 其中以里特尔为代表的保守派在维护民族历史的基础上，主张将纳粹历史从德国传统历史中排挤出去；而菲舍尔的《争雄世界：德意志帝国 1914—1918 年战争目标政策》一书则引发了德国左右派知识分子更为激烈的讨论。

一、保守主义者对纳粹历史的自我辩护

在重建时期，德国思想界就展开了关于纳粹问题的思考。原本就在德国历史学界占统治地位的保守派，也开始意识到德国传统文化和史学对纳粹主义精神的传播负有责任。如格哈德·里特尔（Gerhard Ritter）提出：实事求是地、彻底地……毫无偏见地修正传统的历史图像。② 他们开始反省纳粹历史是德意志的灾难，弗里德里希·迈内克认为，德国历史上民族主义和社会主义两大运动的结合加上普鲁士军国主义传统是纳粹主义在德国得势的重要原因。③ 但随着联邦德国的建立，这些保守的历史主义者开始转向对本民族历史传统的维护，他们否认德国纳粹主义中存在着"德意志根源"，其中以格哈德·里特尔最为突出。

里特尔作为保守历史学派的先驱，对盟国提出的"集体罪责"表示强烈的抵制，他认为西方国家将希特勒精神和普鲁士精神相提并论，将纳粹的罪责与总参谋部的罪责相提并论是错误的。在里特尔看来，第三帝国是

---

① Andrea Niewerth, „Die 50er Jahre-wissenschaftliche Betrachtungen eines wegweisenden Jahrzehntes", https://www.hsozkult.de/event/id/event-52761.

② Gerhard Ritter, *Geschichte als Bildungsmacht Ein Beitrag zur historisch-politische Neuerung*, Stuttgart: Deutsche Verlagsanstalt, 1947, S.37.

③ ［德］弗里德里希·迈内克:《德国的浩劫》，何兆武译，天津人民出版社 2014 年版。

一个"异体"，是德国历史连续性的中断。"普鲁士的传统是用积极的品质来吸引民众，而纳粹主义则是以放纵恶劣的激情来吸引民众。"[①]他强调，纳粹主义并不是德意志特有的产物，而是法国大革命的后果。在第二次世界大战后，里尔特出版了《欧洲和德国问题》一书。在书中他反对"第三帝国"是德国历史中不可避免的顶点的论调。相反，他认为，民族社会主义只是国际趋势的一部分。世界上不是只有德国在渴望实现极权主义，所以过于严厉地批评德国人是错误的。"不是德国历史的某一事件，而是伟大的法国大革命决定性地动摇了欧洲政治传统的坚实基础；它创造了一些新的概念和口号，借助于它们，现代的人们和元首国家本身便得到了合法论证……随着旧的官厅国家向着新的民主主义民族国家的转变，随着教会被从生活的中心地位上排挤出去，通向现代的极权国家的道路就被铺平了。"[②]

除了里特尔之外，很多保守的民族主义者也反对对纳粹历史的反思，他们认为雅斯贝尔斯的罪责一说，损害了德国的精神，使得德国人只能在内疚中生活；有人认为应该丢弃"旧账单"，对德国人来说，在新的国家中获得自信是非常重要的；有人把纳粹主义等同于共产主义，认为两者皆来自对基督教传统的破坏……里特尔为首的保守派对纳粹历史的否定和排斥，在一定程度上与阿登纳政府所执行的"克服过去"历史政策存在着相关性。正是联邦德国在建国初期，在政治上否定纳粹和大屠杀历史，甚至让前纳粹分子毫无差别地融入德国社会，使得德国保守者的这一系列做法体现了政治正确。

随着20世纪50年代末，对纳粹罪行的重新审判在联邦德国如火如荼地展开，深入细致地调查，大量事实地揭露，使得那些为纳粹主义辩护的种种托词暴露在光天化日之下，人们开始审视自己，审视德意志民族与纳

---

① 孙立新等：《联邦德国史学研究——以关于纳粹问题的史学争论为中心》，社会科学文献出版社2018年版，第42页。

② Gerhard Ritter, *Europa und deutsche Frage*, München: Münchner Verlag, 1948, S.43.

粹暴行之间的关系。这时左翼—自由派站了出来，坚持批判纳粹主义和第三帝国，要求德国人反省历史和承担责任。其中最有名的当属弗里茨·菲舍尔提出的第三帝国和德意志历史传统之间存在的连续性。

二、"弗里茨·菲舍尔之争"

虽然阿登纳总理在之前关于科隆犹太教堂事件的讲话中强调，德国没有纳粹主义的根源。但大范围内反犹事件的爆发恰恰反映了，以阿登纳政府为首的德国政界长久以来达成了某种共识，即德国人是纳粹政权的牺牲品，所以他们拒绝集体罪责一说。[①] 当时的德国人为了克服身份认同的危机，拒绝在公众讨论中涉及与大屠杀有关的话题，德国政界和社会的这种做法，虽然在国家政治方面取得了胜利，但在情感方面却最终无法掩盖这一历史事实。"这种心照不宣的做法虽然在政治上大获成功，但是它有一个内心的思想感情方面，这个方面却要求人们付出一种昂贵的文化代价。"[②] 而一些有先见之明和历史担当的知识分子一直努力想要打破这种共识，让德国政府和民众正视纳粹历史问题。

1961年，弗里茨·菲舍尔[③]（Fritz Fischer）所著的《争雄世界：德意志帝国1914—1918年战争目标政策》提出了德国历史从一战到二战的连续性，使得德国社会不得不面对自己作为"施害者"的现实，不得不面对德国传统民族主义的缺陷与第三帝国之间存在的某种联系。

菲舍尔提出，从德意志帝国到第三帝国经济、社会、政治和军事领域

---

① Helmut Dubiel, *Niemand ist frei von der Geschichte. Die nationalsozialistsche Herrschaft in den Debatten des Deutschen Bundestages*, München: Carl Hanser Verlag, 1999, S.70-74.

② [德] 耶尔恩·吕森：《纳粹大屠杀、回忆、认同——代价回忆实践的三种形式》，载 [德] 哈拉尔德·韦尔策主编：《社会记忆：历史、回忆、传承》，北京大学出版社2007年版，第183页。

③ 弗里茨·菲舍尔（1908—1999），德国的历史学家，他对第一次世界大战中德国政治的研究引发了"菲舍尔之争"，也被称为20世纪最重要的德国历史学家。

的权力精英存在一定的连续性。如果没有从小资产阶级崛起的"元首"以及在武装部队和外交部门占主导地位的传统农业和现代工业政治精英的联盟，纳粹主义的崛起和德国发动第二次世界大战就不会发生。德意志强权目标设置的连续性形成于德意志帝国时期，在一战期间得到张扬，在魏玛共和国潜伏存在，最终在第三帝国时期极端膨胀。[①]

菲舍尔的这一提法，引起了德国国内外历史学家的关注，尤其受到以格哈德·里特尔为首的德国民族保守主义历史学家的批判。里特尔认为菲舍尔的观点"黑化了德国人的历史意识"，动摇了德意志"民族的自我意识"。[②] 历史学家弗里茨·恩斯特（Fritz Ernst）也批评菲舍尔有"民族意义上的偏见"，《争雄世界》一书会使"许多德国人更加厌恶我们最近的历史"。[③]

但同样，菲舍尔也得到了一些德国知识分子的支持。著名的翻译和作家赫尔穆特·林德曼（Helmut Lindemann）认为，菲舍尔的这本书是出自"爱国主义之心"，它向德国人提出了从灾难性的过去中汲取教训的要求。[④] 德国的历史学家霍斯特·拉德玛赫（Horst Lademacher）也认为菲舍尔的这本书对当前的政治学家来说，是一种特别的提醒。[⑤] 这两派不同

---

① 孙立新等：《联邦德国史学研究——以关于纳粹问题的史学争论为中心》，社会科学文献出版社 2018 年版，第 110 页。

② Volker Ullrich, „Völlig unreife Thesen, Die Fischer-Kontroverse um die Mitschuld der Deutschen am Ersten Weltkrieg wurde vor 50 Jahren der erste Große Historikerstreit der Bundes-republik", in *Die Zeit*, 27.Okto.2011.

③ Wolfgang Jäger, *Historischer Forschung und politische Kultur in Deutschland, die Debatte 1914-1980 über den Ausbruch des Ersten Weltkriegs*, Göttingen: Vandenhoeck & Ruprecht Verlag, 1984, S.145.

④ Wolfgang Jäger, *Historischer Forschung und politische Kultur in Deutschland, die Debatte 1914-1980 über den Ausbruch des Ersten Weltkriegs*, Göttingen:V andenhoeck & Ruprecht Verlag, 1984, S.142-143.

⑤ Wolfgang Jäger, *Historischer Forschung und politische Kultur in Deutschland, die Debatte 1914-1980 über den Ausbruch des Ersten Weltkriegs*, Göttingen: Vandenhoeck & Ruprecht Verlag, 1984, S.142-143.

人士对菲舍尔的声讨和支持，最终成为联邦德国历史上第一次大规模的史学争论——"菲舍尔争论"，这场争论最终成为一场涉及政治和历史认同的大辩论，因为它借助了报纸和杂志平台，所以也被称为"联邦德国历史编纂学的决定性事件"[①]。

从这场争论中可以看出，右派的保守主义历史学家虽然同意对传统史学以及德意志传统文化中的问题进行修正，但在真正面对纳粹历史时他们却退缩了，将问题转嫁到其他民族的身上，不敢也不愿开展自我剖析和深入反思；而以菲舍尔为主的新一代知识分子，却勇于揭露德国历史上的污点，坚持从德意志民族根源上去找问题。"菲舍尔以其著作和命题对德国历史和传统进行了批判性评估，触动了纳粹罪行这一历史疮疤，否定了许多德国人'事不关己，高高挂起'的自我理解。"[②] 这场争论不仅左右派阵营分明，对抗激烈，也远远超越了学术的范围，在战后德国全社会范围内造成了一定的影响。

文化记忆的构建是从当下的需要出发，构建出一个关于过去的记忆，帮助集体中的成员形成关于过去的共识。"一个社会出于当下的需要，根据当下所拥有的知识，从当下的角度构造一个在一定程度上反映过去的版本。"[③]"菲舍尔争论"属于这一时期文化记忆的一种形式。因为文化记忆除了文献、媒体、符号系统、博物馆、档案馆之外，还包括一个集体为了构建属于所有成员和被每个人所珍视的过去而举行的各种活动。[④]

---

① Hartmut Pogge von Strandmann，"*The Political and Historical Significance of the Fischer Controversy*"，*Journal of Contemporary History*，No. 2, 2013, p.251.

② 孙立新等：《联邦德国史学研究——以关于纳粹问题的史学争论为中心》，社会科学文献出版社 2018 年版，第 118 页。

③ Jan Assmann，„Kulturelles Gedächtnis als normative Erinnerung. Das Prinzip Kanon in der Erinnerungskultur Ägyptens und Israel"，in *Memoria als Kultur*，O.H. Oexle（Hrsg.），Götting: Vandenhoeck&Rurecht Verlag, 1995, S.95-100.

④ 金寿福：《评述扬·阿斯曼的文化记忆理论》，载陈新、彭刚主编：《文化记忆与历史主义》，浙江大学出版社 2014 年版，第 40 页。

所以"菲舍尔争论"是德国思想界为了重新构建德国历史，帮助人们更深刻地认识到第三帝国和德国传统民族主义之间的关系所进行的活动。它打破了之前在"克服过去"历史政策下，德国社会对大屠杀历史所保持的沉默和遗忘。虽然阿登纳时期德国政府和社会在这一点上达成了共识，虽然人们在公共生活中对这段历史保持心照不宣，避而不谈，但过去并不会因此而消逝，它会随着社会不断地向前发展，借助一些知识分子来不断地提醒人们它的存在。"借着无意识化的回忆所具有的那股子力量，于是形成了一种记忆和忘却相混合的格局。"①

联邦德国在建国后，思想界从右派保守主义者对纳粹历史的辩护和抵制逐渐演变成左右两派知识分子在"菲舍尔事件"上的争论，由此可以看出联邦德国对待大屠杀和纳粹历史已经从 20 世纪 50 年代的沉默和回避，逐步走向了 60 年代的面对和反思，但同时也反映出，在这个问题上德国还是存在着一定的矛盾性。因为政府和社会的影响，虽然思想界对这个问题有了较为深入的认识，但还不够彻底，还需要借助一场更大、更激烈的社会运动来最终实现。

综上所述，20 世纪五六十年代随着阿登纳的上台，联邦德国开始向西方靠拢。在重建的过程中，该国的经济、社会以及政治体制都是基于西方模式所建构，一个多元的、西方式的民主国家正在逐渐形成。随着联邦德国的经济和社会秩序在短期内得到恢复，人民的生活水平显著提高，这种"自由民主"的西方模式得到了德国上下一致的肯定和支持。与此同时，德国政界和社会界在大屠杀文化记忆上仍然延续上一阶段的缄默和遗忘，而部分知识分子却在"菲舍尔争论"中激励德国民众正视过去的历史，反思自己民族主义存在的缺陷。

随着联邦德国的建立，阿登纳主导的联邦政府坚持向西方看齐，力争

---

① Ulrich Herbert, „Zweierlei Bewältigung", in *Zweierlei Bewältigung, Vier Beiträge über den Umgang mit der NS-Vergangenheit in den beiden deutschen Staaten*, Ulrich Herbert und Olaf Groehler（Hrsg.），Hamburg: Ergebnisse Verlag GmbH, 1992, S.15.

在美国和欧洲的庇护下重新恢复社会的生产和生活，帮助德国再次走上欧洲乃至世界的政治舞台。而经济方面的长足发展，也使得西方的政治民主制度在这一时期赢得了德国人的支持，阿登纳借此鼓励在德国社会中形成新的政治共识和民族认同。关于德国的统一问题，阿登纳也主张在欧洲的范畴内解决。他坚持，只有德国重新融入欧洲，德国的主权独立以及统一问题才有可能解决。阿登纳政府的这一系列做法受到了当时德国左翼知识分子的批判，他们认为德意志民族和两德统一才是国家的最终目标，在他们看来，这位"盟国的总理"是在以犬儒主义的方式背叛这一目标。①

但无论是西方政治民主制度的引入，还是对民族统一的"背叛"，这一时期的联邦德国都在抛弃旧式的德意志民族主义。阿登纳认为，纳粹主义在德国的产生是源自长久以来德国人对国家权力的崇拜，只有引入新的政治认同，才能从根本上改变德国民族主义的这一特点，只有将个人自由和权力凌驾于国家权力之上，才能保证德国未来的长治久安。"只有人的尊严、自由以及由此得出的结论高于一切之上的，这个源自西方基督教思想的原则，才能帮助我们给德国人民指出一个新的政治目标，唤醒他们开始一种新的政治生活。"② 加上 1959 年德国社会学家赫尔穆特·普莱斯纳关于"迟到的民族"的说法，更为德国社会抛弃旧有的民族主义提供了依据。

从民族主义的视阈看，伴随着联邦德国这一时期"去民族化"的日趋明显，关于大屠杀的文化记忆却延续了上一阶段的"集体沉默"，并逐渐转向了"集体健忘"。阿登纳政府没有直面大屠杀问题，没有对解决历史遗留问题提出自己的对策，拒绝盟国的"集体罪责"说法，将德国人视为纳粹政权的牺牲品并"堂而皇之"地引导德国民众回避历史。在这一点上，

---

① ［德］扬－维尔纳·米勒：《另一个国度：德国知识分子、两德统一及民族认同》，新星出版社 2008 年版，第 40 页。

② ［德］康拉德·阿登纳：《阿登纳回忆录》（1945—1953），杨寿国等译，上海人民出版社 2018 年版，第 36 页。

联邦德国的政治界达成了共识。^① 但文化记忆本身有其文化的一面，它不仅可以从上到下的主导，也可以由下及上的发生。当联邦政府主导下的"集体健忘"在 20 世纪 60 年代初引发了反犹事件的频频发生之时，人们开始逐渐意识到，对过去的压抑和否认并不能从根本上解决问题，反而会在文化上形成负面效应，付出更昂贵的精神代价。只有把大屠杀这段历史纳入德国社会的公众视野，把它变成公开场合辩论的对象，变成人们反思历史的对象，也许才能真正地迎合德国人新的身份认同。

---

① Helmut Dubiel, *Niemand ist frei von der Geschichte. Die nationalsozialistische Herrschaft in den Debatten des Deutschen Bundestages*, München: Carl Hanser Verlag, 1999, S.70-74.

第四章
更替时期政府对纳粹历史的清算
（1963—1982）

20世纪六七十年代联邦德国出现了政权的更迭，从基民盟到社民党的转换，使德国社会变得更加开放和自由。虽然这个时期的联邦德国遭遇了经济和社会危机，但总体上还是稳中有升。1968年的学生运动以及《大屠杀》电影在德国的放映，都使得这一时期关于大屠杀的文化记忆发生了质的改变。德国史学界也从传统历史主义转向了批判社会史研究，从社会结构中去找寻第三帝国的根源。"德意志特殊道路"的重新定义以及"一个民族、两个国家"的出台，也让这个阶段的联邦德国社会逐渐转向了西方政治民主模式下的"超民族"身份，随着新的身份认同逐渐取代德国传统民族主义，德国人对纳粹和大屠杀问题的认识也更加深刻和透彻了。

第一节　民族主义消解下的记忆转变

韦勒从社会批评史学的角度重新诠释了"德意志特殊道路"，认为正是由于德国在走向现代化的过程中，偏离了西方的发展范式进而造成了第三帝国的悲剧。而勃兰特政府提出的"一个民族、两个国家"的概念，意味着德国官方和社会已经接受了两个德国的现实，这种接受不仅忽视了民族主义的政治功能，更是对德国传统民族主义的伤害。所以这一时期德国人旧时的民族认同在西方的语境下得到进一步消解，德国人逐渐在西方的话语体系下建立了新的身份认同。

一、"德意志特殊道路"的重新解读

"德意志特殊道路"起源于 19 世纪晚期的德意志帝国，当时的民族主义者认为，德国走上了一条不同于西方其他国家的、独特的现代化道路，其民族统一和国家建立，不是依靠从下而上的暴力革命，而是通过自上而下的社会改革。伴随着德意志帝国的建立，经济和社会的快速发展，当时的德国社会极力吹捧自己的这条"特殊道路"，并在一战初期达到顶点，形成了所谓的"1914 年思想"①。但随着二战的失败和第三帝国的覆灭，"德意志特殊道路"已逐渐演变成与西欧其他国家发展范式相悖的概念，并带有负面的倾向。

当英国和法国在 19 世纪俨然成为民族国家时，德国还是松散的邦国形式，1848 年资产阶级革命的失败意味着德国想要建立统一和自由的民族国家愿望破灭，1871 年德意志帝国建立，成为普鲁士主导下的专制国家，德国问题得到初步解决。正是因为帝国的建立是"从上而下"的，所以国内的民主化并未完全实现，容克贵族和军队仍旧是帝国社会中最有影响力的成员，虽然资产阶级在工业革命中提升了自己的社会地位，但普鲁士的保守主义抑制了德国向议会民主制的发展，德意志帝国最终并没有形成一个资本主义社会。然而在当时的德意志知识分子看来，德帝国的快速发展正是得益于军事和专制所建立的德意志强权王朝，而这种专制制度是

---

① "1914 年思想"是德国知识分子在一战爆发后对自由主义的批判和对新社会秩序的渴望，他们在对法国大革命"1789 思想"彻底否定的同时，强调德意志本性在社会秩序、经济和政治中的反映。相关内容参见邓白桦：《试论德国"1914 年思想"》，《同济大学学报（社会科学版）》2010 年第 4 期。Jeffrey Verhey, Der „Geist von 1914", *und die Erfindung der Volksgemeischaft*, Hamburg: HIS Verlag, 2000。

优于西欧其他国家的民主制度，所以"德意志特殊道路"的概念逐渐形成，并在第一次世界大战前期达到顶峰。

虽然在一战后"德意志特殊道路"的优越性遭到质疑，但随着纳粹德国的兴起，这个观点在第三帝国时期又死灰复燃。纳粹统治时期，"德意志特殊道路"这一研究范式在史学界得以继承和发展，德国历史学家鲁道夫·科莱莫尔（Rudolf Craemer）将第三帝国的"国家意识"和"民族秩序"描述为源于19世纪并一直延续到俾斯麦时期的"特殊道路"，纳粹德国借此宣称自己是俾斯麦精神的继承者。①

但二战的失败使德国人对这个说法产生了怀疑。受20世纪30年代流亡知识分子的影响，特别是普莱斯纳提出的"迟到的民族"一说，"德意志特殊道路"改变了它最初的本意，朝着相反的方向发展。德国历史学家开始将1848年以来德意志的特殊道路看作是一种致命的错误，希特勒领导下的第三帝国与德国近代史之间存在着一定的负面连续性。德国历史学家汉斯-乌尔里希·韦勒在1973年出版的《德意志帝国（1871—1918）》一书中肯定了这一看法。

韦勒在这本书里通过对德帝国农业、工业以及政治体制的分析，认为在帝国时期，虽然德国经济、科技水平都有了大幅度提高，达到了现代化的水平，但它的政治现代化却被延误了。"在德帝国时期，社会经济和政治发展的必要同步性直到最后也没有实现。"② 在这种情况下，现代化的经济不得不面对落后的国家制度和政治生活，而软弱无能也无权的资产阶级只有依赖封建统治阶级，通过向外扩张来释放内部压力，这种"特殊发展"

---

① Karl Heinz Roth, „Die nationalsozialistischen Bemühungen um Bismarcks Erbe in der Sozialpolitik", in *Bismarcks Sozialstatt. Beiträge zur Geschichte der Sozialpolitik und zur sozial-politischen Geschichtsschreibung*, Lothar Machtan（Hrsg.），Frankfurt am Main: Campus Verlag, 1994, S.402-406.

② ［德］汉斯-乌尔里希·韦勒:《德意志帝国（1871—1918）》，邢来顺译，青海人民出版社2009年版，前言部分。

最终导致了第一次世界大战，以及第三帝国。韦勒认为，"这种在社会和权力结构方面巨大的不一致性的代价却使相关结果延续到 1945 年，恰恰是这种缺乏自由的社会宪法和国家宪法，而在经济上取得辉煌成就的现代化积累了长期存在的问题"①。

韦勒借助这种从社会结构上来分析第三帝国根源的研究方法，属于当时在德国盛行的批判社会史学的研究范畴，他们从德国历史现实和历史进程的角度进行批判性研究。但这种研究方法却遭到了同一时期德国历史学家托马斯·尼佩代的批评。他认为，这种关于社会结构的观点是"单线连续性结构"，它是从 1933 年这个时间点，或者 1933—1945 年期间的时间段去解释德国历史，缺乏整体性和大局观，"这种解释的德国历史是片面的"②。尼佩代还认为，德国人从德意志帝国传承下来的不只是专制国家与军国主义的连续性，而且还有其他诸如法治国家、社会福利国家、教育制度等优良传统。③

虽然尼佩代对韦勒的观点进行了激烈的批评，但韦勒通过"德意志特殊道路"来解释德帝国和第三帝国之间连续性的观点，在 20 世纪 70 年代的联邦德国引起了轰动，人们肯定了这部著作的"解放作用"，认为这本书是"一部示范性作品，一部依据批评性政治社会史的观点写出的综合著作"。④

从韦勒对"德意志特殊道路"的解读可以看出，同样的概念在不同的历史语境下会衍生出不同的意义。"德意志特殊道路"的概念出现在 19 世

---

① ［德］汉斯-乌尔里希·韦勒：《德意志帝国（1871—1918）》，邢来顺译，青海人民出版社 2009 年版，"前言"部分。

② Thomas Nippeerdey, „Wehlers "Kaiserreich. Eine kritische Auseinandersetzung", in Thomas Nippeerdey, (Hrsg.), *Gesellschaft, Kultur, Theorie: Gesammelte Aufsätze zur neueren Geschichte,* Göttingen: Vandenhoeck&Ruprecht Verlag, 1976.

③ Thomas Nippeerdey, „1933 und Kontinuität der deutschen Geschichte", in *Historische Zeitschrift* (227)，1978, S.85-111.

④ ［美］格奥尔格·G.伊格尔斯：《欧洲史学新方向》，赵世玲、赵世瑜译，华夏出版社 1989 年版，第 220 页。

纪，从表面上看，20 世纪五六十年代与 19 世纪的提法一脉相承，它们都认为德国在走向现代化的进程中偏离了西方的道路，走上了一条不同于西方其他国家的特殊道路。但实际上，从 19 世纪到 20 世纪五六十年代，该概念经历了演变，从肯定变成批判，由积极变成消极，"特殊道路"从之前的"引以为傲"转变成德国灾难的根源。"德国历史上的特有道路成就了民族主义和希特勒独裁的历史温床。"[①]

"德意志特殊道路"的概念之所以会发生反转，一方面是因为德国人在吸取历史教训时认为，正是因为自身走上了一条不同于其他欧洲国家的发展道路，所以才会出现诸如第三帝国的历史负面；另一方面也反映了德国人对西方道路的态度转变，从 1871 年对西方道路的否定和蔑视，转变成现如今对西方道路的肯定和复制。虽然德国战后基于西欧模式建立的自由民主秩序是人为设定的，而不是来自国家本身发展需求的，但无论这种转变是被动还是主动的，都表明联邦德国在二战后"抛弃"了自身的非西方特征，在经济制度、政治生活包括价值观念方面都按照西方的模式加以重新塑造。

所以，以韦勒为首的历史学家从西方范式的角度出发，对"德意志特殊道路"进行否定，这表明了该时期的联邦德国不再以曾经的德意志民族主义、民族特色为模板，而是转向了西方的政治民主制度。相比于阿登纳时期，勃兰特时期的联邦德国更加西方化，接受西方的政治民主程度更深，在排斥德国传统民族主义的同时，更强调与西方盟国的融入，这一点尤其表现在两德统一问题上。

二、一个民族、两个国家

勃兰特代表的社民党上台后，对于两个德国问题采取了更加现实的处

---

① 徐健：《评德国史学界有关"特有道路"问题的争论》，《国外社会科学》2001 年第 2 期。

理方式。鉴于当时已经有许多第三世界国家同民主德国建立了外交关系，国际社会也逐渐接受了两个德国的事实，联邦德国不得不接受这一现实，就如同勃兰特在他的回忆录中写道的："两个国家的现实已经出现了，根本谈不上我们对德国的分裂表示谅解。"① 所以联邦德国在这个问题上提出了"一个民族、两个国家"的原则：东西德分属两个国家，但同属于德意志民族。这类提法虽然强调了德意志民族的重要性，但要在两个不同政治制度、经济制度和社会制度的国家中维系共同的民族文化根源并非易事，需要德国政府根据实际的情况制定相应的对策。

从 1970 年开始，两德的高层开始接触。3 月 19 日，勃兰特和维利·斯多夫② （Willi Stoph）在埃尔福特（Erfurt）举行了会谈。勃兰特在声明中提出，德国今天的分裂是因为曾经的纳粹历史，分裂局面的形成也是德国向世界其他国家关于和平的证明。从理智上讲，德国人必须要接受这一现实："对以德国名声所犯的罪行，对以德国名声所造成的破坏，全世界都充满了恐惧。我们所有人都应保证不再发生这种事情，无论命运将安排我们去何处。对于这种全世界都有充分理由向我们要求的保证，就是造成德国当前地位的原因之一……德意志民族的两部分分道扬镳了，它在 1945 年以后都不能走国家统一的道路，或许个别人，也许许多人都感到这是个悲剧——我们无法使悲剧不发生。"③ 从勃兰特的论调中可以看出，在他看来，德国目前之所以处于分裂的境地，从某种程度上讲是因为纳粹分子所犯下的罪恶，是他们的所作所为造成了今天两个德国的既有事实，即便民族分裂对德国人来说非常痛苦的，但这是作为对纳粹暴行的惩治，是德国

---

① ［德］维利·勃兰特：《会见与思考》，张连根等译，商务印书馆 1979 年版，第 471 页。

② 维利·斯多夫（1914—1999）：东德的政治家，1964 年至 1973 年出任东德部长会议主席。1976 年至 1989 年再次出任东德总理。

③ ［德］维利·勃兰特：《会见与思考》，张连根等译，商务印书馆 1979 年版，第 478 页。

人作为纳粹历史承担者所必须要接受的命运。

在 5 月份的卡塞尔，勃兰特提出了关于两德关系的"二十点建议"，包括调整平等权利的原则和条约的基本要素、人权和不歧视原则、不使用武力、彼此尊重在内政上的独立、巩固和平、保障安全和参加裁减军备等。其中第十条提出了承认一个民族和两个国家的存在。勃兰特一再强调，虽然目前国际社会已经承认了联邦德国和民主德国是两个国家，但它们并不是和其他国家一样，它们是德国人在其中生活和劳动的国家，是来源德意志同一民族根源的国家。

在这一背景下，勃兰特政府的对德政策转变成以"新东方政策"（die Neue Ostpolitik）为主导的小步子策略，通过间接承认民主德国，加强双方官方往来，将统一的希望寄托于国际大环境的转变。1972 年 12 月 21 日，两个德国签署了《两德关系基础条约》（*Vertrag über die Grundlagen der Beziehungen zwischen BRD und DDR*），《条约》规定：在不损害"双方原则问题，包括民族问题的不同看法"的情况下，在平等的基础上发展彼此间正常的睦邻关系，用和平手段解决争端，放弃使用武力或以武力相威胁，彼此尊重独立，承认边界"不可侵犯"，促进经济、科技、文化等领域的合作。[1] 根据该条约，联邦德国实际上间接承认了民主德国的存在，但又坚持这种承认不是国际法层面上的，东西德两国不是互为外国的关系，而是一种"特殊的关系"。"西德舆论这时已经承认两德关系是'一个德意志民族内部两个国家'之间的关系"。[2] 1973 年，两个德国同时加入联合国，虽然联邦德国代表了德国，但它也承认民主德国作为一个主权国家的存在，并提出德国"仍然要在自由的自决中实现统一"。但由于两个德国在经济制度和社会制度，尤其是政治制度上的矛盾是无法调和的，所以对民

---

[1] 《联邦德国东方政策文件集》，龚荷花等译，中国对外翻译出版公司 1987 年版，第 179—181 页。

[2] ［英］玛丽·费尔布鲁克：《德国史（1918—2004）》（第四版），卿文辉译，上海人民出版社 2018 年版，第 271 页。

主德国主权的承认，不可避免地会影响到德国的统一。联盟党就批评《基础条约》违反了联邦德国的《基本法》，会损害德国统一的目标。

阿登纳时期的联邦德国，认为自身在欧洲的利益高于德国统一，所以当两者发生矛盾时，宁愿选择放弃统一也要加入西方，并将统一问题的解决寄希望于欧洲和世界政治；到了勃兰特时期，因为国际形势的变化，联邦德国在短期内看不到统一的希望，只有选择"一个民族、两个国家"的方式和"新东方政策"来适应当下的局面，实现两德关系的渐变。但无论是阿登纳还是勃兰特时期的德国政策，都在一定程度上对德意志传统民族主义造成了伤害，一个民族存续在两个政治和经济制度完全相悖的国家中，不仅损害了民族和国家的同一性，也打破了传统民族主义的延续性。就如同阿登纳所言：按照 19 世纪的模式恢复民族国家是不可能的。民族是一个意识和意志的问题，民族和国家的同一性已经破裂。

按照民族主义理论，在现代性框架下，民族主义的政治功能是帮助民族国家建立和巩固其政治和法律制度；其文化功能是通过追溯民族国家中人们共同的文化和身份认同来激发社会的凝聚力。勃兰特所提出的"一个民族、两个国家"概念是有意识地回避民族主义的政治功效，而强调其文化功效。在勃兰特看来，同一民族的表现不仅包括国家的建立和制度的形成，更强调共同的语言和文化背景，这类民族是建立在人们始终不渝、共同团结的感情基础之上的。所以从这个意义上来说，"任何人都不能否认存在着一个德意志民族，而且在我们所能预见的范围里，德意志民族还将继续存在"[1]。

综上所述，韦勒关于"德意志特殊道路"的批判，是以西方国家的历史发展为蓝本，寻找德国发展中存在的问题。就这一点来说，"德意志特殊道路"和"迟到的民族"在对德国民族特性的解释上有一定的切合

---

[1]　[德] 维利·勃兰特：《会见与思考》，张连根等译，商务印书馆 1979 年版，第 478 页。

度；而20世纪70年代关于两德问题的认定和《基础条约》的出台，预示着联邦德国政府和民众在心理上已经接受了德国分裂的事实，接受了一个民族、两个国家的现状。从这一时期德国人对民族主义认识的演变可以看出，随着西方民主制度在联邦德国的扎根、发芽，传统的德意志民族主义在德国融入西方的过程中逐渐得到消解。

第二节　勃兰特政府对纳粹历史的清算和批判

二战后阿登纳政府的长期执政让联邦德国社会整体上呈现了一种保守的政治气氛，20世纪60年代末社民党和自由民主党的联合执政使得德国社会开始向更开放和自由的方向转变。但悬而未决的身份认同问题却一直困扰着战后的德国人，在勃兰特政府的主导下，德国官方对"5月8日"重新定义，首次承认了"德帝国和第三帝国之间的连续性"，加上勃兰特的"下跪事件"，都说明了这届政府在看待大屠杀问题上更加勇敢和开放，不仅最终将纳粹历史融入了德国历史，也将其纳入了德国人新的身份认同。

一、勃兰特走上政治舞台

虽然联邦德国在这一时期经历了基民盟和社民党的轮流执政，但国家的政治、经济发展仍然稳步向前，尤其是勃兰特的上台，使得德国政坛一度盛行的保守主义出现了松绑和缓和的趋势。但受国际大环境的影响，联邦德国的反犹主义一度出现，德国社会也在20世纪七八十年代出现了动荡的局面。这种情况从某种程度上看与战后德国人长期以来悬而未决的身份认同有关，所以在勃兰特的主导下，70年代的德国官方开始直面解决大屠杀和纳粹历史的遗留问题。

虽然阿登纳政府在联邦德国建国初期的内政外交上取得了巨大成功，

但到了50年代末和60年代初，阿登纳的政治地位开始衰落。除了他的"向西方靠拢"政策以及家长式的强硬作风遭人诟病之外，1961年的"柏林墙危机"也被左派人士指责其无所作为。在这个背景下，1962年的《明镜》事件（Spiegel-Affäre）[①]成为压死骆驼的最后一根稻草，1963年10月，阿登纳辞去总理职务，由他的经济部长艾哈德继任。

尽管从1949年到1966年基民盟在社会政治层面上表现出了不可替代的优势，但随着60年代末暴露的问题和出现的危机，使得"大联合政府"（die Große Koalition）呼之欲出。1966年11月，由联盟党的库特-格奥尔格·基辛格（Kurt-Georg Kiesinger）出任总理，社会民主党的维利·勃兰特（Willy Brandt）出任副总理和外交部长，形成了大联合政府，这是联盟党和社民党的首次联合执政。用基辛格的话说：这是"联邦共和国历史上的一个里程碑"[②]。但实际上，基辛格的个人身份一直遭到德国社会的质疑和指责，1933年到1945年基辛格是一名纳粹党党员，从纳粹党摇身一变成为联邦总理，这对纳粹历史刚刚过去20年的德国人来说有些难以接受，著名哲学家雅斯贝尔斯曾经抱怨过基辛格的身份："一个老的纳粹党员现在代表了联邦德国，而他也会再次废除民主。"[③]

在"大联合"政府执政期间，联邦德国的经济呈现了回升的迹象。该政府在1967年6月8日颁布了《促进经济稳定和增长法》（*Gesetz zur Förderung der Stabilität und des Wachstums der Wirtschaft*），提出了"魔力四边形"（Magisches Viereck）经济政策的总体方针："联邦和各州应该通过

---

① 《明镜》事件是联邦德国建国以来最大的政治丑闻之一。因为《明镜周刊》在对联邦德国国防事务报道的同时，披露了国防部中存在的问题。当时时任德国国防部长的弗朗茨—约瑟夫·施特劳斯以叛国罪动用司法对多名《明镜周刊》的记者和编辑实施了抓捕，从而引发了联邦德国民主危机。

② 吴友法等：《重新崛起时代（1945—2010)》，载邢来顺、吴友法主编：《德国通史》，江苏人民出版社2019年版，第186页。

③ Arno Orzessek, "Eine Attacke mit symbolischer Wucht", in *Deutschlandfunk Kultur*, 07. November 2018.

各种经济和财政的措施以达到总体经济的平衡。这些措施的目的在于：在市场经济的体制下促使经济持续地增长，同时保持物价稳定、高度就业和外资平衡。"① 联邦德国也由此成为世界上第一个用法律形式把充分就业、经济增长、通货稳定和对外经济平衡确定为宏观调控四大目标的国家。该法令颁布后，1969 年联邦德国的通货膨胀率为 2.1%，远低于 1966 年的 3.7%，经济增长率也达到了 7.4%，失业率降为 0.8%。②

但对"大联合"政府的真正考验是代际冲突在这一时期愈演愈烈，而且逐渐从文化层面走上了政治层面，造成了联邦德国社会的动荡和不稳定。虽然到了 20 世纪 60 年代，联邦德国已经稳步迈入了新型现代国家的行列，但一直悬而未决的身份认同以及对大屠杀历史的认识问题却在这一时刻暴露出来。有人指责当时的联邦德国是"经济上的巨人，政治上的侏儒"③。60 年代末，经历过第三帝国的老一代德国人还未退出历史舞台，他们投入了战后德国重建工作，但在面对大屠杀和纳粹主义的历史记忆时却采取了回避的态度。与此同时，新的一代年青人在德国已经成长起来。他们不断地挑战父辈的角色和价值观，因为没有"褐色老根"，所以这些年轻人可以"理直气壮"地面对曾经的历史，加上当时整个西方世界出现的"青年文化"浪潮，联邦德国的代际冲突在 1968 年达到了高潮。1969 年基辛格卸任，勃兰特当选新一任总理，这也是社会民主党在联邦德国历史上第一次执政。

勃兰特上台后对内实施了改革，在加强政府对经济干预的同时，保证了经济增长和就业。并在社会福利方面做了一些切实的工作，包括 1969

---

① 谢怀栻：《联邦德国经济稳定与增长促进法》，《环球法律评论》1989 年第 1 期。

② Dieter Grosser, Stephan Bierling（Hrgs.）, *Deutsche Geschichte in Quellen und Darstellungen, Band 11:Bundesrepublik Deutschland und DDR 1969-1990*, Stuttgart: Reclam Verlag, 1996, S.84-85.

③ ［英］玛丽·费尔布鲁克：《德国史（1918—2004）》（第三版），卿文辉译，上海人民出版社 2011 年版，第 175 页。

年颁布联邦《教育法》《劳工促进法》《职业培训法》等，1971 的《联邦
德国流行病法》和 1974 年的《失业救济条例》等。虽然这些福利政策加
大了政府的压力，增加了政府的资金投入，但联邦德国在 60 年代末和 70
年代中期还是保持了平稳和较快的经济增长。

而与阿登纳"向西方靠拢"的理念不同，勃兰特很早就看出了德国作
为独立国家的重要性，"我们更强烈地、不同于以往地关心我们自己的事，
不仅仅依靠别人来替我们说话"。① 在勃兰特看来，德国的统一问题终究
需要德国人自己来解决，依靠西方国家是不现实的，而当下超级大国正在
争夺世界霸权，并以新的方式取得相互谅解，在这种变革下，德国不能唱
反调，成为"最后的冷战战士"，成为国际和平的破坏者。

在这种背景下，大联合政府首先提出用"先天缺陷理论"代替阿登纳
时期的"哈尔斯坦主义"②，以期与东欧各国建立正常的合作关系。该理论
认为，东欧国家之所以承认民主德国，而不承认联邦德国，因为这些国家
是在苏联的帮助下建立的，受制于苏联，所以存在着"先天缺陷"。面对
这类国家，联邦德国不能用强硬的态度去对待。③ 1967 年 1 月 31 日，联
邦德国与罗马尼亚建立了外交关系；一年之后与南斯拉夫也恢复了正常的
外交关系；1970 年，和苏联签订了《莫斯科条约》（*Moskauer Vertrag*），两
国承诺放弃使用武器，用和平的方式解决冲突和争端；并在同年的 12 月
与波兰签订了《华沙条约》（*Warschauer Vertrag*）承认奥德-尼斯河为德波
永久的边界线。与此同时，勃兰特政府还与多个东欧国家，包括捷克斯洛

---

① ［德］维利·勃兰特：《会见与思考》，张连根等译，商务印书馆 1979 年版，第
211 页。

② 哈尔斯坦主义（Hallstein-Doktrin）：由联邦德国第一总理勃兰特所推行的针对东德
和东方阵营的外交政策。它的本质是，西德代表整个德国，不承认德意志民主共和国，不
同与东德建交的任何国家（苏联除外）建立或保持外交关系。

③ 参见 Angela Stent, *From Embargo to Ostpolitik: The Political Economy of West German-Soviet Relations 1955–1980*, Cambridge: Cambridge University Press, 2003, p.128. 葛君：《缓和的
倒退？：1966—1968 年联邦德国的"新"东方政策》，《德国研究》2011 年第 2 期。

伐克、匈牙利、保加利亚等恢复或重建了外交关系。与东方国家的接触过程中，勃兰特也多次强调联邦德国的西方属性，从而打消了西方盟国的顾虑。在 1970 年的国情报告中，勃兰特指出：联邦德国需要更积极地面向西方。[①] 值得一提的是，勃兰特政府与世界各国建立的良好关系在一定程度上助推了联邦德国对大屠杀记忆的积极面对，为了消除那段黑暗的历史对其他国家的负面影响，联邦政府也是第一次从官方的层面上来直面大屠杀和纳粹历史问题，具体内容详见第二部分——官方层面上对大屠杀的清算和批判。

此外，勃兰特还积极推进联邦德国与民主德国之间的对话。1969 年 10 月 28 日，勃兰特在联邦议院发表的第一次"政府宣言"中提到："维护国家统一是摆在我们面前的现实政治任务，要消除东西德当下紧张的关系。德国人不仅因为语言和历史联系在一起，而且因为他们的辉煌和痛苦。我们所有人都在德国这个大家庭中，我们有着共同的任务和共同的责任：实现德国以及欧洲的统一。"[②]

勃兰特在这一时期提出的关于"新东方政策"的理念，不仅促进了东西方贸易活动，扩大了联邦德国的外交范围，也反映出了联邦德国在经济实力得到提升后，谋求独立外交，提高国际声誉的愿望。同时，勃兰特政府也希望通过缓和的东西方关系为解决"德国统一问题"创造新的环境。勃兰特的继任者施密特在称赞"新东方政策"对于世界和平的贡献时说："在联邦德国成立的 40 年中，还没有一个总理比勃兰特更为有力地促进了东西方缓和的事业。"[③] 1974 年，因为勃兰特的政治助理纪尧姆（Günter

---

①　［意］奥里亚娜·法拉奇：《风云人物采访记》之《维利·勃兰特》，阿珊译，新华出版社 1983 年版，第 293 页。

②　Willy Brandt, *Regierungserklärung von Bundeskanzler Willy Brandt vor dem Deutschen Bundestag in Bonn,* am 28. Oktober 1969, https://www.willy-brandt-biografie.de/quellen/bedeutende-reden/regierungserklaerung-vor-dem-bundestag-in-bonn-28-oktober-1969/.

③　桂莉：《联邦德国的新东方政策》，《国际研究参考》2018 年第 2 期。

Guillaume）被发现为民主德国的间谍，勃兰特被迫引咎辞职。由时任财政部长的赫尔穆特·施密特（Helmut Schmidt）担任总理一职。

20世纪70年代是联邦德国相对动荡和萧条的时期，这不仅是因为此时的德国经济发展缓慢，同时国际社会上也出现了恐怖主义盛行的局面。其中，恐怖团体——"红军派"（Rote Armee Faktion）比较引人注目，作为一支左翼组织，他们多次实施绑架和暗杀活动。极右翼分子和新纳粹在此期间也有抬头的趋势，在经济衰退的情况下，德国社会容易出现一些关于种族主义和排外政策的宣传。1980年在慕尼黑啤酒节上爆发的骚乱就是右翼极端分子制造的爆炸案，最终造成了多人死伤。这些暴动在一定程度上损害了德国长久以来努力树立的好"口碑"。"极少数人开始挑战这个制度的底线，并且迫使国家采取某些镇压措施，这些镇压措施反过来又被他们用来证明自己对这个制度压迫性本质的批判的合理性。"① 1982年10月1日，因无法摆脱长期的经济和社会危机，联盟党对施密特提出了建设性的不信任案，迫使他在任职期间下台，而基督教民主联盟的主席赫尔穆特·科尔（Helmut Kohl）最终当选成为新一任的联邦总理。

基民盟和社民党的轮番上台使得德国政治在这一时期经历了较大的变革，引发这一变革的原因与战后联邦德国一直以来悬而未决的身份认同有关。虽然20世纪五六十年代联邦德国的经济和社会已经逐步走上正轨，在一定程度上推动了政府和社会对大屠杀的反思，但长期以来对纳粹和大屠杀历史的缄默，对历史责任的回避最终在这一时期也引起了更大的代际冲突和社会矛盾，需要联邦政府从官方层面上对大屠杀进行清算。

二、官方层面上对大屠杀的清算和批判

联邦政府在这一时期经历了执政党的更迭。不同于基民盟执政时德国

---

① ［英］玛丽·费尔布鲁克：《德国史（1918—2004）》（第四版），卿文辉译，上海人民出版社2018年版，第271页。

政府对大屠杀问题的回避，以勃兰特为首的社民党在此类问题上有着更加深刻和明晰的认识，将战后德国官方关于大屠杀的文化记忆提升到了最高点，并最终形成了对这段历史的批判和清算。

首先，勃兰特政府提出对 1949 年 5 月 8 日的再认识。艾哈德政府和勃兰特政府对 1945 年 5 月 8 日的看法是不同的，相比于前者将这一天视为德国历史的战败日和耻辱日，后者则认为这一天是德国战后的重生日，是德国人新的开始。

1965 年，德国总理艾哈德在 5 月 8 日的讲话中第一次把第三帝国的覆灭和德国历史背景联系到了一起："今天我们比当时更清楚地认识到，在第三帝国的军事崩溃之前，德国的精神和道德已经没落……回顾 5 月 8 日对我们德国人意味着什么？那一天和之前、之后的日子一样是昏暗和绝望的……如果随着希特勒在德国统治的消失，世界就消除了暴力和不公正的话，那么人们有足够的理由来庆祝 5 月 8 日为解放的日子，但实际上我们知道，这并不现实！"[①]艾哈德在演讲中把 5 月 8 日看作是德国人痛苦和绝望的开始，是德国的历史耻辱。对战后德国来说，这一天不值得被庆祝："人们不会庆祝失败"，"耻辱和罪恶都不值得人们庆祝"。[②]这反映了艾哈德政府对德国战败的沮丧和失望，在他们看来，虽然德国从 1945 年 5 月 8 日开始摆脱纳粹政权的统治，但也在盟国的占领下丧失了国家主权，陷入了国家耻辱的境地。

1969 年勃兰特的上台，德国进入"社会民主党时代"，整个社会原本的右倾保守气氛有所改观。社民党—自民党组成的联合政府也开始建构一

---

① Ludwig Erhard, „Ein fester Wille zur Versöhnung", in *Buttelindes Presse-und Informationsamtes der Bundesregierung*, Nr.81/S.641, Bonn, den 11.Mai 1965, S.32.

② Peter Hurrelbrink, „Befreiung als Prozess. Die kollektiv-offizielle Erinnerung an den 8. Mai 1945 in der Bundesrepublik, der DDR und im vereinten Deutschland", in *Demokratische politische Identität. Deutschland, Polen und Frankreich im Vergleich*, Gesine Schwan u. a.(Hrsg.), Wiesbaden: VS Verlag für Sozialwissenschaften, 2006, S.83.

套属于自己的"克服过去"历史政策，从官方层面上提出对纳粹历史的反思和批判。1970 年 5 月 8 日，勃兰特政府作为第一个在德国议会发表关于"二战结束"官方宣言的政府，指出："当联邦政府今天在德国联邦议院发表特殊声明，这就意味着现在到了这一时刻，即人们需要知道曾经发生了什么，人们必须要清醒地看待自己的历史。 因为只有那些记得昨天的人，才能知道今天是什么，并且能够看到明天可能是什么……25 年前的今天对于其他民族来说，是从仇视、敌对、恐怖和恐惧中解放出来的日子，对大多数德国人来说，这也意味着创造宪法和民主的开始……"① 勃兰特政府通过这则声明表达了：从 1945 年 5 月 8 日开始，德国摆脱了纳粹政权的专制统治，在西方盟国的帮助下建立了新的宪法和民主，德国民众迎来了新的生活，所以 5 月 8 日是德国的解放日，是值得庆祝的日子。相比于前一任政府，勃兰特政府更强调，战争的结束意味着德国在西方盟国的指导下，摆脱了纳粹专制，迎来了以西方政治民主发展为范式的新时代。盟国对德国的占领，不是耻辱，而是德国人获得重生的机会。

其次，是勃兰特总理在华沙纪念碑前的下跪事件。1970 年 12 月，勃兰特访问华沙，他此行的目的是签署《华沙条约》（*Warschauer Vertrag*），并由此开启了德波关系的新起点。相比于其他地区，波兰作为德国的东部邻国是被纳粹政权占领时间最长的国家，纳粹德国不仅在波兰设立了大量的集中营，也杀害了近 300 万的波兰犹太人。而二战后在西方盟国的主导下，奥得河—尼斯河一线成为德国和波兰的边界线，并最终引发联邦德国的不满。从某种程度上看，德国和波兰的关系是二战后德国政府最沉重的历史负担。

12 月 7 日，在华沙犹太人居住区殉难者的纪念碑前，勃兰特在进献花圈时下跪了。勃兰特的这一举动实际上并未在访问波兰"计划之内"，他只是在当天早晨，在参观纪念碑前临时决定的："必须成功地在犹太人

---

① Willy Brandt, „Verpflichtung zum Frieden und Wahrung von Freiheit und Recht", in *Bulletin,* 9.Mai,1970. https://www.bundesregierung.de/resource/blob/974430/476264/5d99c2a426 db3fe241677ca916e0d990/25-jahrestag-ende-wk2-data.pdf?download=1.

居住区纪念碑前表达出特殊的悼念之意。"勃兰特在事后回忆时写道："在德国最近的历史重负下，我做了当人们无法用语言表达时人们会做的事情，以此来悼念千百万受害者。"[①]

勃兰特代表德国政府和人民的"华沙之跪"，是为德国人在第二次世界大战中犯下的罪行向犹太人请求宽恕，他的这一举动出乎意料地得到了德国媒体的一致好评，正如德国社会学家克里斯托夫·施耐德（Christoph Schneider）所指出的："德国媒体和报纸对这一过程的描述都是类似的，勃兰特的下跪将当时的气氛分为三个阶段：从最初的寒冷和黑暗，到不确信，最后是温暖和恢复。"[②] 记者赫尔曼·施莱伯（Hermann Schneider）对勃兰特这一行为的评价，后来也被多次引用："作为一个不需要下跪的人，他跪下了，为了其他必须要下跪而没有下跪的人，因为他们不愿这么做，不能这么做，或者他们不敢这么做。他承担下了这些不属于他的罪责，并请求了那些他自己不需要的原谅。他是为了德国下跪的。"[③]

虽然勃兰特的华沙之跪在当时并没有赢得全体德国民众的支持，根据阿伦斯巴赫研究所的调查表明：有41%的受访者认为，勃兰特的这一举动是合理的，而48%的人则认为这一行为是夸张和过分的。[④] 但勃兰特代表了当时的德国政府和人民对纳粹政权所犯罪行的道歉和忏悔，最终也成为德国和波兰两国和解的象征。

阿登纳时期，德国政府主要通过物质援助对犹太人进行赔偿，相比之下，勃兰特的这一举动不仅表明了德国政府愿意承担纳粹历史所要担负的责任和义务，也从情感上拉近了两个民族之间的距离，更为德国在世界范

---

① 　［德］维利·勃兰特：《会见与思考》，张连根等译，商务印书馆1979年版，第512页。

② 　Christoph Schneider, „Der Warschauer Kniefall: Zur Geschichte einer Charismatisierung", in *Tätertrauma. Nationale Erinnerungen im öffentlichen Diskurs*, Bernhard Giesen und Christoph Schneider（Hrsg.）, Konstanz: Universitätsverlag Konstanz, 2004, S.212-213.

③ 　Hermann Schreiber, „Ein Stück Heimkehr", in *Der Spiegel*, 14.Dezember 1970, S.29-30.

④ 　Michael Sontheimer, „Kniefall vor der Geschichte", in *Der Spiegel*, 06. Dezember 2020.

围内树立了良好的道德形象。这件事后续在全世界，尤其在德国社会中引起了强烈的共鸣。正如阿斯曼所说："勃兰特用他谦卑的姿态，向犹太人受害者致以敬意和哀悼，不仅表明了联邦德国接受了它的历史，还表明了它严肃对待历史重负，并且不会遗忘的态度。"[①]

另外，1971 年，德国总统古斯塔夫·W. 海涅曼（Gustav W. Heinemann）的广播讲话也从官方角度首次承认了第三帝国的连续性命题。在1971 年 1 月联邦德国庆祝德帝国建立 100 周年之际，海涅曼在 1 月 17 日的讲话中指出，要从俾斯麦帝国的历史中去寻找纳粹主义的起因："谁将第一次世界大战当成一次纯粹的不幸，认为德国人不是共犯，谁将 1919年《凡尔赛条约》的不公当成纳粹夺权的托词，他就始终没有完全理解1918 年那场崩溃的原因。百年帝国——这不是意味着一次凡尔赛，而是两次凡尔赛，1871 年和 1919 年，意味着奥斯维辛、斯大林格勒以及 1945年的无条件投降。"[②]

海涅曼认为，虽然俾斯麦在小德意志范围内建立了帝国，但德意志帝国在统治期间并没有将民族统一和自由民主结合起来，君主制下的保守主义最终取代了原本应与经济社会发展相适应的资产阶级政治现代化，造成了经济和社会发展的不平衡，从而最终引发了两次世界战争。虽然之前普莱斯纳的"迟到的民族"、60 年代的"菲舍尔之争"以及韦勒的"德意志特殊道路"命题都提到了这个问题，也都涉及了从德国民族主义根源上去找问题，但海涅曼的这次讲话是首次对这些命题的官方认可，也是首次从政府官方的立场来清算纳粹历史。

---

① Aleida Assmann, *Ute Frevert, Geschichtsvergessenheit Geschichtsversessenheit, Vom Umgang mit deutschen Vergangenheiten nach 1945*, Stuttgart: Deutsche Verlags-Anstalt, 1999, S.245.

② Gustav W. Heinemann, „100. Jahrestag der Reichsgründung des Deutschen Reiches. Ansprache des Bundespräsidenten zum 18. Januar 1871", in *Bulletin des Presse -und Informationsamtes der Bundesregierung*, 1971, S.33-35.

当然，这次讲话也引发了德国政治公共领域的争论。联盟党人认为，这种从德意志帝国到第三帝国的连续命题是一种"社会民主主义的历史捏造"。[①] 但不可否认的是，社会党的这一提法有着划时代的意义，是德国政府一次从官方的层面上来直面大屠杀和纳粹历史问题。所以它标志着联邦德国文化记忆中一个重要转折点，也最终成为70年代"联邦德国历史政治的基础共识"[②]。

综上所述，联邦德国虽然在20世纪七八十年代历经了基民盟和社民党轮流执政，但经济、社会政策没有发生翻天覆地的变化，从而保证了各届政府之间的平稳过渡和社会发展的顺利进行。在大屠杀的文化记忆上，以勃兰特为首的德国政府通过各种方式表达了对纳粹罪行的承担和忏悔。他们从德国历史的深度中发掘纳粹根源，在官方层面上将纳粹历史纳入德国历史之中，带入德国人的集体记忆之中。他们通过对这段历史的清算和批判，在承认它的同时，与它划清界限，从而形成德国人新的民族认同。"通过有意识的负面界定，纳粹主义成为自我认同的一个决定性元素"[③]。

第三节　德国社会对纳粹问题的积极思考

1968年，伴随着全球范围内的政治民主化运动，德国爆发了"68学生运动"。德国战后的第一代在对资本主义制度进行批判的同时，更强调

---

① Edgar Wolfrum, *Geschichtspolitik in der Bundesrepublik Deutschland. Der Weg zur bundesrepublikanischen Erinnerung 1948-1990*. Darmstadt: Wissenschaftliche Buchgesellschaft, 1999, S.258-267.

② Dieter Langewiesche, „Über das Umschreiben der Geschichte, Zur Rolle der Sozialgeschichte", in *Zeitwende, Geschichtsdenken heute*, Nikolaus Buschmann und Ute Planert（Hrsg.）, Göttingen: Vandenhoeck & Ruprecht Verlag, 2008, S.61.

③ [德] 约恩·吕森：《历史思考的新途径》，綦甲福、来炯译，上海人民出版社2005年版，第179页。

与其父辈的决裂，尤其对他们在纳粹问题上的含混不清表示不满和愤慨。1978 年美国电影《大屠杀》在德国的引进，不仅使多媒体媒介首次成为文化记忆的载体，也将德国大屠杀的关注点第一次从历史罪责问题转移到了犹太人作为"受害者"上，从而成为联邦德国战后文化记忆的转折点。

一、"68 一代"在反叛中批判纳粹历史

20 世纪 60 年代中期，联邦德国还处在阿登纳政府的影响之下，在聚焦物质生活重建的同时，整体的社会氛围也是保守的，在向西方一边倒的同时，坚决地反苏反共。鉴于当时左右党派之间的共识越来越广泛，年轻人对政治的兴趣也在锐减，人们逐渐对现存的联邦共和国产生了认同感，因此有人提出了"去意识形态"（Entideologisierung）的说法，指出在这个阶段西欧的主要政党都趋于融合。① 但就在此时以学生运动为代表的"新左派"运动逐渐兴盛起来。

1959 年，"德国社会主义学生联合会"（Sozialistische Deutscher Studentenbund，SDS）宣布脱离社民党，成为一个独立的学生组织。该联合会的成员多是二战后成长起来的年轻人，他们没有亲历过二战和大屠杀，在物质充裕、消费主义至上，遵循着西方自由民主的环境中成长起来，与那些经历了纳粹历史、盟国轰炸和战后重建的父辈在世界观、人生观和价值观方面完全不同。当一个年轻的德国学生在被问到如何看待自己的父母时，他说："他们总是提及他们的青春，认为他们可以影响我们……他们遵循着陈旧的方法和习俗。"② 这个回答反映这一代年轻人对

---

① Heinz-Horst Schrey, *Entideologisierung als hermeneutisches Problem*, Tübingen: J.C.B. Mohr Verlag, 1969; Hans Schulze, *Sozialdemokratismus zwischen Entideologisierung und Reideologisierung*, Berlin: Akademie-Verlag , 1973.

② Detlef Siegfried, "Don't trust anyone older than 30? Voices of conflict and consensus between generations in 1960s West Germany", in *Journal of Contemporary History*, Vol.40, 2005, p.737.

父辈不屑一顾的心理，他们在联邦德国接受了很好的教育，容易受到新思潮的影响。美国反越战争的"新左派"青年运动、中国的"文化大革命"、新音乐风格——Beat 或 Rock、朋克文化，以及开放的生活方式和夸张的服饰都是他们所追求和向往的，很快他们就成为 60 年代运动的主力军。

在联邦德国开始这场学生运动之前，整个世界已经酝酿了一股反叛和动荡的社会浪潮。1968 年 1 月 5 日，捷克斯洛伐克境内爆发了一场政治民主化运动，最终以苏联和其他华约成员国的武力入侵才宣告结束，历史上称这一事件为"布拉格之春"（Prager Frühling）；1968 年 5 月，法国爆发了一场持续 7 周的政治运动，除了有大量学生参加此次运动之外，后期也得到了工人罢工的声援，史称"五月风暴"（Mai 1968 in Frankreich）。这两个来自东西方的运动，看似没有共同之处，但并非毫无关联，"人们似乎可以说这是一个激动人心的精神上的并发事件"[①]。

但联邦德国的学生运动有其特殊性，它除了和同时期的政治运动一样，表达了对当代政治的反叛之外，还包含了对纳粹历史的清算。"68 一代"是联邦德国政治上的第一代人，他们与社会的权威上层人士保持着距离，而这些人的代表就是家庭中的父辈、学校中的教授、国家中占据重要职位的政治家。为了宣示与上一代人的不同，"68 一代"对他们进行批判，追溯他们的历史问题，在德国的语境下，历史的遗留问题就是对大屠杀和纳粹历史的清算。

"68 一代"在纳粹问题上对上一代人的清算不仅展现了政治运动的反叛性，也反映出二战后德国人对身份认同的迫切性。"这不仅仅是他们策略上的一种做法，也是对老一辈人不愿谈及和承认纳粹历史道德上的愤慨

---

① ［德］维利·勃兰特：《会见与思考》，张连根等译，商务印书馆 1979 年版，第 249 页。

和失望"。① 因为这些年轻人对纳粹的历史并不清楚，很多事件他们并没有亲身经历，相关信息也是二手的，所以他们自认有权对清算纳粹历史作出最严格的审判，从而形成一个属于他们自己的，对于大屠杀的认识，而这种认识也是自我身份认同的一部分。

对这些年轻人来说，纳粹历史正在以另一种方式继续：如美国对越南战争、对反殖民运动的压迫、对第三世界国家的经济剥削等，所有这些现象都需要追溯到一个问题上，就是资本主义。② 就像麦克斯·霍克海姆③（Max Horkheimer）所指出的，资本主义和纳粹主义之间存在着某种联系：正是为了应对资本主义危机，纳粹主义才采取了专制的手段。霍克海姆对两者关系的推测，被"68一代"奉为经典："如果您不愿谈及资本主义，那么也应该对法西斯主义保持沉默。"④ 在这一思想的指导下，德国社会对纳粹历史的解释更倾向于把罪责归咎于德国的政治制度——资本主义和极权主义。⑤ 所以对"68一代"来说，对资本主义的反抗就意味着从根源上消除纳粹和专制的思想残余。

德国社会在20世纪50年代到60年代初期对大屠杀的缄默不语和集体遗忘，基辛格作为前纳粹党员成为德国总理，尤其是1963年奥斯维辛集中营所进行的纳粹审判，通过媒体在公共领域传播等，都让这一代年轻人在了解自己父辈罪责的同时，在精神上受到了巨大的冲击。难以启齿的

---

① Aleida Assmann und Ute Frevert, *Geschichtsvergessenheit Geschichtsversessenheit, Vom Umgang mit deutschen Vergangenheiten nach 1945,* Stuttgart: Deutsche Verlags-Anstalt, 1999, S.226.

② Aleida Assmann und Ute Frevert, *Geschichtsvergessenheit Geschichtsversessenheit, Vom Umgang mit deutschen Vergangenheiten nach 1945*, Stuttgart: Deutsche Verlags-Anstalt, 1999, S.227.

③ 麦克斯·霍克海姆（1895—1973），德国哲学家，法兰克福学派创始人之一。

④ Max Horkheimer, „Die Juden und Europa", in *Gesammelte Werke*. Band 4, Frankfurt am Main: Fischer Verlag, 1988, S. 308

⑤ Herbert Ulrich, „Der Historikerstreit. Politische, wissenschaftliche und biographische Aspekte", in *Zeitgeschichte, Wissenschaft und Politik*, 2003, S.94.

羞耻感让他们与自己的父辈决裂，让他们有勇气站出来清算历史，进行道德的审判，以及自我认同的寻找。

奥斯维辛集中营审判通过媒体集中报道了 20 个月，对当时已经陷入纳粹历史"遗忘"的德国人进行了一次深刻的再教育，他们原先对纳粹历史的冷漠态度有所转变。尤其是由此次审判所引发的关于纳粹罪犯追诉时效延长的问题，引发了联邦议会的辩论，也反映了德国精英阶层反省纳粹历史的自觉意识和政治责任感。可以说，此次审判对德国战后的政治生活产生了重大影响，让他们在道德及良知上进行自我审判的强烈意识陡然而生。[1]

"68 一代"的父辈当时没有反抗纳粹主义，而是向它屈服了，甚至有些人还从中获益。很多德国年轻人也是通过此次审判了解了他们父辈在纳粹时期的所作所为，并由此激起了他们的愤怒，"其反应首先是不知所措，继而是羞愧，最后是强烈的愤怒"[2]。这些战后出生的年轻人因为不涉及这段历史，没有"褐色老根"，所以他们可以从根本上更加公正地来质疑和谴责父辈的做法。

在他们看来，"大联合"政府当时要制定的《紧急状态法》（Notstandsgesetze）以及修改《基本法》都有可能使德国"从政治寡头制走向威权国家，从威权国家走向独裁，从独裁制度走向战争"[3]。在这个背景下，1967 年 6 月，当伊朗国王访问西柏林时，这些年轻的学生组织了抗议活动，而在抗议中有一名学生不幸被流弹击中身亡，这更是激起了学生对政府的愤恨。1968 年 5 月，有超过 6 万人举行了"向波恩进军"（Sternmarsch

---

① 李乐曾：《战后对纳粹罪行的审判与德国反省历史的自觉意识》，《德国研究》2005年第 2 期。

② 李乐曾：《战后对纳粹罪行的审判与德国反省历史的自觉意识》，《德国研究》2005年第 2 期。

③ 黄正柏：《联邦德国 1960—80 年代的学生运动和"公民行动"》，《温州大学学报（社会科学版）》2013 年第 6 期。

nach Bonn）的行动，所幸的是当日没有爆发暴力冲突。尽管遭到了剧烈抗议，基辛格政府还是通过了《紧急状态法》，并修改了《基本法》，允许通过电话监听或者其他方式来干涉国家中的私人通信，从而保护"自由民主的基本秩序"。

"68一代"将大屠杀作为德国历史的一部分，改变了德国人的集体认同。通过1968年的学生运动，纳粹历史也开始进入德国人的集体记忆之中。通过纳粹时期的负面历史，西方的普世价值观赢得了精神上的说服力。"在独特性方面，德国历史丧失了它有约束性的传统特征，因为传统被普遍的价值准则所取代"①。年轻的一代人站在了纳粹历史的反面，与这段历史划清了界限。他们将自己定位在与纳粹历史的关系之外，通过与自己父辈不同身份的界定，将自己从50年代沉默的精神重负下解放出来，和上一辈人拉开了距离。"这些年轻人回避其父母亲的'受害者'意识，将自己等同于纳粹主义的犹太受害者。"②

对于此次学生运动，当时作为外交部长的勃兰特在1968年的日内瓦会议上提出了自己的看法："年青人不理解，为什么我们这些老一辈的人无法解决科学支配时代的许多问题，为什么我们对于国家秩序的可悲状况采取了姑息态度，我们的无能为力成为了年青人的创伤……"他在当年秋天，在联合国教科文组织的巴黎会议上进一步提出了自己对这一问题的认识，"在某些大声疾呼的抗议后面隐藏着这样的问题：'自由是为了什么？难道没有像我们强调指出，物质生活的改进和技术的完善并非最终目标吗？……'年青人抗议的是在表现与现实矛盾背后的那种非人性的东西"。勃兰特同时还提出了自己对这一运动的看法："我不同意顺着青年人的调子去说话，我反对向排他性和暴力行为让步。我们对后代负有责任，并应

---

① ［德］约恩·吕森：《历史思考的新途径》，綦甲福、来炯译，上海人民出版社2005年版，第179页。

② ［德］阿莱达·阿斯曼：《记忆中的历史：从个人经历到公共演示》，袁斯乔译，南京大学出版社2017年版，第44页。

尊重他们，而不是纵容他们。但我认为，我们不应固步自封。光是倾听意见还不够。我们必须接受挑战，准备否定我们自己并且进行学习。"①

勃兰特的态度表明，虽然德国政府不会纵容学生运动，但对于学生运动所处的背景以及所提出的要求，德国人还是需要认真思考。1969 年勃兰特上台，他所代表的社民党认为，德国人需要重新找到自己的历史定位，他们坚持对俾斯麦及其建立的德意志帝国进行批判，认为俾斯麦帝国对"德国的浩劫"的产生负有重大的责任。他们一方面将俾斯麦帝国和第三帝国联系起来，另一方面主张联邦德国与纳粹主义彻底撇清关系。②

1968 年联邦德国的学生运动，虽然是在全球范围内学生运动的大背景下爆发的，但仍具有其独特性：这次运动改变了德国政治民主方式，鼓励民众更积极地参与国家政治生活；通过对资本主义制度的批判，用西方价值观代替了德国传统价值观。更重要的是，通过此次运动，德国社会第一次将大屠杀记忆融入了德国的历史，在一定程度上改变了德国人的集体认同。可以说，"68 一代"是通过代际冲突形成了联邦德国第一次更具批判性和反省性的历史意识。

二、《大屠杀》电影引发对"受害者"的关注③

在 80 年代之前，德国的文化记忆多集中于德国人在大屠杀中所犯下的罪恶和所应承担的责任，比如，"68 一代"批判的就是德国父辈在这一事件上的回避和沉默，但一直以来德国社会对大屠杀的受害者却鲜有涉及和讨论。直至 1978 年德国西德意志广播电台（WDR）从美国引入了影片

---

① ［德］维利·勃兰特：《会见与思考》，张连根等译，商务印书馆 1979 年版，第 254—255 页。

② 孙立新等：《联邦德国史学研究——以关于纳粹问题的史学争论为中心》，社会科学文献出版社 2018 年版，第 25 页。

③ 这部分内容取自本人发表的论文：王琳：《影像叙述催生下的文化记忆之转变——以影片〈大屠杀〉对德国战后文化记忆的影响为例》，《武汉大学学报（人文科学版）》2017 年第 1 期。

《大屠杀》，从而开启了联邦德国一个新的文化记忆历程：关注犹太人是大屠杀事件受害人的事实。

随着多媒体技术的发展，电影开始在文化记忆中占据重要的一席之地。西雅图华盛顿大学教育心理学教授萨姆·温伯格（Sam Weinberg）作了一项关于"世代之间的记忆是如何形成"的研究。通过调查，他发现，年轻一代的历史知识和社会记忆通常来自影像叙事，尤其是电影。[①] 也就是说，在构建历史、文化记忆和形成历史意识的过程中，电影作为多媒体的作用在逐渐增大。

电影在存储历史记忆方面有着不可比拟的真实性、生动性和广泛性，但它在创作和传播的过程中不可避免地要受到历史、政治、传媒和公众心理的制约和影响。当电影的创作者用视觉形式把他们个人记忆和经验呈现给大众时，实际上就参与了一场有关社会集体记忆的创作过程。电影的创作者不仅仅是过去历史事件的介绍者，同时更是集体记忆框架的建构者，加之电影本身所具有的虚构性行为，所以电影具有重塑历史以及把每个文化记忆从存储模式切换到功能模式的特殊能力，进而对全社会集体记忆的形成和构建起到关键作用。正如德国历史学家格哈德·保罗（Gerhard Paul）所说："如果历史离我们越远，那么它们作为不会消失的多媒体图像就和我们目前生活联系得越紧密。"[②] 而社会大众可以通过电影感知历史事件，并形成统一的历史和社会意识。

《大屠杀》这部电影是由美国导演马丁·乔姆斯基（Marvin J. Chomsky）1977 年在 NBC（美国国家广播公司）的资助下拍摄的，时间长达 7 个小时，分 4 天在德国的西德意志广播电台播出。相对于不可再现的犹太

---

① 王艺涵：《影像叙述与社会记忆》，社会科学文献出版社 2015 年版，第 3 页。

② Gerhard Paul, „Holocaust-Vom Beschweigen zur Medialisierung Über Veränderungen im Umgang mit Holocaust und Nationalsozialismus in der Mediengesellschaft", in *Öffentliche Erinnerung und Medialisierung des Nationalsozialismus: eine Blianz der letzten dreißig Jahre*. Berlin: Wallstein Verlag, 2001, S.16.

人大屠杀的历史场景，影片更多展现了三个家庭从 1935 年到 1945 年的不同境遇。其中威斯一家（犹太裔）从很高的社会地位、富裕的医生家族到最后几乎所有的家庭成员都在大屠杀中丧生，和道夫一家（德国裔）从最初的穷困潦倒到大屠杀后期由于收敛了很多被杀犹太人的财富而变得富有，形成了鲜明的对比。虽然这些家族故事是虚构的，但影片对大屠杀中不同种族所遭受的不同命运作出了示范性的描述。

在《大屠杀》电影上映之前，联邦德国从主观和客观上，有意和无意地一直都在忽视犹太人作为大屠杀受害者的这一事实。而德国的本土电影在《大屠杀》上映之前，对于大屠杀的问题也一直集中在对纳粹党和希特勒妖魔化的主题上。[①] 直至 1978 年这部由美国拍摄的《大屠杀》在联邦德国播出，才引发了德国民众对于大屠杀中犹太人命运的关注。

1979 年 5 月的《明镜周刊》这样评价这部电影：一部普通的美国电影把战后三十年内，德国数以百计的书、戏剧、电影、电视台和档案中想要传达的东西成功表达出来。德国人由此真正地了解了，希特勒为首的纳粹党在二战中是如何以他们的名义对犹太人实施暴行和屠杀的，并为此感到深深地触动。古特尔·欧巴赫（Günther Rohrbach）是这样回忆当时购买和播放《大屠杀》的情景："当时我们看到这个电影时有两个选择，是从德国方面阻止这部电影的流入，还是以某种形式把它引入德国。最后出于对战争责任的接受，我们购买了播放权。因为作为大屠杀的主要参与国，我们有权知道事情的真相"。[②] 当时的德国电视台西德意志广播电台最终以 100 万马克买下了该剧在德国的播出权，在 1978 年 4 月 16 日到 19 日晚间，这部影片分四天在西德意志广播电台播出。电影一经播出，立刻在

---

① 参见 Reichel Peter，*Erfundene Erinnerung. Weltkrieg und Judenmord in Film und Theater.* München：Carl Hanser Verlag, 2004。

② Märthesheimer Peter，„Weniger eine Fernsehserie denn ein Politikum. Plädoyer des zuständigen WDR-Redakteurs für die Ausstrahlung der Serie", in *Zeitschrift für Hörfunk, Fernsehen, Film, Presse.* 9. Jg., H.1,1979, S.5-7.

德国社会各个层面中引发了巨大的反响。纳粹屠杀犹太人的事件不再只是一个概念或几幅图片，而是变成了根植于德国大众心中真实发生的历史事件，而影片中的犹太人不再是人们之前概念中无意识的、麻木的悲惨命运的受害者，而变成了有血有肉的人，他们对大屠杀同样有着抵触和防卫，以及对自我信仰的坚持。

《大屠杀》这部电影在联邦德国持续四天的播放中，收视率一直不断上升。据估计，每两个成年人中就有一个人看过这部电影。[1] 大多数民众通过电话和信件的方式向西德意志广播电台表达自己对这部电影的赞同，特别是影片突出了纳粹暴行下受害人个性的描写，以及把纳粹主义的焦点集中在对于欧洲犹太人大规模屠杀的这一行为上。通过对读者的来信调查，超过半数的读者都愿意接受电影中关于纳粹和大屠杀的描述，同时认为这部电影在向人们传递历史信息和克服过去的情感表达方面都显得尤为突出。[2] 这部影片虽然细节上还有存在着瑕疵，但就内容来说，对当时的德国社会造成了强有力的冲击。

在影片播出之后，德国的流行杂志、图书甚至互联网上，关于犹太人大屠杀的讨论变成了固定栏目和热点问题。"大屠杀（Holocaust）"一词也成为1979年由德国民众评选出来的年度热词之一。[3] 关于《大屠杀》在德国民众中所引发的影响，就像西德意志广播电台的负责人所说："《大屠杀》在德国的播出是德国电视台信息传播和公众教育的任务。对这一历史事件不了解的广大年轻人来说，我们只有通过电影的方式，才把这件事更

---

① Uwe Magnus, „Die Reaktionen auf Holocaust", in *Media Perspektiven*, 2.Heft, 1979, S. 226-230.

② Wolfgang Gast, „Holocaust und die Presse. Bericht über die Analyse auf die Ausstrahlung der Serie in der Bundesrepublik und in Österreich 1979", in *Rundfunk und Fernsehen*,1979, S.355-362.

③ Gerhard Paul, „Holocaust-Vom Beschweigen zur Medialisierung Über Veränderungen im Umgang mit Holocaust und Nationalsozialismus in der Mediengesellschaft", in *Öffentliche Erinnerung und Medialisierung des Nationalsozialismus: eine Bilanz der letzten dreißig Jahre*, Gerhard Paul und Bemhard Schoßig（Hrsg.）, Berlin: Wallstein Verlag, 2001, S.1.

真实、生动地告诉他们。"① 他还进一步地表明："没有人可以从他们的民族责任和历史中悄悄地溜走。"②

这部大屠杀影片在德国公众各个阶层中引发了讨论，并在一定程度上对德国相关的文化记忆进行了干预。首先，它促使以电影为主导的多媒体作为文化记忆方式的最终成型，人们开始逐渐接受通过电影的方式来了解历史，重建记忆，"在这之后不仅是德国，整个世界的文化记忆都转向以视听多媒体为主的记忆方式"③。其次，它帮助德国社会对大屠杀历史由下而上的重新接受。借助《大屠杀》这部电影改变了电影展示的"公众历史"和历史学之间的关系，使两者的界限变得模糊起来（这主要因为电影制作人在影片中更多展现的是自身的历史资料来源和历史认识，而对于历史学家所提供的史学资料关注较少）。最后，这部影片的出现，也使得历史学家开始把大屠杀幸存者的回忆作为真实可信的历史资料，纳入历史的书写当中。而在这之前，关于幸存者的回忆一直被认为太过主观和感性，被排除在历史叙述之外……

西德意志广播电台的负责人也想通过德国社会对这部影片的讨论，向当时的民众展示了他们对于纳粹问题的认识："大多数人对于纳粹主义缺乏认识，比起人们对于纳粹所犯罪行的回忆，德国社会更多呈现出对这种暴行的辩解。反犹太人，对外国人的敌视以及右倾思想在年轻人中传播……"④ 关于这部影片的评价，马特阿斯·维斯（Matthias Weiß）认为《大

① „TV-Courier Nr.1-2 1979", in *Historisches Archiv des WDR*, Akte D 1797.

② „TV-Courier Nr.1-2 1979", in *Historisches Archiv des WDR*, Akte D 1797.

③ Frank Bösch, „Bewegte Erinnerung, Dokumentarische und fiktionale Holocustdarstellungen im Film und Fernsehen seit 1979", in *Öffentliche Erinnerung und Medialisierung des Nationalsozialismus: eine Bilanz der letzten dreißig Jahre*, Gerhard Paul und Bemhard Schoßig, (Hrsg.), Berlin: Wallstein Verlag, 2001, S.48.

④ Sandra Schulz, „Film und Fernsehen als Medien der gesellschaftlichen Vergegenwärtigung des Holocaust: die deutsche Erstausstrahlung der US-amerikanischen Fernsehserie, Holocaust'im Jahre 1979", in *Historical Social Research*, Vol.32, 2007, S.242.

屠杀》可以算是德国多媒体历史中一件最重要的事情。[①] 哈尔德·施密特（Harald Schmidt）则把《大屠杀》称为德国文化记忆的转折："这部影片可以说是文化记忆的转折点，而 1979 年就是'前大屠杀时代'和'后大屠杀时代'的分界点。"[②]

如果说德国社会战后前 30 年的记忆模式是以对大屠杀受害者采用图像性的沉默和排斥为主导的话，那么从 20 世纪 80 年代开始，依靠电影这一多媒体媒介来反映和传播犹太人在大屠杀中遭遇的主题在德国社会战后文化记忆中占据了首位。这种新的方式和内容不仅使大屠杀的文化记忆得以持续地保留下来，同时也促进了德国整个社会，尤其是年轻人对这一史实的认识和相关历史意识的形成，从而最终成就了联邦德国对大屠杀文化记忆的转变。

综上所述，德国社会在这一时期对于大屠杀的反思，来源于"68 一代"对当时社会和父辈的反抗。作为在西方民主制度下成长起来的年轻人，"68 一代"因为不涉及纳粹历史，所以他们可以站在道德的制高点上对经历了纳粹政权的父辈进行批判，而这些行为的动机来自他们对当时社会的不满，来自对资本主义制度的反抗。《大屠杀》电影在德国的引进，不仅让更多的德国人了解了大屠杀的事实，也让他们第一次关注到了作为"受害者"的犹太人，让他们认识到了作为普通的德国人在其中的责任和担当。同时也促成了以电影为代表的文化记忆载体的出现，不仅使得受众范围更加广泛，新媒体技术的采用也让历史变得更加清晰可信，德国人对大屠杀的反思更加多元和深刻。相比于这一时期德国社会层面文化记忆中的反叛

---

① Matthias Weiß, „Sinnliche Erinnerung. Die Filme Holocaust und Schindlers Liste in der bundesdeutschen Vergegenwärtigung der NS-Zeit", in *Beschweigen und Bekennen. Die deutsche Nachkriegsgesellschaft und der Holocaust,* Norbert Frei und Sybille Steinbacher (Hrsg.), Goöttingen, 2001, S. 75.

② Harald Schmidt, „Die Stunde der Wahrheit und ihre Voraussetzungen", in *Historical Social Research,* Vol.1, 2007, S.19.

性和多样性，德国思想界则更多地采用理性和科学的态度去反思大屠杀。

第四节　批判社会史学对纳粹屠犹的解读

德国思想界在这一时期的重大转变是对大屠杀的批判从历史主义转向了批判社会史学，从之前对德意志民族主义特性、希特勒以及纳粹分子的关注转向了对德国社会结构的关注，从对普鲁士军国主义和德国民族主义的研究转向了对德国历史社会结构和进程的批判，特别是在研究方法上，从对个体化和德意志精神的理解转向了利用社会学的概念和理论来探究历史问题。

一、从历史主义转向批判社会史学[①]

从动机论和功能派衍生出来对大屠杀的认识，正说明了这一时期德国史学研究的转向，从传统的历史主义转变成批判社会史。相比于历史主义对德国传统历史和文化的关注，批判社会史更强调对社会制度和结构的分析，其中的代表人物是维纳·康策（Werner Conze），而韦勒的《德意志社会史》则是这一历史学派的代表论著。

从 20 世纪 70 年代的早期开始，联邦德国思想界在对待大屠杀和纳粹主义问题上存在着两种不同的认识。动机论者认为，在希特勒执政之初，就把最终解决"下等人"作为他的终极目标，并一步步付诸实施。在这个过程中，犹太民族被逐渐地剥夺权利、驱逐、投入集中营直至最后被工业化的大规模屠杀。[②] 在这一系列纳粹分子的行动中，希特勒的个人世界观和反犹主义起到了决定性的作用。动机论者强调实施者的动

---

①　这部分内容取材于本人发表的论文：王琳：《关于"纳粹主义历史化"争论背后的思考——以 1987 年布洛撒特与弗里德兰德的通信为考察对象》，《史学史研究》2020 年第 2 期。

②　Raul Hilberg, *Die Vernichtung der europäischen Juden*, Frankfurt am Main: Fischer Taschenbuch Verlag, 1994, S.98.

机，在大屠杀事件中尤其强调希特勒的个人作用，并承认纳粹主义的独特性。

和动机派对立的功能派则认为，纳粹政权采用的并不是一套完整的管理体系，而是一种多制度的管理模式。对犹太人政策的不断加剧实际上是由于纳粹政权内部的竞争所致，并最终引发了对犹太人的"最终解决"。在功能派看来，希特勒在纳粹政权以及对犹太人政策中并没有发挥很大的作用，他更像是一个象征意义上的权威领导，而导致大屠杀发生的关键在于纳粹政权内部的混乱和无序。所以相比于动机派，功能派更强调事件的偶然性和不同情况下的错综复杂性。

动机派和功能派在大屠杀问题上争论的焦点是，"犹太人最终解决"的决定权是如何产生的？[1] 这个指令是由希特勒下达的，还是随着纳粹政权一步步发展而实施，事后才被希特勒"批准"的？从动机派的立场来看，它认为纳粹主义的产生是基于一种特殊的德国民族性和反犹性，以及关于建立一个极权帝国的设想。

很多功能派的代表也赞同对"德意志特殊道路"的批判，但与动机论者不同的是，他们把纳粹主义产生的原因归结于德帝国现代化发展的不完全化。正是由于19世纪的德国走上了一条不同于西方民主的资本主义现代化道路，由于其经济上的现代化和政治上的非现代化之间的不平衡，最终导致德国在20世纪30年代走上了纳粹主义的道路。

动机派和功能派之间关于大屠杀和纳粹主义的认识，放到联邦德国历史学界的内部来看，反映出德国史学研究从历史主义的传统史学向批判社会史学的转变。在二战刚刚结束之时，德国传统的历史学派对纳粹主义进行了较为深刻的认识和反省。包括弗里德里希·迈内克在1946年出版的《德国的浩劫》[2]，迈内克在书中认为，德国的民族主义和普鲁士的军国主

---

[1]　Eberhard Jaeckel und Jürgen Rohwer, *Der Mond an den Juden im Zweiten Weltkrieg. Entschlussbildung und Verwirklichung*, Stuttgart: Deutsche Verlagsanstalt, 1985.

[2]　Friedrich Meinecke, *Die deutsche Katastrophe. Betrachtung und Erinnerungen*, Wiesbaden: Eberhard Brackhaus Verlag, 1946.

义，以及一直以来的强权化国家理念是造成纳粹主义上台的关键因素。还有盖哈德·里特尔（Gerhard Ritter）的《欧洲和德国问题：德国国家思想的独特性》①，汉斯·罗斯菲尔斯（Hans Rothfels）的《德国对希特勒的反抗》②和路德维希·德约（Ludwig Dehio）的《均势抑或霸权》③等都从德国民族精神和传统文化中寻找纳粹主义在德国的根源。但这些传统和保守的历史学家在不久之后就转向了对德国历史传统的辩护，通过对纳粹主义和希特勒的"妖魔化"，把他们与德国历史割裂开。

德国传统历史学家在战后初期对纳粹主义的反思是难能可贵的，在研究的出发点和方法上他们注重的是对传统文化和理念的分析和批判，但由于这些历史学家的思想深处也被德意志传统文化所感染，所以他们的反思可以说是不甚深刻的，从而产生矛盾和反复。相比之下，社会史学研究则从社会结构入手，避开了人类主观思想的左右，而注重客观世界，这也是两者在研究方法论上存在的最大差异。

社会史学的先驱代表是维纳·康策，他在对西德社会史研究的过程中发现，以往重外交、国家行动以及政治人物的历史学已经不符合时代的要求，随着18世纪欧洲历史的根本性变化，"科技——工业时代的结构史"研究应运而生。④在康策之后的罗森堡（Hans Rosenberg），在《官僚、贵族与专制：普鲁士经历1660—1815》⑤一书中，利用韦伯社会学原理分析了普鲁士官僚阶级的产生与演变，他还使用经济学家康德拉捷夫的理论，解释了1873年到1896年间的经济大萧条对德国政治的影响。康策和罗森堡

---

① Gerhard Ritter, *Europa und die deutsche Frage, Betrachtung über die geschichtliche Eigenart des deutschen Staatsdenkens,* München: F. Bruckmann Verlag, 1948.

② Hans Rothfels, *Die deutsche Opposition gegen Hitler,* Krefeld: Scherpe Verlag, 1949.

③ Ludwig Dehio, *Gleichgewicht oder Hegemonie,* Krefeld: Scherpe Verlag, 1948.

④ Werner Conze, *Die Strukturgeschichte des technisch-industriellen Zeitalters als Aufgabe für Forschung und Unterricht*, Düsseldorf: Westdeutscher Verlag, 1957.

⑤ Hans Rosenberg, *Bureaucracy, aristocracy, and autocracy: The Prussian experience, 1660-1815*, Cambridge Massachusetts: Harvard University Press, 1958.

　　这种利用社会经济学原理来进行历史研究的方法，对后来的社会史发展产生了深远的影响。① 直到 70 年代，借助"68 一代"大学生运动的热潮和自由社会党执政联盟的上台，德国社会史最终从社会经济学转变成了一门历史研究范畴之内的理论科学。

　　在社会史学的研究范畴中，"社会"是社会学和历史学研究人类生存整体的总范畴，他们历史观的核心是结构史与进程史。也就是说，社会结构和进程是历史研究过程中的主体与实质。而在这个过程中，人的主观感受与经历都被认为是对客观世界的被动反应，人的主观世界受到了社会史研究的忽视，甚至是全面的否定。社会史学派存在着"重客观世界、轻主观世界；重宏观史学，轻微观史学；重理论分析、轻故事叙述的特点"。②

　　1973 年，汉斯-乌尔里希·韦勒的《德意志帝国》③ 和于尔根·科卡的《战争中的阶级社会》④ 首次提出了从概念上解析德国社会的研究模式。1975 年，韦勒的《现代理论与历史》⑤ 跳出了历史学的思维范式，涉及了很多社会学的内容。韦勒的《德意志社会史》作为社会史研究的扛鼎之作，按照马克思·韦伯的理论模式，把社会分成政治统治、经济、文化和社会结构四个部分来论述。⑥ 因为这一学派的代表人物韦勒和科卡都出自比勒菲尔德大学，所以他们又被称为"比勒菲尔德学派"。

　　到了20世纪80年代批判社会史学已经在德国历史研究中占据了上风。

---

　　① 景德祥：《二战后德国史学的发展脉络与特点》，《史学理论研究》2007 年第 4 期。

　　② 景德祥：《20 世纪末联邦德国史学流派争议》，《世界历史》2005 年第 1 期。

　　③ Hans Ulrich Wehler, *das Deutsche Kaiserreich, 1871-1918,* Göttingen: Vandenhoeck & Ruprecht Verlag, 1994.

　　④ JürgenKockas, *Klassengesellschaft im Krieg, Deutsche Sozialgeschichte1914-1918*, Göttingen: Vandenhoeck&Ruprecht Verlag, 1978.

　　⑤ Hans Ulrich Wehler, *Moderunisierungstheorie und Geschichte,* Göttingen: Vandenhoeck&Ruprecht Verlag, 1975.

　　⑥ Hans Ulrich Wehler, *Deutsche Gesellschaftsgeschichte*, München: C. H. Beck Verlag, 1986, S.11-12.

在批判史学家看来，对纳粹问题的剖析更多地要从社会制度本身入手。对纳粹历史的研究，需要将它放到德国社会总体发展的框架中去，从社会学的角度来分析纳粹主义，把社会结构、语境以及事件之间的复杂性作为考察的重点。而纳粹主义之所以会在德国发生，是因为长期以来德国在政治制度上存在的缺陷。批判社会史学最著名的论断即为韦勒提出的"德意志独特道路"一说。但不可否认的是，批判社会史学在看待纳粹历史上也存在一定的缺陷，因为它只看到了社会客观的一面，而忽视了个人主观的一面，只看到了社会结构和进程的大方面，而忽视了作为历史创造者个体的小方面，所以以希特勒为首的德国纳粹党个体在纳粹历史中所起到的作用和承担的责任就容易受到忽视。

综上所述，受德国社会层面中代际冲突和身份认同的影响，德国思想界在大屠杀问题上出现了功能派和动机派之争，并由此引发了传统的历史主义向批判社会史学的转变。批判社会史学从社会结构和体系上去思考大屠杀的发生，从而避开了人类的主观世界，"德意志特殊道路"就是该学派的代表论断，他们将大屠杀问题的关键归结于德国在发展过程中，政治制度并没有跟上经济和社会的发展，从而造成了制度缺陷，并最终形成了从德意志帝国到第三帝国的历史延续。

20世纪六七十年代，联邦德国进入基民盟和社民党轮流执政时期。勃兰特时期德国经济、政治的稳步发展，以及"新东方政策"的出台，在一定程度上推动了政府第一次从官方层面上承认了大屠杀的历史属于德国的历史。随之而来的"68一代"学生运动以及70年代后期《大屠杀》电影的引入，德国社会关于大屠杀的文化记忆更加深刻和多元了。而批判社会史学的出现，使得德国思想界从社会结构上去思考大屠杀这一问题。从民族主义视阈下，这一时期德国政界、社会以及思想界对大屠杀认识的改变和提升，与联邦德国在西方模式下形成的"超民族"身份认同有着密切关系。

作为批判史学派的代表人物，韦勒对"德意志特殊道路"的解读，代表了德国批判派历史学家对"德意志特殊道路"的统一认识。从 1871 年之后对西方道路的否定和蔑视，到这一时期对西方制度的肯定和赞同，说明德国人已经逐步接受了西方的价值理念，以西方政治民主模式作为参照物来重建联邦德国。

而勃兰特提出的"一个民族、两个国家"理念，虽然强调了两德人民感情的融合和团结，但也使其民族性和国家的同一性遭到破裂，在当时重新恢复 19 世纪统一的德意志民族国家已不再成为可能。1968 年"学生运动"则借助西方的价值观代替了德意志民族价值观，使联邦德国与传统的民族主义之间了保持了一定的距离，在认同西方政治民主秩序的基础上，帮助德国人接受了自己"超民族"的国家身份。

与此同时，关于大屠杀的文化记忆在这一时期的德国政界、社会层面却呈现出前所未有的彻底和通透，德国思想界则更加地冷静和客观，不同于传统历史主义将大屠杀的问题归结于德国的传统文化、民族特性以及以希特勒为代表的纳粹分子，批判史学者强调从德国社会结构和体系上去思考第三帝国的连续性，他们指出，正是由于德国社会长久以来经济和政治发展的不平衡，才最终导致了历史悲剧的发生。

虽然在阿登纳时期，联邦德国也表现出了"去民族化"的一面，但整个社会对纳粹历史是"集体健忘"的。在阿登纳政府看来，大屠杀问题是德国进入西方社会的绊脚石，只有将其回避和遗忘，才能被西方国家所接受。而到了勃兰特时期，联邦德国的民众和政府越来越愿意接受西方政治民主的那一套，德国的传统民族主义已逐渐不再在社会中发挥作用，塑造德国人战后的身份认同也不再依靠传统的德意志文化和历史，而转向了西方的价值体系。在西方话语体系下，那些原本属于德意志传统的文化和历史是有缺陷的，是造成德意志第三帝国的根源，是引发德国最终走向崩溃的起因。所以当西方的普世价值观在德国社会中逐渐占据上风之时，一直以来德意志的"民族神话叙事"也不复存在。而当德国人开始用西方的视角来看待纳粹和大屠杀问题时，他们就站在了大屠杀历史的对立面，从而使得这种反思显得更加深入和透彻。

　　所以说，当20世纪七八十年代的德国人"抛弃"了德意志传统民族主义和曾经的传统文化，和自己的"父辈"划清界限之时，他们变得更加坦然和勇敢地去面对曾经的历史，并对其进行批判和反思。但从后一阶段——"精神与道德转折期"可以看出，联邦德国与西方国家之间是有着本质上的不同，一味地转向西方，而忽视本民族特性中的根源，并不能从根本上解决德意志民族历史发展中的缺陷问题。

第五章

"精神与道德转折"下纳粹问题的再认识

(1982—1998)

　　进入20世纪80年代，科尔领导下的"中间派联合政府"走上历史舞台，提出了"精神与道德转折"的概念。在科尔看来，德国人需要重新树立起传统的民族观念，构建起属于德国人自己的身份认同。在这个背景下，德意志传统的民族主义被唤醒，成为德国人身份认同基础。德国政界虽然接受了大屠杀的历史，但它通过建立国家历史博物馆引导民众关注德国历史中辉煌灿烂的一面；德国社会则通过"武装部队战争罪行展"揭示大屠杀中的历史禁忌；德国知识界中的新保守主义者抓住这一时机，努力摆脱纳粹历史给德国造成的精神重负，而左翼知识分子却坚持认为，对大屠杀的"历史化"和"正常化"可能会最终导致德国人对这段历史的遗忘，从而抛弃自己的历史责任。

第一节　德意志民族主义再度复兴

　　20世纪80年代，科尔政府代表的新保守主义在德国社会中占据了上风，在他们看来，正是因为德国长期处在西方的价值体系之下，由此产生了身份认同的危机。在"精神与道德的转折期"德国需要重新建立对传统文化和历史的热爱，特别是在两德问题上，坚持国家统一是对德意志民族的保全和延续。所以这时的联邦德国又重新回到传统民族主义的框架下，爱国主义和民族精神再度复兴。

一、"精神与道德危机"的提出

伴随着 80 年代物质生活的日益满足，德国人却陷入了"精神与道德危机"。这种危机不仅与资本主义高速发展下匮乏的精神文明有关，还包括对经济衰退、工业化发展带来的环境问题，以及对各国之间军备竞赛的担忧和焦虑。同时，在科尔看来，社民党在执政时期过度地向西方靠拢，西方政治民主下新的身份认同的确立，以及由此引发的对自己本国民族特性和传统历史的排斥都在一定程度上造成了德国人的"精神与道德危机"。

1973 年中东战争的爆发引发了全球范围内的石油危机，当时就有人质疑，这场石油危机是否会引发一场文化转向？[①] 这种原本在经济领域，与通货膨胀、价格策略和销售平衡相关的转向，逐渐向政治领域扩展。1974 年，《时代》周刊的记者罗尔夫·赞德尔（Rolf Zundel）鉴于联盟党在州和地方的选举中获胜，遂将保守党的复兴思想描述为"趋势转向"（Tendenzwende）。

从 1974 年到 1975 年勃兰特下台，代表实用主义的施密特当选为联邦德国总理，德国媒体展开了关于"趋势转向"的争论。《明镜周刊》评论说，"每个人都能感受到新的气象——向左走不再流行了"[②]。《世界报》也认为："每个人都能感受到新的气息，但没有人能说出，它是从哪里吹来的，也许也没有特定的方向。"[③] 1975 年，德国政治学家马丁·格里芬哈根（Martin Greiffenhagen）在他的著作《自由与平等》里提到："'趋

---

① Robert Held, „Oel-Schock-Kulturwende", in *Frankfurter Allgemeine Zeitung,* 3. Dezember 1973.

② „Tendenzwende: Jeder fühlt den neuen Wind", in *Der Spiegel*, 6. Jan. 1975.

③ „Tendenzwende: Jeder fühlt den neuen Wind", in *Der Spiegel*, 6. Jan. 1975.

势转向'已经指代了政治气候的变化，它包含了民主化、参与权以及解放的含义。"①

经过 13 年的在野党生涯，1982 年，基民盟和基社盟组成的联盟党与自由民主党达成协议，在联邦议院对施密特提出"建设性不信任案"，迫使社民党下台。而随着这一时期美国和英国的保守党上台，联邦德国的政治领域也蕴含着某种新气象的改变。1982 年 10 月，代表基民盟的赫尔穆特·科尔（Helmut Josef Michael Kohl）就任总理，组成了联盟党和自由民主党的联合政府。科尔称这一时刻为"历史性的新开始"（Historischer Neuanfang）。②

从 20 世纪 70 年代后期开始，保守派在政坛上日渐活跃，联邦德国出现了一种保守主义倾向（Konservative Tendenzwende）。尤其是科尔在上台后提出了"精神与道德转折"（geistig-moralische Wende），使得从 70 年代到 80 年代这十多年间，联邦德国在经济上实现了自由化、在政治上对国家抱有乐观期待，伴随着新保守主义的出现，追求多元化和复杂系统的后物质主义价值取向也逐渐显现。③

1982 年 10 月 13 日，科尔政府出台的第一项政府声明中将这一届联合政府称为"中间派联合政府"，这个提法是参考之前阿伦斯巴赫民意调查研究所的民调结果："'中间路线联合政府'的提法相比于'新的联合政

① Martin Greiffenhagen, *Freiheit gegen Gleichheit? Zur Tendenzwende in der Bundere-publik*, Hamburg: Hoffmann und Campe Verlag, 1975.

② „Regierungserklärung Helmut Kohls vom 13.Okt. 1982", in *Bulletin Presse-und Infor-mationsamt der Bundesregierung*, 14.Okt.1982, https://www.1000dokumente.de/pdf/dok_0144_koh_de.pdf.

③ Anselm Doering-Manteuffel und Lutz Raphael, *Nach dem Boom. Perspektiven auf die Zeit-geschichte seit 1970*, Göttingen: Vandenhoeck & Ruprecht Verlag, 2008; Mration H. Geyer, „auf der Suche nach der Gegenwart Neue Arbeiten zur Geschichte der 1970er und 1980er Jahre2", in *Archiv für Sozialgeschichte* 2010（50）, S.643-669; Konrad H. Jarausch, Hrsg., *Das Ende der Zuversicht? Die siebziger Jahre als Geschichte*, Göttingen: Vandenhoeck & Ruprecht Verlag, 2008.

府'或'革新'更能引起人们的好感和支持。"① 在这项政府声明中，科尔提出了"危机"的概念：在市场经济的条件下，人们虽然在物质方面有所满足，但却时常感到孤独，缺乏安全感和情感依靠。当下的德国遭遇了严重的经济危机，高居不下的失业率，国债和经济发展缓慢等，都使人们陷入了深深的不确定之中，出现了关于恐惧、逃避现实以及无助的"精神与道德危机"。对经济衰退的恐惧，对工业发展的担忧，对环境破坏和军备竞赛的担心以及年轻人所面临的迷茫，使得德国人陷入怀旧或乌托邦的幻想之中。

在科尔看来，德国经历了数十年的"精神与道德危机"，这种危机与长期以来德国国家形象的不确定，德国人和自己历史、国家以及很多基本的道德价值观和社会美德之间关系的不稳定有关，正是因为社民党在执政时期采取了西方价值观和话语体系，将纳粹历史看作是德国历史的一部分，坚持俾斯麦帝国和第三帝国之间的连续性，使得德国人对自己的历史和传统文化不认同，甚至产生了排斥和抵触的情绪，进而造成了一定的精神负担。另外，在两德统一问题上，社民党提出的"一个民族、两个国家"不仅是对德意志民族的彻底否定，而且也伤害了德国人的民族感情和爱国情绪。

面对德国人的"精神与道德危机"，科尔政府除了采取一些具体措施，如创造新的工作岗位、保障社会福利网络、减轻企业的经济和税收压力、执行一贯的外交政策之外，更是在精神层面上指导普通民众对传统民族主义的关注……以科尔为首的联邦政府不仅要考虑国家的未来，更需要激发德国人的自由、活力和个人责任。"国家的财富"不仅仅基于经济的增长，还依赖于人们的价值观、美德和责任。② 所以"中间派联合政府"要进行

① „Regierungserklärung Helmut Kohls vom 13.Okt. 1982", in *Bulletin Presse-und Infor-mationsamt der Bundesregierung* , 14.Okt.1982.

② „Regierungserklärung Helmut Kohls vom 13.Okt. 1982", in *Bulletin Presse-und Infor-mationsamt der Bundesregierung*, 14.Okt.1982.

"'历史性的新开始'……它的特性是将社会、基督教和自由主义的思想融合起来"。① 在这个背景下，科尔提出了在"中间派联合政府"执政时期要实现"精神与道德转折"。

由联盟党和自民党组成的"中间派联合政府"给20世纪80年代的联邦德国政坛带来了"新气象"，以社民党代表的"向左走"趋势不再流行，以科尔为代表的新保守主义开始盛行，他们在消除经济危机，解决就业压力，重建社会保障体系的同时，在精神和道德层面也设立了新的标准，特别是以德国统一问题为契机重建德国人的身份认同。

二、两德统一与身份认同

和20世纪70年代接受"一个民族、两个国家"的想法不同，进入80年代，德国政府极力主张两德统一，坚持德意志民族国家的重建不能只在联邦德国的范围内，而是要在两个德国的框架下进行。只有统一的德国，才是对德意志传统民族主义的保全和延续，而分裂的德国也是造成现阶段德国人"精神与道德危机"出现的主要原因。

在勃兰特时期，社民党认为，东西德的分裂是德意志民族为其历史所付出的代价，它的根源不是1945年的雅尔塔会议，而是1933年希特勒的上台，甚至更往前推，是1871年俾斯麦帝国的建立。② 在他们看来，民族存在的基本条件是民族共同感的形成，虽然德国从表面上看分裂成了两个国家，但它们都是德意志民族的一部分，所以民主德国与联邦德国地位相等，同属于德意志民族。在这种想法下，70代的联邦德国逐渐接受了"一个民族、两个国家"的思路，并承认民主德国为平等的伙伴关系，1972年，两个德国签署了《两德关系基础条约》。

---

① „Regierungserklärung Helmut Kohls vom 13.Okt. 1982", in *Bulletin Presse-und Informationsamt der Bundesregierung*, 14.Okt.1982.

② 孙立新等：《联邦德国史学研究——以关于纳粹问题的史学争论为中心》，社会科学文献出版社2018年版，第25页。

但社民党这一做法遭到了科尔时期联盟党的批评，他们认为，构成一个民族的基本条件是国家的建立和领土的确立，而并非仅靠民族意识和统一的愿望，两个德国的分裂不仅割裂了德国的领土，也造成了德意志国家和民族的分裂。所以他们拒绝承认德国分裂，并将海涅曼和勃兰特视为"帝国的敌人"和"无国之人"。

科尔指出，自从法国大革命以来，国家和民族的概念不可分割。一个国家和民族的身份认同是指一个民族在主权国家的框架下通过政治自决完成自我实现，成为一个国家的结果。德意志第二帝国的建立使得德国人有了国家和民族的意识，以及相应的身份认同，但随着1945年德国被占领，1949两个德国建立，德意志民族认同感也随之消失。所以科尔政府强调"重建统一"的重要性，强调要在两德统一的基础上复兴德意志民族国家。在科尔看来，德国人不能容忍自己同胞应有的民族自治权被剥夺，不能容忍人权受到侵害，也不能容忍祖国处于分裂状态。德国人要坚定不移地力争完成《基本法》所赋予的任务。只有德国统一，才是对德意志民族的延续和保全。德国人的身份认同必须来自一个统一的德意志民族国家，而不是分裂状态下的两个德国。当然在谈到如何统一时，科尔也强调不是用强制性来实现统一，而是要依靠两个德国共同践行自由、民主和民族自治等价值观来实现最终的统一。①

所以在两德统一问题上，勃兰特政府是以西方价值观为导向，认为第三帝国和德帝国之间存在一定的连续性，纳粹政权的出现是因为德国传统的历史和文化存在缺陷。从某种程度上看，两德的分裂是德国人对这一历史问题所付出的代价。科尔政府则是从德国传统民族主义出发，认为德国人需要承认纳粹政权和大屠杀历史的存在，但不能因此否定德国的传统历史和文化，更不能因此放弃两德统一，因为只有这些才是德国人身份认同

----

① Helmut Kohl, „Verfassung und Nation als Auftrag der Unionspolitik", Rede vor der Katholischen Akademie，München, 8. Dezember 1973, https://dserver.bundestag.de/btp/07/07079.pdf.

的根基。以科尔为代表的新保守派认为，正是因为前一阶段勃兰特政府摒弃了德意志传统民族主义，接受了国家分裂的局面，才使得当代德国人陷入了身份认同的危机，陷入了"精神与道德危机"。而统一的德意志民族才是德国人身份认同的基础。只有重新树立起德国传统的民族概念，重新回归统一的德意志民族国家，重新构建起属于德国人自己的身份认同，才能最终摆脱这种危机。

综上所述，随着 20 世纪 80 年代新保守主义的出现，德意志民族主义再度成为德国社会的主流。不同于勃兰特时期盛行的西方价值观，这一时期的德国在科尔政府的带领下更看重本国的传统历史和文化，因为在他们看来，资本主义的快速发展和德国向西方看齐所造成的"精神与道德危机"，以及两德分裂所构成的身份认同问题，都需要依靠德意志民族精神来实现最终的解决。这种与勃兰特时期对传统民族主义完全不同的看法，也影响了这一时期德国政府、社会以及思想界对纳粹和大屠杀历史的解读。

第二节　科尔政府对大屠杀历史认识的转向

伴随着科尔上台所采取的一系列强有力的措施，联邦德国的经济在这一时期得到迅速发展，良好的外交关系也得以重建，国际地位有所提升。而战后的身份认同问题也重新浮出水面，面对"精神与道德转折"，科尔政府主张对大屠杀历史的"过去化"和"正常化"，以此来摆脱德国青年人的历史负担。这一看法的主导下，以国家历史为导向的博物馆建设也开始焕发生机。

一、科尔上台后的新迹象

赫尔穆特·科尔（Helmut Kohl）于 1982 年 10 月走上德国政治舞台，

新政府由联盟党和自由民主党联合组成。虽然遭遇了"弗利克丑闻"①，但科尔还是在振兴德国经济，促进两德统一、欧盟统一，建立德国与世界各国稳定和友好的外交关系方面作出了巨大贡献，尤其他所提出的"精神与道德转折"，让德国人意识到自身民族主义的重要性。

在科尔上台前——20世纪70年代末的德国出现了经济滑坡，导致财政赤字巨大，从1980年到1982年德国遭遇了最严重的经济危机。在这场危机中，德国经历的失业情况甚至比重建时还要糟糕。每40个德国人中就有1人失业，1982年的冬季将近250万人失业。在过去几年中，有大约50万个工作岗位被取消，1.5万家企业甚至更多申请破产，而这意味着德国将再次失去超过10万个工作岗位。②

面对这种情况，科尔政府指出：新政府经济革新的方向是取消更多的国家干预，实施更多的市场经济。③它的具体措施包括大力整顿财政，消减赤字，控制国债的增长。在施密特上台期间，联邦德国的财政赤字已高达560亿马克。但到了1985年，通过科尔政府两年的努力，赤字已经缩小到了275亿马克，从而为稳定的物价提供了有力保障。同时，科尔还摒弃了施密特政府采取的通货膨胀政策，控制货币的增长，使货币的增速既考虑到物价因素，又满足了对外经济的平衡以及经济增长的需要。

科尔政府鼓励私人和公共投资，通过减少税收，调整国家补贴等方

---

① 1982年2月，波恩检察院调查发现，商界巨头弗利克的公司先后向多个政客、政党、组织捐款高达2600万马克。虽然该公司负责人表示，这些钱是为了维护"友好的政治环境"。但事后却曝出，有政客协助该财团逃税。这一事件涉及联邦政府多位高官，其中就包括科尔政府的经济部长拉姆斯多夫等。

② Helmut Kohl, „Koalition der Mitte: Für eine Politik der Erneuerung", *Regierungserklärung des Bundeskanzlers am 13. Oktober 1982 vor dem Deutschen Bundestag in Bonn*, http://ghdi.ghi-dc.org/sub_document.cfm?document_id=1143&language=german.

③ Helmut Kohl, „Koalition der Mitte: Für eine Politik der Erneuerung", *Regierungserklärung des Bundeskanzlers am 13. Oktober 1982 vor dem Deutschen Bundestag in Bonn*, http://ghdi.ghi-dc.org/sub_document.cfm?document_id=1143&language=german.

式，支持中小企业发展，并督促新技术的开发以及其在产业方面的运用。1984 年 3 月，科尔政府通过一项发展信息技术方案，按照该方案，截至 1988 年，联邦政府将为技术信息领域提供 30 亿马克的资助，包括在汽车行业和纺织业行业等实施技术改造等。

另外，科尔政府调整了社会福利政策，把公共预算从消费领域转向了对未来的投资。在施密特执政时期，经济衰退的一个重要原因就是社会福利开支过大、增长过快，造成了利润和工资之间的比例失调。为此科尔政府提出普遍消减社会福利开支，控制人们工资水平的建议。1983 年和 1984 年科尔政府向高收入者强制征收无息借款，总额为 25 亿马克，专门用于住房建设。① 同时，政府还加大了在职业培训和恢复职员工作能力，提高就业机会和补贴老年雇员工资税等社会福利方面的支出。

科尔政府还非常重视青年人的失业问题。在 1983 年基民盟两次党代会上，"青年失业"都是会议的中心议题。通过政府和社会的努力，1988 年青年的失业率为 8%，比 1983 年的 10.6% 降低了近 3 个百分点；1982 年，只有 2000 名失业青年得到培训，而 1988 年参加培训的青年人数上升到 4.35 万人，国家投入 4.3 亿马克。② 在对失业青年进行培训的同时，政府还鼓励老年人提前退休，1984 年职工退休的年龄为 58 岁。在这一系列措施的实施下，德国的失业率截至 1989 年为 7.9%，比上一年减少了近 1%。

科尔政府通过上述的一系列措施帮助联邦德国经济回到了更为正统的"社会市场经济"体制下，1989 年 6 月 12 日的《明镜周刊》发表文章指出："这是一个疯狂的世界。一个政府很难取得如此巨大的经济成就：经济增长率预计超过 4%，失业人数低于 200 万，工业生产能力得到

---

① 朱忠武：《科尔政府时期德国经济稳定增长的原因》，《世界历史》1992 年第 4 期。
② ［德］维尔纳·马泽尔：《联邦德国总理：科尔传》，马福云译，东方出版社 1991 年版，第 203 页。

充分发挥，出口贸易十分繁荣。"①

除了快速地恢复经济，对德国外交政策的调整也是科尔政府工作的重中之重。早在1976年5月汉诺威的基民盟联邦议会上，科尔就明确表示德国未来外交政策的重点主要集中在以下四个方面："第一、我们将全力以赴争取欧洲的政治统一……我们将竭尽所能——即使在其他欧洲国家中只有少数的志同道合国家——在联邦德国举行针对欧洲议会的自由和直接选举。第二、我们愿意并且也将继续巩固和扩大与西方的联盟。第三、我们将承担起对第三世界的国际责任，为南北之间实现人类公平、客观、合理的利益平衡作出贡献。第四、我们希望并继续推行与中欧和东欧各国人民之间合理的利益平衡政策，在更大程度上涵盖各个国家，特别是中华人民共和国。"②

按照这一主导思想，20世纪80年代联邦德国坚持与法国合作，进一步推动欧洲一体化进程。科尔指出：德国是我们的祖国，统一欧洲是我们的未来。1982年科尔在上台后，和法国总统密特朗商定两国在防务领域就长期战略举行协调，并成立专门的委员会，形成战略磋商制度化。1986年欧共体签署了《单一欧洲文件》（*Einheitliche Europäische Akte*），规定要在1992年建成一个统一的、没有内部边界的共同体大市场，并实施相应的机制改革。1989年欧共体委员会提交了"德洛尔报告"（Delors-Bericht）规定按三步走，建立欧洲经济与货币联盟。90年代初鉴于国际形势的急转直下，1990年4月联邦德国和法国联合指出："鉴于欧洲发生的深远变化……我们认为有必要加速12国欧洲的政治建设……把成员国之间的关系整体转变成一个欧洲联盟。"③ 1991年12月11日，欧共体国家在荷兰

---

① ［德］维尔纳·马泽尔：《联邦德国总理：科尔传》，马福云译，东方出版社1991年版，第203页。

② Helmut Kohl, *Rede auf dem Bundesparteitag der CDU in Hannover, 24. Mai 1976. https://www.helmut-kohl-kas.de/index.php?key=menu_sel3&menu_sel=15&menu_sel2=213&menu_sel3=126.*

③ Trever Salman und Sir. William Nicoll,(eds.), *Building European Union: A Documentary History and Analysis*, Manchester: Manchester University Press,1997, p.233.

的马斯特里赫（Masstricht）举行了第 46 届首脑会议，通过了建立欧洲政治联盟和经济货币联盟的《欧洲联盟条约》（*Vertrag über die Europäische Union*），标志着欧盟的正式成立。

随着经济的迅速发展，联邦德国在面对以美国为首的西方国家时更有底气和自信，这时的德国对德美关系也有了新的定义。1983 年，吉姆·霍格兰在《国家先驱论坛报》上写道："虽然科尔在赞同在西德部署美国导弹方面取得了令人印象深刻的胜利，并表现出了种种热情和乐观情绪，但如果西德和欧洲的利益与美国人的计划发生抵触，他几乎不会成为里根政府温顺的伙伴。"[1] 尽管如此，联邦德国和美国关系还是密不可分的。科尔1996 年在柏林谈到美德关系时说："在这个充满动荡和巨大挑战的时代，我们必须坚定地站在一起。美国总统克林顿曾经说过，'美国没有比德国更好的朋友了'，这是一个很高的要求，我们必须满足他。"[2]

此外，科尔政府还继续致力于和第三世界国家的合作，并特别重视发展贸易往来，其基本原则是在"相互依存"和"平等"上建立"合作伙伴关系"。增加了对最不发达国家的援助比重，把一部分贷款改为救济，并免除了一部分的国家债务。联邦德国的经济部长宣称，克服第三世界的群众性贫困，是德国发展政策的首要目的。而在面对东欧国家时，科尔继续执行"新东方政策"，不断维护和缓和联邦德国与苏联之间的关系。他不仅主动向苏联示好，呼吁建立"新的、更良好的关系"，而且在 1987 年科尔再次当选后，提出了希望加强与苏联和东欧的进一步合作，从 1987 年到 1989 年德苏高层之间出现了互访的高潮。1996 年，科尔在回顾德苏关系时说："德苏关系建立在牢固的基础上。我们有共同的利益，更重要的

---

① ［德］维尔纳·马泽尔：《联邦德国总理：科尔传》，马福云译，东方出版社 1991 年版，第 197—198 页。

② Helmut Kohl, *Rede anläßlich der Verleihung des Eric-M.-Warburg-Preises der Atlantik-Brücke, Berlin, 18. Juni 1996, https://www.helmut-kohl-kas.de/index.php?key=menu_sel3&menu_sel=15&menu_sel2=213&menu_sel3=126.*

是我们彼此信任。"① 而在谈到中德关系时，科尔表示：近年来，我们两国之间的关系发展积极，对我们而言，中国是我们在亚洲最重要的合作伙伴之一，我们与之一起努力寻找长期、可靠的合作，以实现互惠互利。我们两国在本地区和世界上的责任越来越重，所以我们需要在政治上展开更密切的合作。②

由此可以看出，科尔领导下的"中间派联合政府"扭转了上个阶段出现的经济危机，使德国的经济状况迅速恢复，并走上了发展的快车道；该政府在外交政策方面的游刃有余也为东西德的最终统一创造了良好的外部环境。1983 年的《莱茵信使》周报指出，自从科尔当总理以后，阻止了国债的增加，经济状况重新好转，这个社会福利国家把重点放在采取重要的福利措施上，环境保护获得了新的动力，法律重新受到了尊重……德意志联邦共和国几乎各个方面的情况都有所好转。③

二、对大屠杀问题的认识转折

相比于勃兰特时期对纳粹历史所背负的负罪感，科尔主张德国新一代的年轻人卸下这一历史重负，因为他们并没有经历和参与那段历史，而且德国传统的人道主义精神也赋予了这些年轻人对纳粹历史的反抗和抵触。只有对大屠杀问题"正常化"，才能真正推动德国人对传统历史的热爱和肯定，才能重塑德国人自己的身份认同，进而摆脱"精神与道德危机"。

---

① Helmut Kohl, *Erklärung auf der internationalen Pressekonferenz, Moskau, 20. Februar 1996*, https://www.helmut-kohl-kas.de/index.php?key=menu_sel3&menu_sel=15&menu_sel2=213&menu_sel3=126.

② Helmut Kohl, *Rede bei einem Empfang für deutsche und chinesische Gäste, Peking, 14. November 1995*, https://www.helmut-kohl-kas.de/index.php?key=menu_sel3&menu_sel=15&menu_sel2=213&menu_sel3=126.

③ ［德］维尔纳·马泽尔：《联邦德国总理：科尔传》，马福云译，东方出版社 1991 年版，第 202—203 页。

在勃兰特执政时期，德国政界一律向左看，他们认为第三帝国在德国有其延续性，以俾斯麦为代表的第二帝国要对"德国浩劫"的产生负有重大责任。以非民主途径建立的第二帝国不应该是德国历史进程中的"榜样"，德国人也不应该以此为骄傲，"帝国的建立不但摧毁了民主与民族意愿之间的联系，而且将德国人的民族意识片面地束缚在君主制保守主义的力量上"①。与此同时，韦勒对"德意志特殊道路"的重新解读也得到了官方的认可。更有甚者，在左翼知识分子看来，"德意志特殊道路"是联邦德国建立民主意识的必要支柱，只有深刻认识到这个问题，德国才能真正走上西方的自由民主之路。"任何试图重申历史之清白的做法，都会被看作是在质疑当今的民主。"②

虽然以勃兰特为首的社民党在西方的话语体系下，把联邦德国关于纳粹的历史反思推到了一个前所未有的高度，但它在一定程度上过于激进，丧失了对德意志传统文化和历史的维护。随着科尔的上台，重塑德意志民族的自豪感和认同成为新政府所迫切需要解决的问题。

科尔提出，德国民众应该有一种全新的自我意识，包括成就感、责任感，以及对德意志民族和德国历史的爱国感。③ 他认为德国人应该从历史中吸取教训，一个民族如果没有历史，那么它就会失去自己的身份，或者找不到它的身份。一个民族必须要依靠历史来生活，一个人不管他是否愿意，必须将他所有的经历，包括黑暗的部分都形成自己的历史身份。"没有人可以否定自己的历史，试图这样做的人，一定会脱离民众的团结。对

---

① G.W. Heinemann, „100. Jahrestag der Reichsgründung des Deutschen Reiches. Ansprache des Bundespräsidenten zum 18. Januar 1871", in *Bulletin des Presse -und Informationsamtes des Bundesregierung 1971*, S.33-35.

② Kurt Sontheimer, *Von Deutschlands Republik*, Stuttgart: Deutsche Verlags-Anstalt,1991, S.62.

③ Peter Hoeres, „Von der‚Tendenzwende'zur geistig-moralischen Wende—Konstruktion und Kritik konservativer Signaturen in den 1970er und 1980er Jahren", in *Vierteljahrshefte für Zeitgeschichte*, 2013，S.56.

我们德国人来说，这意味着奥斯维辛集中营和特雷布林卡灭绝营①，以及1944 年的 7 月 20 日②和 1953 年的 6 月 17 日③。"④从科尔的这番话中可以看出，历史学家出身的他并没有否定第三帝国的历史，他承认奥斯维辛，承认特雷布林卡，并主张将这些让德国人蒙羞的历史融入德意志整体的历史中去。

但与此同时，科尔提出，在这个当前超过一半以上都是二战以后出生的德国人的国家里，人们可以卸下关于大屠杀和纳粹的历史包袱，创造一种全新的历史意识和认同。"他们有权昂首挺胸地走向未来"。1984 年科尔在参加耶路撒冷举行的以色列国会中说道，"自己是一个由于拥有上帝令其晚出生的恩赐和特殊家世的幸运，而在纳粹时期没有背负罪责的人"。⑤他在另一次采访中也表达过相同的意思："也许要感谢上帝，我没有经历过这样的危机。"⑥科尔的这一提法，一直被左翼舆论大肆抨击和诟病，在他们看来"晚生的福分"并不是逃避纳粹和大屠杀历史责任的借口。

实际上在这次国会中，科尔还提出："我在这里首先是十分清楚地说明一点，正是因为我是出自希特勒之后的一代人中的第一位联邦总理——当我还是个孩子时，我也经历了战争，在一个有反对纳粹父母的家庭里非常清醒地经历了纳粹时期——所以，在这个联邦共和国里不存在一种新的

① 特雷布林卡灭绝营（DasVernichtungslager Treblinka），纳粹德国在波兰建立的一所仅次于奥斯维辛集中营的灭绝营。

② 1944 年 7 月 20 日，以施陶芬贝格为首的德国抵抗运动，准备在这一天刺杀希特勒以及设定了后续的政变计划。

③ 1953 年 6 月 17 日在民主德国爆发了反政府起义。

④ Helmut Kohl, „Aus der eigenen Geschichte kann sich niemand herausstehlen. Wer dies versucht, entfernt sich aus der Solidarität seines Volkes", in *Augsburger Allgemeine*, 30. Juni 1973.

⑤ ［德］维尔纳·马泽尔：《联邦德国总理：科尔传》，马福云译，东方出版社 1991 年版，第 10 页。

⑥ Helmut Kohl, *In einem Interview mit Hans Rosenthal im Südwestfunk-TV, https://www.helmut-kohl-kas.de/index.php?key=menu_sel3&menu_sel=15&menu_sel2=213&menu_sel3=130.*

极右主义的危险⋯⋯这特别是指没有经历过这一段历史的，即那个时代的青年人。"① 科尔的这段话表明，以他为代表的战后出生的德国年轻人虽然没有经历过纳粹历史和大屠杀事件，但他们实际上已被赋予了与纳粹分子抗争的德国精神。另外，科尔还向以色列总统提到了罗伊希林②的著作，他的著作体现了德国伟大的人道主义传统，在科尔看来，联邦德国就是存续在这种与纳粹斗争的精神之中。

所以科尔对待纳粹问题的看法是，只要经历了第三帝国时期，德国人在 1945 年之后就很难摆脱精神和道义上的创伤，以及对 1945 年前那段时期合理的负罪感。但作为战后出生的年轻人，因为他们没有经历过这段历史，所以不用背负纳粹历史的包袱，而这些年轻人又受德国传统人道精神的熏陶，所以他们不仅可以更客观地看待那段历史，而且也不会重蹈纳粹历史的覆辙。

正因为如此，科尔在上台之后，致力于帮助德国民众摆脱他们身上关于大屠杀和纳粹主义的历史负担，在恢复德国传统民族主义的基础上，为德国创造一种全新的历史意识。"一方面旨在摆脱对纳粹时期的过度聚焦，推动纳粹历史的'正常化'，另一方面则试图在联邦德国创造一种全新的历史意识和历史认同，从而将德意志民族从纳粹主义的阴影中'解放'出来。"③

综上所述，科尔政府在恢复德国经济和社会发展秩序，提升德国国际地位的同时，更关注传统民族主义下的德国人身份认同问题。在他们看来，大屠杀和纳粹历史一直以来让德国人背负了过重的精神包袱，从而陷

---

① ［德］维尔纳·马泽尔：《联邦德国总理：科尔传》，马福云译，东方出版社 1991 年版，第 10 页。

② 约翰内斯·罗伊希林（Johannes Reuchlin）：德国哲学家、人文主义者、律师和外交官。他被认为是第一位信仰基督教的德国希伯来人。

③ 吕一民、范丁梁：《"克服过去"：联邦德国如何重塑历史政治意识》，《人民论坛·学术前沿》2014 年第 10 期。

入了"精神与道德危机"，而作为战后新一代的德国人，应该将这段历史融入德国的历史之中，实现其"正常化"和"历史化"。科尔政府对待大屠杀历史的这一态度，也体现在以国家历史为导向的博物馆建设中。

三、以国家历史为导向的博物馆建设

作为文化记忆的官方载体，博物馆可以呈现出一个国家过往的历史记忆。联邦德国在建国之初，对博物馆和纪念馆的疏于管理和建设，反映了20世纪50年代德国政府对纳粹历史和大屠杀的回避。随着80年代德国经济政治逐步走上正轨，德国历史博物馆和联邦德国历史馆也相继落成。在科尔政府看来，这时的德国迫切需要通过重塑历史和记忆来重建人们的身份认同，而官方主导下的博物馆就是重要的手段。

每个民族和国家都有自己的历史博物馆，借助这种文化记忆载体，各个阶段的民族、国家发展历程被呈现出来。在博物馆的展演中，那些已经离我们远去的历史被再一次真实地呈现在我们眼前，在博物馆中展出的基本都是真迹和正品，是实实在在的原物，它们在供我们观赏、研究、感受的同时，也会传递给我们对历史的真实体会。"它们那作为回忆的承载者和历史实质的化身散发着独一无二的光芒。"[①]

所以，博物馆的重新建设对科尔时期的德国来说尤为重要。截至20世纪80年代末，西方民主政治体系在联邦德国已发展得较为稳定和成熟，人们需要借助历史博物馆向参观者展示中世纪以来德国历史不断变化的历程。科尔在任期间，主持修建了两个国家博物馆：一处是位于柏林的德国历史博物馆（das Deutsche Historische Museum in Berlin），主要展示德国从古至今的历史轨迹；另一处是位于波恩的联邦德国历史馆（Das Haus der Geschichte der Bundesrepublik Deutschland），它是一座以德国当代史

---

① ［德］阿莱达·达斯曼：《记忆中的历史》，袁斯乔译，南京大学出版社2017年版，第115页。

为主题的博物馆。

　　这两个博物馆的落成时间正处在联邦德国"精神与道德转折"时期，科尔政府提出，当代德国人要从纳粹历史的重负下摆脱出来，不应再对曾经的历史抱有羞愧之心，要重建德国人的身份认同，所以这两个博物馆一直被认为有着保守主义色彩，受到左翼人士的批判，并引发了后续的"史学家之争"。

　　以柏林的历史博物馆为例，该馆始建于 1987 年 10 月 28 日，是为了庆祝柏林城成立 750 年周年而修建的。当时的柏林市市长魏茨泽克（Richard von Weizsäcker，1984—1994 年担任德国总统）和四位著名的历史学家在 1981 年提出了"关于建设柏林的德国历史博物馆"备忘录，并得到科尔总理的大力支持。科尔认为在西柏林建立一座历史博物馆是一项"国家的任务"[1]，该博物馆向世人展示了国际化背景下的德国历史。

　　科尔总理在 28 日的开馆仪式上表示："这个博物馆是在尝试描绘德国历史的多样性，其中包括它迷人的和令人沮丧的'篇章'……博物馆是一个记忆的地方，是一个对我们国家的源头和未来进行自我反思的地方。近些年来，我们国家经历了历史意识的复苏，通过这个博物馆可以助长我们对过去历史的兴趣。"[2]

　　柏林国家博物馆的选址别有深意，它位于柏林城市的中心，离德国国会大厦非常近，而国会大厦是德国议会制的一个象征，也是德国民众长久以来为实现民主所作努力的象征；德帝国时期的参谋部大楼也在博物馆

---

① Otto Langels, „Historisches Museum als Gegenentwurf zur DDR-Ausstellung", in *Deutschlandfunk*, 1. März 2021.

② Helmut Kohl, „deutsches historisches Museum in Berlin- Jubiläumsgeschenk der Bundesrepublik Deutschland an das Land Berlin", in *Bulletin des Presse -und Informationsamtes des Bundesregierung* 30. Oktober 1987. https://www.bundesregierung.de/breg-de/service/bulletin/deutsches-historisches-museum-in-berlin-jubilaeumsgeschenk-der-bundesrepublik-deutschland-an-das-land-berlin-810250.

附近,它提醒参观者要从历史可怕的战争中吸取教训;远处的勃兰登堡大门向世人证明了,德国人为统一、为和平和自由所作出的努力;而紧挨着博物馆的施普雷河,是柏林城市的象征,也是柏林墙两边德国人团结的象征。

在该博物馆的建设过程中,有一群保守主义历史学家在出谋划策,所以德国的左翼人士认为,博物馆的历史主题和陈设物件摆设,都透露出了保守主义色彩,那些保守派希望通过柏林国家博物馆的展示,突出德国历史的杰出性和优越性,在激发德国人对自己国家历史热爱的同时,淡化纳粹历史和大屠杀在德国历史中的地位。哈贝马斯认为:"人们如果看看柏林的德国历史博物馆设计方案委员会的人员构成,就会不由自主地得出这样一个印象:'在这个博物馆中,新修正主义实现了以展示和教育效果十分明显的展览'。"[①]汉斯·蒙森(Hans Mommsen)也认为,这座博物馆在复兴德意志民族历史方面,在对外表现的意愿和新保守主义的利益方面互惠互利,相处融洽。[②]

德国左派的知识分子担心,在"精神与道德转折"背景下建立的博物馆会在一定程度上助长对民族保守主义片面的理解,在"正常化"的口号下,德国人会逐渐淡忘曾经的纳粹和大屠杀历史。就像社民党政治家约翰内斯·劳(Johannes Rau)所说:"目前保守主义针对历史的举措受到这些意愿的影响,想要以社会现状为基础来创设一致性和基本共识。如此一来,德国历史中的阴暗面往往遭到令人不堪忍受的冷落而且被简单粗暴地放过了。民族历史以这样一种方式听命于一种……调和化的倾向……想要通过提及年龄和代际从属来摆脱德国历史与犹太民族关系上的重负,这

---

① [德]哈贝马斯等:《希特勒,永不消散的阴云?——德国历史学家之争》,逢之、崔博等译,生活·读书·新知三联书店2014年版,第63—64页。

② [德]哈贝马斯等:《希特勒,永不消散的阴云?——德国历史学家之争》,逢之、崔博等译,生活·读书·新知三联书店2014年版,第166页。

种尝试太过想当然了"。① 事实上，这些知识分子的担忧也不是毫无道理，20世纪80年代新保守主义对德国传统民族主义和历史文化的肯定，在一定程度上造成了大屠杀问题的"正常化"和"历史化"，进而产生了被遗忘和淡化的可能。

不同于20世纪50年代阿登纳政府对博物馆的忽视，80年代的科尔政府很好地利用了这一文化记忆载体，在重新打造德意志历史的同时，重塑德国人新的历史意识。对以科尔为首的德国新保守主义者来说，虽然第三帝国和大屠杀属于德国的历史，但人们应该在当今的社会中将其"正常化"，不要过分地强调和看重，从而不必背上相应的历史包袱。在这个背景下，作为德国历史篇章中最糟糕的一章，很容易就被有意识地"处理"掉。

综上所述，科尔政府认为，这时的联邦德国进入了"精神与道德转折"时期，资本主义发展所带来的困惑和战后悬而未决的身份认同都让德国人陷入了困境，尤其是第三帝国和大屠杀的历史给当代德国民众造成了精神负担。为了解决上述问题，科尔政府主张在恢复德国传统民族主义、弘扬德国优秀历史和文化的同时，将曾经的大屠杀历史"正常化"。德国官方的这一思想体现在国家历史博物馆的建设方面，借助博物馆这一文化载体，政府突出了德国历史中优秀和灿烂的一面，弱化了黑暗的一面，从而为德国人创造了一种全新的历史意识。科尔政府的这一系列做法后续也引发了思想界这一时期的"史学家之争"。

第三节　官方引导下德国社会对纳粹问题的反思

进入20世纪80年代，官方层面上对"5月8日是解放日"的确立以

---

① 吕一民、范丁梁：《"克服过去"：联邦德国如何重塑历史政治意识》，《人民论坛·学术前沿》2014年第10期。

及德国社会组织的"武装部队战争罪行展"，都说明了德国社会在接受政界对大屠杀认识的同时，更加彻底和大胆地揭示了纳粹历史中的禁忌。它们也反映出文化记忆的两面性：一方面因为科尔政府带领德国社会逐渐步入正轨，人们在物质需求得以满足的同时，对当权者产生了信赖和顺从，进而对官方主导的大屠杀文化记忆表示赞同；另一方面因为战后德国人在经历了沉默和反叛之后，在新的国家形势下，对大屠杀历史有了更为深刻的自我认识，体现了文化记忆非官方的一面。

一、1945 年 5 月 8 日被确立为"解放日"

1985 年，德国总统里夏德·冯·魏茨泽克（Richard von Weizsöcker）在 5 月 8 日纪念纳粹德国无条件投降 40 周年的纪念日上指出：5 月 8 日不是投降日，而是解放日（Keine Niederlage, sondern eine Befreiung）。魏茨泽克这一言论，在德国引起了轰动。在这之前，德国社会已经开展了许多有关纪念日主题的公开讨论，争论的焦点就在于，5 月 8 日这一天到底是失败的，还是解放的？关于"解放日"的这一说法，之前其他的保守派政治家都没有如此清楚和明确地表述过，所以魏茨泽克的这一定性说法也被认为是德国对纳粹时代公众鉴定的里程碑。①

1985 年，魏茨泽克在德国联邦议院举行的关于战争结束 40 周年活动中，又一次提到关于 1945 年 5 月 8 日的问题，他的演讲包含了两部分内容：一方面，要提醒德国人，不能忘记 5 月 8 日。这一天在德国历史上有着重要的意义，它提醒德国人曾经遭受的痛苦，所以它并不是一个值得庆祝的日子。每个德国人都应该有意识地记住关于纳粹政权的可怕记忆，只有这样才会更加批判地面对曾经的历史。

另一方面，在魏茨泽克看来，战后的德国人很难找到自己的历史定位，因为当时的德国充满了不确定性。无条件军事投降，德国人的命运被

---

① „Der 8. Mai war ein Tag der Befreiung", in *Tagesschau*, 8.Mai 2015.

掌握在"敌人"手中，尤其是德国人对第三帝国的挫败感。二战刚刚结束时，很多德国人认为，自己一直以来都是为了国家美好的未来而奋斗的，只是没想到这些都是徒劳和毫无意义的，并且在被动的情况下服务于纳粹政权的无人性目标。"疲惫、困惑和新的忧虑是大多人的感受。"[1] 按照魏茨泽克的说法，当时的德国人"向后看是过去黑暗的深渊，向前看是未知和黑暗的未来"[2]。

所以，5月8日对德国来说是解放的一天，它使德国所有人都摆脱了纳粹主义专制蔑视人性的制度。为了解放，没有人愿意忘记随着5月8日开始以及延续的苦难。但作为德国人，不应该将逃亡、流离失所和没有自由的原因归结为战争的结束，相反，这些问题的发生源自暴力的最初阶段，而这也是导致战争的原因。所以魏茨泽克指出，德国人不应该把自己承受的灾难与这个日子联系在一起，而应该与1933年1月30日，即希特勒上台的日子联系在一起。"我们没有理由在今天参加庆祝胜利的活动，但我们有充分的理由认为，5月8日是德国历史中错误道路的终结，它也为更好的未来埋下了希望的种子。"[3]

魏茨泽克通过和平的呼吁以及对5月8日是解放日的定性来表明自己的政治立场。他试图说服年轻的一代，坚信40年之后对5月8日纪念的

---

① Richard von Weizsäcker, *Gedenkveranstaltung im Plenarsaal des Deutschen Bundestages zum 40. Jahrestag des Endes des Zweiten Weltkrieges in Europa*, 8.Mai 1985, Bonn. https://www.bundespraesident.de/SharedDocs/Reden/DE/Richard-von-Weizsaecker/Reden/1985/05/19850508_Rede.html.

② Richard von Weizsäcker, *Gedenkveranstaltung im Plenarsaal des Deutschen Bundestages zum 40. Jahrestag des Endes des Zweiten Weltkrieges in Europa*, 8.Mai 1985, Bonn. https://www.bundespraesident.de/SharedDocs/Reden/DE/Richard-von-Weizsaecker/Reden/1985/05/19850508_Rede.html.

③ Richard von Weizsäcker, *Gedenkveranstaltung im Plenarsaal des Deutschen Bundestages zum 40. Jahrestag des Endes des Zweiten Weltkrieges in Europa*, 8.Mai 1985, Bonn. https://www.bundespraesident.de/SharedDocs/Reden/DE/Richard-von-Weizsaecker/Reden/1985/05/19850508_Rede.html.

意义之所在：40 年是一个重大的转折点，无论它是作为黑暗时代的终结和对美好未来的确信，还是作为被遗忘危险和后果的警告，它都在影响着人们的看法。"对我们来说，年青的一代已经从政治责任中成长起来了。年青人可以不必为过去发生的事情负责任，但他们要对这件事情在历史中的演变负责任。"①

从战后"零起点"到 1965 年艾哈德政府认定的"耻辱日"，到 1970 年勃兰特政府将这一天作为官方纪念日，到 1985 年的"解放日"。战后 40 年关于 1945 年 5 月 8 日的看法在不断地变化，虽然不同的看法都是基于不同时代的需求，但魏茨泽克的提法却开启了德国人对纳粹历史的新认识，也反映了关于大屠杀和纳粹认识的公众争论已经到来。

二、关于武装部队战争罪行的讨论

1995 年，由汉堡社会研究所筹划、组织和资助了一个纪念二战结束 50 周年，关于"武装部队的战争罪行"（Wehrmacht und NS-Verbrechen）的巡回展览。该展览的目的是揭露德国武装部队与纳粹罪行之间的关系，共展示了武装部队的三段罪行：1941 年对塞尔维亚的游击战；1941—1942 年斯大林格勒的行军途中行动和 1941—1944 年对白俄罗斯的占领。

实际上，关于德国的武装部队在二战中是否存在罪责，一直以来都是德国社会的禁忌。虽然纽伦堡审判曾对武装部队的高级军官进行了宣判，但武装部队在德国一直都没有被认为是纳粹的"犯罪组织"。在德国人看来，他们和党卫军及盖世太保之间还是存在着本质区别。特别是阿登纳政府在战后实施的"克服过去"历史政策，使得很多军官通过"大赦"重新

---

① Richard von Weizsäcker, *Gedenkveranstaltung im Plenarsaal des Deutschen Bundestages zum 40. Jahrestag des Endes des Zweiten Weltkrieges in Europa*, 8.Mai 1985, Bonn, https://www.bundespraesident.de/SharedDocs/Reden/DE/Richard-von-Weizsaecker/Reden/1985/05/19850508_Rede.html.

回到德国社会。在这个背景下，"清白武装部队"的神话就流行开来，人们认为武装部队在二战期间并没有犯下罪责，将士们只是"依战争法则而行事"①。

1995年3月5日，在汉堡举行了关于"灭绝战争：武装部队在1941—1944年的犯罪行为"（Vernichtungskrieg. Verbrechen der Wehrmacht 1941 bis 1944）的展览。因为此次展览的地点多在议会休息厅和大学报告厅，从而引发了德国保守派的不满，这些展览在他们看来充满了对武装部队战士声誉的污蔑，所以他们要求撤展。1996年6月，该展览也在巴伐利亚州遭到了"新纳粹分子"的抵制。鉴于此类情况的频发，1997年3月13日和4月24日，联邦国会组织了两场针对展览主题的辩论会。

不同党派关于此次展览在政治上的交锋，引发了公共媒体的热烈讨论。新闻记者鲁迪格·普罗斯克（Rüdiger Proske）指出：武装部队对苏联的袭击不是种族和灭绝战争的序幕，而是由"帝国主义推动的"②。君特·吉勒森（Günther Gillessen）则认为，这些罪行都是党卫军所为，国防军的袭击只是德国战线在苏联残酷战争的结果，该展览只是满足了"需要关注"③。波兰裔历史学家波格丹·穆西阿尔（Bogdan Musial）指出，大约有一半照片与武装部队的战争罪行无关……④其中普罗斯克一直坚持与策展方"斗争"，他出版了一本小册子，标题就是"反对出于政治目的滥

---

① Rolf Düsterberg, Soldat und Kriegserlebnis. Deutsche militärische Erinnerungsliteratur 1945-1961 zum Zweiten Weltkrieg. Motive, Begriffe, Wertungen. Türingen: De Gruyter Verlag, 2000.

② Rüdiger Proske, „Ihm blieb die Todesangst erspart, zu Hannes Heers Ausstellung Verbrechen der Wehrmacht 1941–1944 auf Kampnagel", in *Die Welt*, 13. März 1995.

③ Günther Gillessen, „Zeugnisse eines vagabundierenden Schuldempfindens", in *Frankfurter Allgemein Zeitung*, 6. Februar 1996.

④ Bogdan Musial, „Bilder einer Ausstellung Kritische Anmerkungen zur Wanderausstellung", Vernichtungskrieg. Verbrechen der Wehrmacht 1941 bis 1944, in *Vierteljahrshefte für Zeitgeschichte*, 1999, S.563-591.

用德国士兵的历史"，他还写信给德国总理、各部部长和各市市长，呼吁取消这次展览。

在这个背景下，汉堡社会研究所宣布停止展览，并委托专家委员会对展览中的照片进行审查。审查结果认为，在总计 1433 张照片中，不属于"武装部队"展览范畴的照片不足 20 张。展览的基本观点是正确的："毋庸置疑的是，武装部队在苏联不仅仅'卷入了'对犹太人实施的种族仇杀、对苏联战俘的残害和对无辜平民的战斗，而且还部分支持和参与了犯罪。"① 之后策展方接受了专家委员会的建议，在重新调整了展览内容后，将其更名为"武装部队的罪行：1941—1944 年毁灭性战争的多个维度"（Verbrechen der Wehrmacht. Dimensionen des Vernichtungskriegs 1941-1944），并在柏林重新开幕。

这次展览摧毁了长期以来"清白武装部队"的神话，也破除了关于"光荣武装部队"的禁忌。因为照片上显示，武装部队的士兵们曾经在战争中积极参与，至少是袖手旁观地目睹过纳粹政权的暴力行为。而战后德国一直在回避这个事实，对武装部队与纳粹政权的关系只字不提，只把他们看作是为了国家参与战争的军队。因为这场展览，这个长久以来的神话和禁忌被打破了，不仅触动了德国人身上"最敏感的那部分神经"②，也引发了社会争论。

争论的产生很大程度上是因为武装部队在纳粹政权中的特殊位置，他们不同于纳粹政权的盖世太保，作为战争中的主力军，他们很大程度上行使的是军人的职责。德国政治家阿尔弗雷德·德勒格（Alfred Dregger）认为，这次展览既让人觉得震惊，又感到困惑。"这些士兵中的大多数人为了国家冒着生命危险，忍受着无尽的痛苦。他们有权否认，他们参与了

---

① 孙立新等：《联邦德国史学研究——以关于纳粹问题的史学争论为中心》，社会科学文献出版社 2018 年版，第 162 页。

② ［英］玛丽·弗尔布鲁克：《德国史 1918—2014》，卿文辉译，上海人民出版社 2018 年版，第 475 页。

希特勒的罪行或犯下其他的战争罪行。"① 作为曾经参与刺杀希特勒行动军官的遗孀玛丽昂·道恩豪夫女伯爵（Marion Gräfin Dönhoff）也表示，此次展览没有理解极权主义体制下军人行动空间的有限性，策展方没有能力去考虑武装部队将士们的命运。②

事实上，国际研究已经表明，武装部队在一定程度上参与了纳粹主义的灭绝行动。关键是肇事者和武装部队应该在其中负有多大责任？在纳粹的独裁统治下，武装部队的行动无疑取决于最高政治和军事领导。但这种展览在多大程度上可以揭示武装部队的罪行，划清武装部队战士的军事职责与社会道德之间的界限，其实很难回答。就像德国历史学家博格丹·穆资尔（Bogdan Musial）所言："历史文献应该用来澄清这一困难而复杂的历史问题，而不是确认先入为主的观点。"③

在这次"武装部队罪行展览"中，有很多来自联邦德国、苏联和塞尔维亚国家档案的材料，其中最重要的是由武装部队士兵所拍摄的照片。策展方认为，照片表现了一种可视维度。而后期该展览之所以引发了争论，除了涉及对武装部队罪行的界定之外，还有关于照片作为记忆载体的讨论。

从记忆的手段上来看，文字曾经被阐释为思想的直接溢出，图像则被解释为一种强烈情感或者下意识的直接表现。"图像的力量来自于它们不可控制的情绪潜能。"④ 一方面图像可以表现为沉默，它们可以完全封闭自

---

① Alfred Dregger, „Das Ostpreußenblatt, Jahrgang 48 – Folge 10", in *Zeitung für Deutschland*, 8.März 1997, S. 1.

② Hamburger Institut für Sozialforschung（Hrsg.）, *Eine Ausstellung und ihre Folgen. Zur Rezeption der Ausstellung „Vernichtungskrieg. Verbrechen der Wehrmacht 1941 bis 1944"*, Hamburg, 2000.

③ Bogdan Musial, „Bilder der Ausstellung: Kritische Anmerkung zur Wanderausstellung ‚Vernichtungskrieg. Verbrechen der Wehrmacht 1941 bis 1944'", in *Vierteljahrshefte für Zeitgeschichte*, Heft 4, 1999, S.591.

④ [德] 阿莱达·阿斯曼：《回忆空间：文化记忆的形式和变迁》，潘璐译，北京大学出版社 2016 年版，第 247 页。

己；另一方面图像又被过分限定，它会被制造图像的人有意构建。所以，照片虽然可以印证或者弥补文字资料的不足，但它的多义性和复杂性往往又会高度依赖于拍摄者和解读者制造场景以及想象的能力。

这次展览的照片有些是武装部队士兵的随意拍摄，它在展现历史瞬间的同时，也表现出了拍摄者的审美倾向。同时，当观看展览的人看到照片时，他又会产生自己的解读。相比文字，照片对于它的"读者"很难产生直接的影响力，因为图像会升级成幻想，并赋予自己生命力。"图像的力量总是在寻找它们自己的流传途径。"① 加上这次展出的照片出现了张冠李戴的情况，导致它的可信度也在一定程度上也有所下降。虽然图像或者照片作为文化记忆的载体，可以表现出不同于文字的冲击感，但它们所传递的信息并不对等。从拍摄者来说，他会用自己主观意向去选取拍摄的角度和内容；对照片的观看者来说，他通过照片会串联出自己的回忆或者想象。所以在传递历史的认识中，图像是否可以作为一种真实可信的史料，是有待商榷的。

尽管如此，关于武装部队战争罪行的照片展的确在一定程度上揭示了武装部队参与纳粹暴行的事实，打破了德国人长久以来关于武装部队的神话。不管是否受制于军人的职责，还是应该站在普通人的视角看待纳粹政权，这次展览所引发的争议远远比展览本身具有更大的意义，它反映了德国社会在进入 20 世纪 90 年代后对纳粹问题更为深入的思考和无畏的面对。

综上所述，进入 20 世纪 80 年代，科尔领导下的德国社会已进入相对平稳和高速的发展时期，无论是经济的振兴，还是两德统一的最终实现，以及国际形势的相对稳定都为现阶段德国重塑身份认同提供了条件。无论是由官方引导的 5 月 8 日为"解放日"，还是社会层面自行组织的"武装

---

① ［德］阿莱达·阿斯曼：《回忆空间：文化记忆的形式和变迁》，潘璐译，北京大学出版社 2016 年版，第 256 页。

部队的战争罪行展"都反映出，德国政界和社会在新的时代背景下重新考虑了大屠杀及纳粹历史，它们也在卸下历史重负的同时，积极地向前看。

第四节　德国思想界对纳粹问题的再争论

在纳粹问题的认识上，20 世纪 80 年代的德国思想界陷入了争论。随着以科尔为首的新保守主义出现，德国右翼分子提出了对纳粹历史的"正常化"和"相对化"，而左翼的知识分子却时时保持着警惕，在反对德国人遗忘历史的同时，提醒他们对历史的责任和承担。左右两派知识分子对纳粹问题的不同认识，最终引发了"80 年代史学家之争"。

一、新保守主义对纳粹历史的认识

1982 年科尔的上台，标志着德国新保守主义的兴起。如果说 18、19世纪在西欧出现的保守主义，是针对自由主义、强调社会秩序和国家权力的话，那么新保守主义主要针对的是社会民主党所制定的国家干预和文化自由政策，它是传统自由主义和传统保守主义相结合的产物。从经济政策上看，新保守主义强调生产资料私有化，减少国家对经济的干预力度，将更多的权力交还给企业主，在减少税收的同时，降低工资成本；在社会政策上，新保守主义提出削减社会福利，在强化社会秩序的同时，抑制社会的多元化倾向；在文化和教育上，新保守主义对人们的个性自由有一定的束缚，主张建立权威主义；同时，新保守主义还支持欧洲一体化等。

上述这些都是科尔政府执政后，在经济、社会、文化和外交方面所采取一系列措施的原则。但在德国的语境下，这一时期的新保守主义还体现在对德国传统民族主义的肯定和民族性的强调，而这些在社民党执政时期是不愿被提及的，"超民族"或者"去民族化"才是那时德国社会关注的焦点。在对待大屠杀问题上，新保守主义者主张对这段历史"正常化"，进而重建德国人"正常"的历史意识和身份认同。

在科尔看来，正是因为社民党提出的"超民族"和"去民族化"使得德国人陷入身份认同的危机，陷入"精神与道德危机"，所以他提出了"精神与道德转折"。尤其在对待大屠杀历史方面，科尔认为，之前对于这段历史的过分强调，使德国人背负了过重的历史负担。但进入 20 世纪 80 年代，一半以上的德国人都在战后出生，他们可以不需要为他们的父辈背负这个历史负担，同时他们又受到传统人道精神的熏陶，所以应该"有权昂首挺胸地走向未来"。

科尔同时还认为，德国人应该热爱自己的民族和历史，一个民族需要从历史中找到身份认同。无论是黑暗的还是光明的历史最终都属于一个民族的历史，是民族存在的根本。在对待两德统一问题上，科尔也坚持一个德意志民族的立场。不同于勃兰特"一个民族、两个国家"的理念，科尔认为，作为德意志人是不能容忍两个国家的并行存在，不能容忍德国的分裂。"只有统一，才是对德意志民族的延续，对德意志民族的保全。"

在科尔这种带有"新保守主义"色彩的民族主义理念之下，这一时期的文化记忆也呈现了如下的特点，首先，从政府层面来说，柏林国家博物馆和波恩联邦德国博物馆的建立就是帮助德国人建立起关于德国历史的统一认识，这种认识是德国官方按照他们的立场传递给德国民众的。在科尔民族史观的影响下，这种认识多少会回避或冷落德国历史中的阴暗面，而将关注的焦点更多地放在德国历史中辉煌灿烂的部分。很多左翼历史学家担心，在这种语境下，对纳粹历史的"正常化"会导致对其的遗忘。

其次，从总统魏茨泽克将 5 月 8 日命名为"解放日"来看，联邦德国官方首次承认，这个日子是德国错误历史道路的终结。魏茨泽克一方面认为，这个日子使德国人最终摆脱了纳粹主义的统治；另一方面，他也强调这个日子并不值得庆祝，因为这之后的日子和之前的日子对德国人来说都是黑暗和痛苦，但这个痛苦的根源不在盟国，德国人作为"受害者"的根源也不在盟国的占领，而在于曾经的大屠杀和纳粹历史。这反映了在新保守主义影响下这一时期文化记忆的特点：它并不否认纳粹历史的存在，反对将这段历史从德国整体历史中割裂出去，但也认为纳粹历史是德国历史中的阴暗面，作为一种"正常"的历史进程，它并不存在特殊性，德国人也不应该为此背上沉重的负担。

新右派保守主义者致力于将纳粹主义"历史化""正常化"，认为只有这样，人们才能修正对德国历史非黑即白的认识，才能将德意志民族变成一个有自我意识的"正常"民族。而左派人士则认为，对纳粹主义的"历史化"，会丧失对它的道德批判，将它等同于德国历史的其他阶段，从而失去其"独特性"，并最终遭到人们的遗忘。虽然纳粹历史的"独特性"也许会造成人们对这段历史的简单认识，但它也代表了左派人士的政治责任心，也是这一时期德国思想界关于该问题的争论核心。

二、富有争议的"史学家之争"

20 世纪 80 年代，在联邦德国爆发了"史学家之争"，两方争论的主题较为宽泛，纷繁复杂，关于"纳粹主义历史化"问题的讨论是其中关键性的话题之一。有人认为，对纳粹主义的研究应放在德国整体历史的背景下进行；有人则表示反对，认为对"纳粹主义历史化"势必会造成对纳粹历史书写的"正常化"，从而有可能会丧失对它的道德评判。这一场争论清晰地反映了当时联邦德国的政治社会正处于"精神与道德转折"时期，也与德国史学研究从传统的历史主义向批判社会史学转变有关。

魏茨泽克在关于 5 月 8 日的演讲里提到，德国人不应该把自己的不幸遭遇与这个日子联系在一起，德国人不应该仇恨战胜国，而应该将矛头对准纳粹德国的统治。他的这一说法赢得了国际社会的普遍赞扬。但实际上，随着科尔代表的保守派执政，联邦德国在这一时期涌现了一批具有强烈民族保守主义倾向的历史学家，他们力图通过重新解读纳粹历史和大屠杀历史，为特定的政治和意识形态服务。

其中的代表人物有德国历史学家赫尔穆特·迪瓦尔特（Helmut Diwald），他在 1978 年出版了《德意志人的历史》一书。在这本书里，迪瓦尔特虽然承认大屠杀是现代历史里最残酷事件之一，但却认为，大屠杀是被有意识地误导、欺骗和夸大了，最终目的是"为了剥夺一个民族的生存资格"[1]。同时，迪尔瓦特认为，希姆莱曾试图降低死亡率，"最终解决犹太人问题"并不是有计划的谋杀，而是将犹太人迁移和驱逐到德国的东部地区。[2]

安德烈亚斯·希尔格鲁伯（Andreas Hillgruber）作为擅长 1871 年到 1945 年期间德国军事、政治和外交史的历史学家，他也支持新右派历史修正主义的观点。按照他的看法，英、美、苏等国在未获悉纳粹分子大屠杀暴行之前，就有摧毁普鲁士和分裂德国的意图。而关于"德意志国家分裂是纳粹罪行应得的报应"的观点，在希尔格鲁伯看来，纯属骗人的谎言。[3] 而对于魏茨泽克提出的"5 月 8 日是解放日"的说法，希尔格鲁伯也表示反对，"'解放'的概念只适合那些被集中营和监狱中解救出来的纳粹政体的受害者，并不适合所有的德意志人。"[4]

另外，科尔总理的联邦顾问米夏埃尔·施图尔默（Michael Stürmer）也属于新右派历史学家，他在 1986 年 4 月 25 日的《法兰克福汇报》上发表了《无历史的国家的历史》一文，其中提到"在一个没有历史的国家中，谁拥有了回忆，塑造概念、解释过去，谁就会赢得未来"[5]。施图尔默

---

① Jürgen Zarusky, „Leugnen des Holocaust. Die antisemitische Strategie nach Auschwitz", in *BPS-Aktuell, Sonderausgabe Dokumentation der Jahrestagung 1999 der Bundesprüfstelle für jugendgefährdende Schriften*, Marburg, 1999, S.8.

② Hellmut Diwald, *Geschichte der Deutschen*, Berlin: Ullstein Verlag, 1987, S.165.

③ Andreas Hillgruber, *Zweierler Untergang: Die Zerschlagung des Deutschen Reiches und das Ende des europäischen Judentums*, Berlin: WJ.Siedler Verlag, 1986, S.9.

④ Andreas Hillgruber, *Zweierler Untergang: Die Zerschlagung des Deutschen Reiches und das Ende des europäischen Judentums,* Berlin: WJ.Siedler Verlag, 1986, S.24.

⑤ Michael Stürmer, „Geschichte im geschichtslosen Land", in *Frankfurter Allgemeine Zeitung*, 25.April 1986.

认为，联邦德国一直以来在民族认同方面的迷茫对整体历史的发展产生了不利因素，德国必须要找回它丢失的历史，从而保持历史的连续性。

对新右派修正主义来说，影响最大的当属柏林自由大学的历史学家恩斯特·诺尔特（Ernst Nolte）。他致力于将纳粹主义"历史化"，将对犹太人的大屠杀从所谓联邦德国提供认同性的历史观念中排除，使德意志民族成为一个有自我意识的"正常"的民族。① 诺尔特在 1986 年 6 月 6 日《法兰克福汇报》上发表的题为《不愿过去的过去》一文中指出，纳粹的历史之所以成为"不愿过去的过去"，是因为人们难以忘怀。虽然纳粹主义采取了大屠杀这一令人恐惧的行动，但关于"德意志人的罪责"一说类似于"犹太人罪责"说，利用"非黑即白"的观点掩盖了其他人的罪行。"我们应该纠正战争时代人们非黑即白的形象，我们应该修正更久远的历史。"② 诺尔特之所以这么说，是因为他利用现象学把法西斯定义为"反马克思主义"，即通过构建一种与敌对思想激进对抗但又相邻的意识形态，使用几乎相同但又具特征的重塑方法来摧毁对方，但始终都是在民族自决和自治的框架之内。③ 换句话说，诺尔特利用现象学在法西斯和布尔什维主义之间建立了一种因果关系，纳粹"种族大屠杀"是布尔什维克"阶级屠杀"一个逻辑结果，或者说是一种"回应"。

同时，他还认为，虽然不能忽视纳粹德国的大屠杀，但可以通过其他类似的大屠杀与其进行对比。"没有任何屠杀，尤其是大规模屠杀，能通过其他的屠杀来进行'合法化'。但是不论其间是否存在何种因果关系，如果仅仅只看到一场屠杀，或者一场大屠杀，而完全忽略其他屠杀的话，

---

① 孙立新等：《联邦德国史学研究——以关于纳粹问题的史学争论为中心》，社会科学文献出版社 2018 年版，第 85 页。

② [德] 哈贝马斯等：《希特勒，永不消散的阴云？——德国历史学家之争》，逄之、崔博等译，生活·读书·新知三联书店 2014 年版，第 32 页。

③ Ernst Nolte, *Der Faschismus in seiner Epoche. Action francaise-Italienischer Faschismus-Nationalsozialismus*. München:Piper Verlag, 1984.

我们也会误入歧途的。"①

以诺尔特为首的德国右派保守知识分子对于大屠杀的看法，引发了左派知识分子的强烈反对。右派修正主义者实际上并没有否定大屠杀的存在，坚持用民族保守主义和德意志民族主义思想去影响民众，同时他们反对左派利用历史事件，以教育民众为目的，采用"非黑即白"简单的评价体系。左右派知识分子对大屠杀历史认识的不同出发点，最终引发了1986年到1987年联邦德国的"历史学家之争"。

1986年7月11日，德国著名的哲学家和社会学家尤尔根·哈贝马斯（Jürgen Habermas）在《时代》周刊上发表《一种损害赔偿方式——德国现代史书写中的辩护倾向》一文，将问题的主要矛头对准以德国历史学家恩斯特·诺尔特为首，包括埃尔朗根-纽伦堡大学历史学教授兼记者米夏埃尔·斯图尔默、科隆大学历史学教授安德烈亚斯·希尔格卢伯（Andreas Hillgruber）和波恩大学历史学教授克劳斯·希尔德布兰德（Klaus Hildebrand）所提出的对纳粹历史进行修正的论断："我们不能用希尔德布兰德和斯图尔默提出、并由希尔格鲁伯和诺尔特所推行的修正的冲动来主导这种历史化，以上诸公已经开始抖掉了过去的包袱，正愉快地转向道德中立。"② 这场争论最初只涉及历史学专业的范畴，但因其过于敏感，波及范围过于广泛，所以最终演变为20世纪80年代联邦德国社会普遍参与的"史学家之争"（Historikerstreit）的导火索。

"史学家之争"的出现与这一时期的德国政治氛围有着密切关系。随着科尔政府的"精神与道德转折"开始实施，他们希望通过摆脱一直以来加在德国民众身上关于大屠杀和纳粹历史的负担，为联邦德国创造出一种全新的历史意识和认同，对德国历史进行正面的引导，从而让年轻人

---

① ［德］哈贝马斯等：《希特勒，永不消散的阴云？——德国历史学家之争》，逄之、崔博等译，生活·读书·新知三联书店2014年版，第36页。

② Jürgen Habermas, „Eine Art Schadensabwicklung, die apologetischen Tendenzen in der deutschen Zeitgeschichtsschreibung", in *die zeit*, 11 Juli 1987.

以国家和民族为荣。科尔政府以"正常性"为导向的历史政策，在联邦德国公共领域引起了激烈的讨论，尤其是 1985 年美国里根总统去比特堡（Bitburg）军人墓地的吊唁活动，更让德国社会一片哗然。

鉴于 5 月 8 日为二战结束 40 周年纪念，里根总统在波恩参加完纪念活动后，受德国总理科尔的邀请，去比特堡吊唁参加二战阵亡的德军和盟军士兵。实际上在里根去吊唁前，美国记者已经发现，在比特堡墓地里除了埋葬了 2000 名阵亡士兵之外，还有 49 名党卫军成员，于是美国社会包括大多数众议院成员都呼吁里根不要去比特堡。但里根考虑到美德关系还是坚持了原定计划，他说："我们希望巩固美德关系，这是我接受比特堡邀请的原因，也是我之所以来的原因。"[1] 德国社会对科尔此次的举动也是一片否定的声音，哈贝马斯在 5 月 17 日的《时代》周刊上发文："比特堡的握手一方面摆脱了过去的动荡局面，一方面又见证了德美的武器伙伴关系。"[2] 政治学家克劳斯·莱格维（Claus Leggewie）则认为，这次坚定不移的行动表现了科尔的外交政策：通过与西方在政治、文化和军事上的联系获得主权……德国的过去是其中的主要障碍，否认这段历史没有意义，也不是科尔的本意。所以他在毫不怀疑承认这段历史的同时，消除了当前的政治局面，德国不再保持着谦卑和忏悔的姿态，而是以和解和平等的方式。"[3] 比特堡事件也引发了联邦德国左翼自由主义的公共舆论对纳粹主义历史"相对化"和"正常化"的忧虑。[4]

1986 年的"史学家之争"也是左右两派知识分子围绕大屠杀的唯一性和可比性展开的辩论。哈贝马斯认为，奥斯维辛作为纳粹罪行的最高点，是世界上绝无仅有的，没有可比性，也不能将其作相对化处理，因为

---

[1]　„Als die Welt nach Bitburg schaute", in *SWR Aktuell*, 4.Mai 2015

[2]　Jürgen Habermas, „die Entsorgung der Vergangenheit", in *die Zeit*, 17.Mai 1985.

[3]　Bitburg-Kontroverse, https://de.wikipedia.org/wiki/Bitburg-Kontroverse#cite_note-8, https://de.wikipedia.org/wiki/Bitburg-Kontroverse#cite_note-8.

[4]　范丁梁：《复杂语境中的德国"历史学家之争"》，《史学理论研究》2013 年第 1 期。

这样会淡化纳粹的罪行。同时这一派的知识分子认为，纳粹罪行的独特性与"德意志特殊道路"之间存在一定的联系，第三帝国就是德意志特殊道路的最终结果。

而诺尔特则认为，法西斯主义其实是德国对俄国共产主义革命的反应。虽然诺尔特没有否认大屠杀的罪行，但他却将犹太人大屠杀和古拉格群岛相类比，"'古拉格群岛'难道不是奥斯维辛的原型吗？布尔什维克的'阶级屠杀'难道不是纳粹分子"种族屠杀"在逻辑和事实上的先导吗？"[①]换句话说，以诺尔特为首的右派修正主义者借助对大屠杀的"相对化"，来试图淡化和摆脱长久以来德国人的精神包袱。

"史学家之争"的争论双方都指责对方被各自的政治指向所左右，虽然这种说法不完全正确，但在这场争论中的主角的确是在亲社民党和亲基民盟的知识分子之间展开的。[②] 这次"史学家之争"一直被认为是史学争论的反面教材，而富有争议。[③] 之所以会产生这样的评价，主要基于以下这三个原因[④]：

首先，这次史学家之争是在一种非历史专业的环境中展开。在争论期间积极掺杂在其中的各路新闻人士，包括时任《法兰克福汇报》副刊的负责人约阿希姆·费斯特（Joachim Fest）（诺尔特那篇引发争论的文章就是由他负责刊登的）、《明镜周刊》的创始人鲁道夫·奥格斯坦（Rudolf Augstein）和《时代》周报的副主编罗伯特·莱希特（Robert Leicht）等，

---

① ［德］哈贝马斯等：《希特勒，永不消散的阴云？——德国历史学家之争》，逄之、崔博等译，生活·读书·新知三联书店 2014 年版，第 36 页。

② Steffe Kailitz, *Die politische Deutungskultur im Spiegel des „Historikerstreits": what's right? what's left,* Wiesbaden: VS Verlag für Sozialwissenschaften, 2001, S.83.

③ Lutz Niethammer, „über Kontroversen in der Geschichtswissenschaft", in *Deutschland danach Postfaschistische Gesellschaft und nationales Gedächtnis*, Lutz Niethammer（Hrsg.），Bonn: Dietz Verlag, 1999, S.414-423.

④ 以下内容参见王琳：《关于"纳粹主义历史化"争论背后的思考——以 1987 年布洛撒特与弗里德兰德的通信为考察对象》，《史学史研究》2020 年第 2 期。

都利用便利的新闻平台有意识地支持自己所在的派别，并在一定程度上引发争论焦点的转移，从而起到诱导大众视线的嫌疑。

其次，因为这次论战是在公开的场合举行，而事实上，公开、客观的争论即使对于本应该成熟、冷静的历史学家来说，也是很难做到。争论的双方你来我往，争锋相对，甚至为了达到自己的目的，不惜对对方的引文进行一定程度的篡改。希尔格卢伯在《我对所谓历史学家之争的结语，1987年5月12日》一文中指出，哈贝马斯"总会对引文进行或多或少、莫名其妙的歪曲，窜改文意，断章取义"①。而随着论战的愈演愈烈，在后期甚至出现了一些因为个人情绪不满而进行的非理性的人身攻击，比如奥格斯特指责希尔格卢伯是"本质上的纳粹分子"②，从而把一种学术异议上升到了对对方的人格辱骂和指控。

最后，因为这次争论波及的范围较广，参与的人数众多，所以涉及的议题也是内容繁杂而显得不知所辩。从最初针对诺尔特的"纳粹历史相对化"争论，再到新保守主义者和以哈贝马斯为代表的批判社会史学家之间的辩论，最后一度演化成了历史专业学院派和社会公众舆论之间的博弈。所以，虽然"史学家之争"在德国史学史上占有一席之地，但实际上最终蜕变成了"一场公共领域内漫无边际、无休无止而又徒劳无功的空谈"。

而关于这次争论中涉及奥斯维辛在德国历史中的定位，借用历史学家伊曼努埃尔·盖斯（Imanuel Geiss）的评价来说，是不能忘记的，但也需要不断的重新修正和定位，只有这样德国人才能真正找到自己的身份认同。"德国人绝不允许忘记奥斯维辛，他们也不应该忘记。我们应该将奥斯维辛视为一个出发点，以此来使我们整个社会获得一种正面的集体身份认同。如果说我们不能对历史上所发生的不可理解的事情进行重新定位分析的话，这种认同就无以实现；同样的，如果不进行一种历史比较，并由

---

① ［德］哈贝马斯等：《希特勒，永不消散的阴云？——德国历史学家之争》，逢之、崔博等译，生活·读书·新知三联书店2014年版，第405页。

② Rudolf Augstein, „Die neue Auschwitz-Lüge", in *Der Spiegel*, 5. Oktober, 1986.

此进行相应的相对化，这种认同也无法实现。"①

综上所述，德国思想界在这一时期陷入了"左右"两难的境地。科尔政府代表的新右派保守主义虽然承认了大屠杀历史，但却认为当今的德国人不必再背负父辈的历史负担；左派人士则认为，对纳粹历史的"历史化"，会丧失对它的道德评判，将它"相对化"，会使这段历史失去它的"独特性"，而最终遭到遗忘。这两种认识的交锋，形成了 20 世纪 80 年代"史学家之争"。即便有人认为，这场争论，是公共领域内一场漫无边际、无休无止而又徒劳无功的空谈，但它也在一定程度上推动了德国人对大屠杀以及纳粹历史的重新认识。

综观科尔时期关于民族主义的论述，可以发现它主要针对的是勃兰特时期的"精神与道德危机"。在科尔看来，在上一个阶段勃兰特政府一直向西方的政治民主制度靠近，而忽视了德意志本身的民族精神和民族主义，所以德国才会陷入"危机"，德国人需要重新找回曾经的传统民族主义。对于一个独立的民族国家来说，只有拥有自己的集体记忆和身份认同，才能重新树立起国家形象，未来才会有更大的发展空间。

进入 20 世纪 80 年代，联邦德国迈入了一个新阶段，国民经济实力大幅度增长，失业率减少，对外关系重新焕发生机，国际地位有所提高，曾经遥不可及的两德统一在冷战缓和的大背景下也即将成为现实……可以说，这时德国的物质基础已经具备，关于德国人的身份认同问题自然也就提上了议事日程。对以科尔为首的新保守派来说，长期以来，尤其是勃兰特时期对纳粹问题的深入讨论反而成了这一代年轻人的思想负担。

对年轻一代来说，他们并没有经历过二战和大屠杀，他们身上也没有"褐色老根"，曾经过去的纳粹历史在他们身上并没有留下一丝痕迹，那么他们还需要陷入过去的"阴影"中吗？在科尔政府看来，是不需要的。德

---

① ［德］哈贝马斯等：《希特勒，永不消散的阴云？——德国历史学家之争》，逢之、崔博等译，生活·读书·新知三联书店 2014 年版，第 389 页。

国人在这个时期要对纳粹历史产生全新的认识：不是将这段历史从德国历史中割裂出来，而是将它们归于德国的历史，当大屠杀的过去也成为德国历史的一部分，德国人就不再重视它的"独特性"，而和普通历史阶段一样，它自然会慢慢地"正常化"和"历史化"。只有这样，德国的青年人才能摆脱纳粹历史的重负，建立起以自己的国家和民族为荣的全新的历史意识。

所以在纳粹历史认识问题上，科尔政府和勃兰特政府存在着较大分歧。如果说勃兰特时期，德国传统的民族主义已经消解，联邦德国处在西方政治民主价值体系之下的话，那么科尔时期，联邦德国又重新回到了传统的民族主义史观之下；如果说前一个阶段联邦德国对待纳粹历史是从官方层面和社会层面的彻底反思，那么到了科尔时期，纳粹历史逐渐走向了"正常化"和"相对化"。由此可以看出，在德国政府的引导下，不同的民族认同会激发出不同的文化记忆。科尔认为，正是因为前一阶段"精神与道德危机"的出现，所以当下才是转折的最好时机。只有重新树立起德国传统的民族概念，重新构建属于德国人自己的新的身份认同，才能摆脱当前的这种危机。

而当新保守主义派试图通过重新树立德国传统民族主义，来摆脱纳粹历史的重负之时，左翼知识分子则坚持认为，对纳粹历史的"正常化"和"历史化"最终会失去对纳粹历史的批判，并由此丧失德国人的历史责任。正当双方僵持不下时，"重新统一"的现实却猝不及防地出现在德国人面前，新的民族意识和身份认同又让他们陷入深深的思考之中。

第六章
21 世纪以来的文化记忆热潮（1998—2021）

　　德国人期盼已久的国家统一终于在 20 世纪 90 年代变为现实。但各类问题的频频出现以及民族主义的兴起，引发了德国国内多起反犹事件和极端暴力事件。在这种情况下，哈贝马斯的"宪政爱国主义"和多样性的移民文化在一定程度上转移和化解了传统民族主义的复兴，也为当今德国新的身份认同提供了更多的可能性。与此同时，德国政府对大屠杀问题的反思比以往更加彻底和通透，德国社会关于希特勒系列电影以及历史教科书的变化，展现了 21 世纪后德国人对待纳粹历史的新认识，而戈德哈根通过大屠杀历史提出的"集体罪责"一说，却引起了德国历史学家的反感和抵触。

第一节　德国统一后民族主义的消解

　　德国的统一不仅带来了东西德两个国家政治、经济和社会的融合，也将德国人压抑已久的民族主义重新激发起来，一时之间"民族中心主义"成为人们关注的焦点，事实上，当东德作为"被统一"的一方归属于西德时，德国传统的民族主义在一定程度上已经消解。哈贝马斯提出的"宪政爱国主义"则将德国人的民族主义和爱国情绪限定在《基本法》的范畴之内，德国人对传统民族主义的关注进一步转换为对西方民主政治的推崇，"宪政爱国主义"借助宪法合理结构所提供的理性思维和反思意识，凝聚了现代德意志人的民族精神，重塑他们新的身份认同。

一、两德统一后的民族主义

德国的统一在一定程度上刺激了传统民族主义的复兴，德国人长期以来被压抑的民族情感和爱国热情被激发出来，加上当时世界范围内"民族中心主义论"的兴起，从表象上看，传统民族主义在一时之间得到宣扬，联邦德国之前所走的西方路线遭到质疑。但事实上，两德统一之后东德的政治、经济体制都按照西德的模式重新建构，传统的德意志民族主义在西方政治制度和文化思想的影响下反而遭到了进一步消解。

虽然民主德国之前一直受苏联的影响，但在一些基本的价值观方面，东西德人还是有着惊人的相似性之处。比如，他们都保持了德国传统的价值取向，包括对安全、法律、秩序和社会正义的坚持。在很多重要领域，如对成功的关注、创新的喜悦、承担责任的意愿以及舆论领导人的兴趣方面，东西德人也相差无几。① 只是相比之下，东德人更看重规范性、更可靠、更看重未来；西德人则更开放、经济上更宽松，更看重自由和独立。

如果把东德和西德放在历史的长河中来看，它们属于同一个民族，从本质来看是一样的。两个国家有着共同的语言、历史和文化背景，所以这种内部的统一，以及共有认同的产生有着长久的基础，这个基础就是东、西德人对自己国家的信任感、归属感和自豪感，德国的统一刺激了德国人民族主义和爱国情绪的再次复兴。相比于西德，东德人对统一的渴望更强烈些，那些压抑已久的民族意识被释放出来，那种作为团结的德国人的身份认同被重新构建起来。在柏林墙倒塌的那个时刻，很多德国人都剪去了

---

① Soetkin Meertens, *Deutsch-Deutsch Entfremdung und Probleme der Inneren Vereinigung*, München: Grin Verlag, 2001, S.56.

东德的黑红金国旗，表示他们对统一的赞同和支持。"苏东剧变和两德统一极大地刺激了联邦德国政治思潮的向右偏移，被压抑已久的民族思想复活，'保护命运共同体'的观念开始广泛流行。"① 在这个背景下，爱国主义再次成为德国人热切盼望的政治诉求。以哈贝马斯为代表的左翼知识分子提出了"宪政爱国主义"理论，目的就是指导德国人在宪法范围内理性地爱国。

与此同时，这一时期的世界政治发生了翻天覆地的变化，各个国家都提出要得到尊重、产生影响的新诉求。这样的要求不仅建立在他们自己的文化传统之上，也基于他们对自己民族的未来抱有极大的信心，"民族中心主义论"一时之间成为国际流行。这个概念最早出现在 1906 年，美国社会学家威廉·格雷厄姆·萨姆纳（William Graham Sumner）在他的著作《民俗之路》中首次提出，"民族中心主义指将自己的群体作为一切事物的中心，所有其他事物或群体都参照它来衡量和评价"②。1950 年，德国社会学家西奥多·阿多诺（Theodor Adorno）在与美国研究人员撰写的一份关于二战后北美社会反犹主义成因的报告中，借助社会背景对"民族中心主义论"进行反思，首次提出该理论根植于人们的思维方式之中，是一种个体的思想意识形态，它是将自己的民族作为衡量标准，来考察或者评判别的民族。"'民族中心主义论'是一种文化策略，用来形成人们的归属感和与他人界定的一个基本的结构、一个逻辑。"③ 两德的统一无疑又将"民族中心主义论"推到台前，人们开始强调德意志文化中不同于其他民族的独特性，提出对传统民族主义的复兴。

---

① 孙立新等：《联邦德国史学研究——以关于纳粹问题的史学争论为中心》，社会科学文献出版社 2018 年版，第 30 页。

② William Graham Sumner, *Folkways. A study of the sociological importance of usages, manners, customs, mores, and morals*, Boston: Ginn and Company, 1907.

③ ［德］约恩·吕森：《历史思考的新途径》，綦甲福、来炯译，上海人民出版社 2005 年版，第 125—126 页。

　　在这个背景下，联邦德国自建国以来所执行的"向西方靠拢"政策，以及西方模式下的政治、经济制度遭到质疑。有人提出停止对"西方价值共同体"的臣服，在他们看来，联邦德国长久以来与西方结盟的做法与德国传统民族主义是对立的，他们主张借助德国的统一，重新复活传统民族主义；还有人提出，德国因为所处的地理位置，可以选择既非西方又非东方的道路："因为德国位于东方和西方之间的中欧地理位置，所以要选择'第三条道路'。"①

　　实际上，虽然两德统一和"民族中心主义论"的再度流行激起了德国人民族主义情绪的高涨，但两个德国的统一实际上是将东德合并到西德的体制之下。按照《国家条约》和《统一条约》的要求，民主德国的政治经济体制向联邦德国看齐，原先属于民主德国的 14 个专区也变成了联邦德国的 5 个州，它们在政治和法律上按照联邦德国的模式健全了所有的制度体系。所以，尽管德意志民族主义在统一初期有高涨的趋势，尽管西德自建国以来所执行的西方政治民主制，时不时会地受到传统民族主义的挑战和干扰，但从整体上来看，统一之后的德国还是继续坚持走西方的政治民主道路，并在一定程度上继续消解民族主义，传统的德意志民族主义不再作为联邦德国最有效的社会动员手段。正如韦勒所言："对于联邦德国来说，在之后的 40 年时间里，民族主义不再作为国家的正当性基础发挥作用，而民族主义的鼓动性和整合性力量也在不断下降接近于零……那些曾经期望将一种新的德意志民族主义的复兴和民族国家的国家外观连接在一起的人，必定会对此失望；那些曾经对此心怀恐惧的人，倒可以就此安心。"②

---

　　① Bernd Faulenbach, „Probleme der Neuinterpretation der Vergangenheit angesichts des Umbruchs 1989/91", in *Diktatur und Emanzipation: zur russischen und deutschen Entwicklung 1917-1991*, Bernd Faulenbach und Martin Stadelmaier（Hrsg.），Essen: Klartext Verlag, 1993, S.9.

　　② Hans-Ulrich Wehler, *Nationalismus: Geschichte, Formen, Folgen*, München: C.H. Beck Verlag, 2004, S.88-89.

伴随着两德统一，德国传统民族主义在世界兴起的"民族主义中心论"的影响下产生了复兴的可能，人们在强调对德意志文化特性重视的同时，对西方政治民主道路产生了排斥。但统一并不能从根本上改变联邦德国一直以来坚持的西方道路，而哈贝马斯提出的"宪政爱国主义"也进一步消解了传统的民族主义。

二、"宪政爱国主义"的提出

为了避免传统民族主义借助统一而重新复兴，哈贝马斯提出了"宪政爱国主义"，指出统一后的德国人要在宪法的框架下实施爱国，这种做法一方面符合现代民族国家的要求，相比于传统的民族国家，现代国家更强调政治体制、民主和法制观念；另一方面它也符合德国统一后的实际情况。在哈贝马斯看来，德意志传统民族主义因为缺乏价值规范的基础，所以不能作为统一和融合的依据，而德国的《基本法》体现了理性的民主政治文化精神，是两德统一的基础。

"宪政爱国主义"的概念最早是由德国政治学家多尔夫·施特恩贝格尔（Dolf Sternberger）在1979年5月23日《法兰克福汇报》（*Die Frankfurter Allgemeine Zeitung*）的社论中提出，当时是为了庆祝联邦德国《基本法》实施30周年。施特恩贝格尔在这篇文章中，并没有单纯就宪法而解释宪法，而是从自由民主制度的基本价值来解释德国宪法。因为20世纪70年代末德国仍旧处于分裂的局面，所以施特恩贝格尔提出，要从宪法中提炼对德国的认同："我们现在的国家情感仍然很受伤，我们没有生活在一个完整的国家里。但我们生活在一个整体的宪法里，一个整体的宪法国家，这本身就是对祖国的认同。"①

施特恩贝格认为："对国家秩序的认可并不是基于共同的历史和经历，

---

① Dolf Sternberger, „Verfassungspatriotismus", in *Frankfurter Allgemeine Zeitung*, 23.März 1979.

只有民众有了对自由和参与权的普遍认识，才能创造出真正的认同感。所以联邦共和国这样的共同体是需要公民的理性意识，即他们属于这个共同体并能够参与其中。一个国家的统一就要依靠象征的力量——宪法，用来保障公民的权利和自由。"① 在他看来，民众对国家认同感取决于宪法，所以宪法爱国就成为第二种爱国主义。这个在 70 年代提出的概念，得到了当时联邦德国社会的承认，并在很大程度上终结了德国 1968 年之后的混乱局面，"在 1968 年动荡的十年之后，这个词（宪法爱国）被认为是一种创造性的发明"②。

1986 年，"宪政爱国"这个概念被哈贝马斯再次提及并进行拓展，由此成为闻名世界的政治理论。哈贝马斯的"宪政爱国主义"理论中对民族的理解是基于现代民族主义理论框架，这种以"民族"为基础的社会认同，是从社会成员的意愿和文化，以及与政治单位相结合的角度来给"民族"下定义，并使其具有合法化，这种民族是与国家主权相联系的"民主的意志共同体"③。传统概念中民族国家的构建是依靠血缘、地域、国家历史、传统文化等，而现代概念中民族国家的建构与国家机器密切相关，包括成熟的政治体制、政治决策机制，以及民主与法治观念等，只有当一个国家的建立是依靠这些因素，它才完成了从传统意义到现代意义上的转变。

哈贝马斯提醒人们，从传统民族国家向现代民族国家转变的过程中，民族的概念也由之前对语言、文化、地域的认同向民主、体制和法治的认同转变，但这并不意味着，民族已经在历史认同和公民道德规范中找到了自己的位置。相反，民族国家一直存在于两者的张力之间。尤其是伴随着

---

① Thomas Schölderle, „Verfassungspartriotimus und politische Bildung", in *Gesellschaft · Wirtschaft · Politik*, Heft 3, 2010, S.338.

② Günter Buchstab, „Einführung", in *Nationale Identität im vereinten Europa*, Günter Buchstab und Rudolf Uertz（Hrgs.）, Freiburg: Verlag Herder, 2006, S.7-28.

③ ［德］尤尔根·哈贝马斯：《在事实与规范之间：关于法律与民主法治国的商谈理论》，童世骏译，读书·生活·新知三联书店 2003 年版，第 656 页。

民族国家而生的民族主义，虽然从理论上讲，民族主义是民族国家为了整合民众所提出的一种关于"民族"的意识形态和认知，但实际上，民族主义本身是具有防御性，即强调本民族的利益不受伤害。"民族主义主张突出本民族的特点，以民族一体化观念凝聚社会，竭力把本民族和其他民族区别开来，并有潜在的排外意识，他们表面上要求民主，尊重民主，实际上有专制主义倾向。"①

所以民族主义从某种意义上来说，对民主法治有着不可估量的破坏力。当民族国家建立在地域和文化的认同模式之上时，它就很容易变成政治上的对外排斥。尤其当国内出现危机时，它就会造成对民族观念的滥用："几乎没有加强民众对法治国家的忠诚，反而更多的是动员大众，去追逐那些与共和主义基本原则格格不入的目标。"② 但即便如此，"民族的发现"还是在早期现代国家向民主共和国转变过程中起到了催化剂的作用，人们从之前的文化语境转变成了政治意义上的积极公民。因此，民族国家的成就在于："在一个新的合法化形态的基础上，提供了一个更加抽象的新的社会一体化形式。"③

当现代民族国家逐渐形成时，它需要为自己找到一个新的合法化源泉。一方面，社会一体化与都市化、经济现代化、商品交换、人员交往记忆以及信息交流等联系在一起；另一方面，社会等级组织也已经解体，民众的流动性和个体化在不断加强。在这两种新的发展要求之下，民族国家通过把公民在政治上动员起来作为回应。"这种逐渐盛行的民主参与和公民资格，创造了一种新的法律团结基础，同时也为国家找到了世俗化的合

---

① ［德］托马斯·迈尔：《德国著名政治学教授迈尔谈新保守主义和社会民主主义及其他政治派别的关系》，《国外理论动态》1994年第27期。
② ［德］尤尔根·哈贝马斯：《包容他者》，曹卫东译，上海人民出版社2002年版，第136页。
③ ［德］尤尔根·哈贝马斯：《包容他者》，曹卫东译，上海人民出版社2002年版，第161页。

法源泉"。①

在这种情况下，现代国家的公民身份也转变成了参与政治权力统治的国家公民身份。如果获得这种身份的公民还没有形成一个具有自我意识的公民组成的民族，那么就需要用"民族"的概念来填补，这种民族意识就是传统概念下的共同的起源、语言和历史。这就使得一方面公民在现代民族国家之下形成了关于政治和法律的归属感，另一方面这类公民还需要借助传统的民族精神来奠定文化基础。这一过程导致了公民资格具有双重特征，一种是由公民权利确立的身份，另一种是文化民族的归属感。

在公民资格的这个双重特征下，民族国家也实现了由历史传承形成的传统忠诚形式与现代国家规范的相融合。在这种国家中，民族不仅是指公民的政治参与，同时也可以作为种族的延续，两者之间有了互动和交集。在这种背景下，"宪政爱国主义"应运而生，它就是为了弥合这两者之间独立和冲突，从而达到彼此之间的稳定和融合。

"宪政爱国主义"的核心问题是关于现代国家统一的价值规范问题。哈贝马斯认为，一个民主国家的宪法体现了一种事先确立的、抽象化的社会契约，它也是一切具体的共识和妥协的基础。"在多元化的社会中，宪法代表一种形式的共识，公民们在处理集体生活时需要有这样的原则。正是因为这一原则符合所有人的利益，所以它可以得到所有人的理性赞同。"②

哈贝马斯提出"宪政爱国主义"主要是基于德国的实际情况，即东西德在统一的过程中所产生的关于民族认同和公民身份的问题。哈贝马斯坚持，民族统一的基础是民主共同的政治文化，而不是传统的德意志民族

---

① ［德］尤尔根·哈贝马斯：《包容他者》，曹卫东译，上海人民出版社 2002 年版，第 161 页。

② Jürgen Habermas, *Faktizität und Geltung: Beitrage zur Diskurstheorie des Rechts und des demokratischen Rechtsstaats*, Frankfurt am Main: Suhrkamp Verlag, 1998, S. 638.

性，尤其是在国际上越来越多元化的背景下，传统民族主义因为缺乏价值规范的基础，所以不能作为统一和融合的根本依据。在哈贝马斯看来，德国的《基本法》体现了理性的民主政治文化精神，它应该是两德统一的基础。

对德国来说，经历过二战的惨痛教训，在战后通过盟军的占领和引导，在以西方政治民主为主的宪政下重新开始，它所建立的《基本法》提出了保障公民基本权利、法律上平等、独立的司法制度，言论自由和新闻自由等。这部宪法是吸收了美国的政治文化来制定的，就像哈贝马斯所言：“要不是在战后十年期间吸收了美国政治文化思想，今天联邦德国的政治文化也许要更糟糕。”①

哈贝马斯认为，宪法的基本精神是人的自由和平等，而德国的宪法又是德国特定国情下的产物。德国宪法除了向西方宪法学习之外，还有着自己的特色，即它是德国人民战胜法西斯的重要成果之一，是德国反省历史的结果。所以他提出：在《基本法》关于人权的十九个条款中，“响彻了人们所遭受过的不公正的回声……几乎逐字逐句地在谴责（极权政治的）不公正。这些宪法条款不仅完成了黑格尔意义的否定，它们同时还描画了未来社会秩序的蓝图”②。在哈贝马斯看来，纳粹这段特殊的经历被当作是德国宪政爱国主义中不言自明的参照点，只有在纳粹罪行之后，德国——至少是西德——才最终并且全部走向启蒙。“我们的爱国主义不能遮蔽这一事实，即民主在德国已经根植于国民，至少是奥斯维辛之后的年轻一代人的动机和心理当中……对法西斯主义的克服形成了一个特殊的历史角度，从这里，一种以法治和民主普世主义原则为中心的后民族国家身份就

① Jürgen Habermas, „The New Conservatism: Cultural Criticism and the Historians, Debate‘“, *Shierry Weber Nicholsen (eds.)*, Cambridge, MA: MIT Press, 1989, p. 42.

② Jürgen Habermas, „Über den doppelten Boden des demokratischen Rechtsstaates“, in *Die nachholende Revolution. Kleine politische Schriften VII*, Frankfurt am Main: Suhrkamp Verlag, 1990, S.18-19.

可以自圆其说了。"[1]

随着联邦德国的不断发展，德国的宪法也在不停地积累经验和改善加强，并帮助德国人逐渐变成具有民主政治文化意识的德国公民。到了 20 世纪 70 年代后期，德国新的民主制度已经被普通民众所接受。民调显示，1957 年，只有 7% 的德国公民对自己国家的政治体制引以为傲，而到了 1978 年，这一数字上升到了 31%。[2] 这一趋势的上升，说明西方的民主政治文化已经在当时的联邦德国初具规模。如果说，50 年代德国的公民还是被动参与国家的民主政治，那么到了 90 年代人们已经可以主动地积极参与了。

总体而言，考虑到两德的统一会在一定程度上引发德意志民族主义的再度复兴，给现有联邦德国的政治民主制度带来不稳定的因素，哈贝马斯提出了"宪政爱国主义"。虽然该理论也提出了传统民族文化的重要性，但它更关注人们在宪法的框架下开展爱国主义教育，强调公民的政治和法律意识。在现代性框架下民族主义有着政治和文化两个方面的功能，其政治功效帮助民族国家建立和巩固其政治和法律制度。"宪政爱国主义"的提法实际上就是强调民族主义的政治功能，在法律和政治的范围内来整合和约束民众，而作为利用共同文化和记忆来激发民众凝聚力的文化功能则更多以辅助的方式出现。如果说德意志民族主义的早期是借助传统文化来凝聚民族情感，那么宪政爱国就是在宪法范围内进行理性的爱国主义。"前者着重于文化社群传统所激发的情感凝聚力，后者则重视合理宪法结构所提供的理性反思的现代意识。"[3]

---

[1] Jürgen Habermans, „Grenzen des Neohistorismus", in *Die Nachholende Revolution*, Frankfurt am Main: Suhrkamp Verlag, 1990, S.152.

[2] Russell Dalton, *Politics in West Germany*, Glenview: Scott Foresmann, 1989, p. 107.

[3] 相关内容参见萧高彦：《国家认同、民族主义与宪政民主——当代政治哲学的发展与反思》，《历史法学》2010 年第 1 期。

三、移民文化带来的多样性

伴随着统一出现的还有德国的移民问题。二战后，联邦德国出现了三次大规模的移民浪潮：战后初期来自苏占区和东欧的德国难民；为了德国重建，从土耳其、意大利等国引入的国外劳工；苏东剧变后，来自苏东地区的政治避难者和难民。随着这些移民的大量涌入，他们所带来的多元文化也对联邦德国现有的政治、文化以及德意志传统民族主义造成了一定的冲击和影响。

截至本世纪初，在德国8500多万人口中，共有外国人700多万，占总人口的8.9%。[①] 而移民问题也从一个社会问题变成了一个政治和文化问题。1990年，联邦德国通过了《外国人法》（*Aufländergesetz*），降低了外国人加入德国国籍的难度；1999年，联邦议会修订了1913年的《帝国国籍法》，颁布了新的《国籍法》（*Staatsangehörigkeitsrecht*），有限地打破了德国一直以来坚持的血统原则，而引入了出生地国籍原则；2001年，由丽塔·聚斯穆特[②]（Rita Suessmuth）领导的移民委员会发布了《塑造移民、促进融入》（*Zuwanderung gestalten – Integration fördern*）的报告，其中不仅承认了德国是一个移民国家，而且对新世纪德国移民的内部调整提出了完整的理念和措施建议；2005年1月1日，德国实施了《居留法》（*Aufenthaltsgesetz*），取代了之前的《外国人法》，成为外国人在德国入境、出境和居留的基本法律依据。上述一系列文件的颁布和修订，意味着德国放宽了移民准入和入籍条件，在促进移民融入德国主流社会的同时，客观上推动了多元文化的形成，"移民的成功融合要求文化上的包容与和谐，这是日耳曼裔和移民所必须要面

[①] 吴友法等：《重新崛起时代（1945—2010）》，载邢来顺、吴友法主编：《德国通史》，江苏人民出版社2019年版，第532页。

[②] 丽塔·聚斯穆特（1937—），德国的政治学家，1985—1988年担任联邦德国青年、家庭和卫生部长，1988—1998年担任德国联邦议院议长。

对的基本价值观。"①

近几十年来，作为欧洲移民增长最快的国家之一，2014 年有 146 万人移居德国，截至当年底有 1640 万人有移民背景，占德国人口总数的 20.3%。② 随着大规模移民的涌入，潜在的文化冲突也影响了德国的政治决策。在 2015 年，来自北非的难民所犯下的盗窃罪和对女性的骚扰罪还属于轻微的罪行，但随后几年间，德国的立法机构对相关法律进行了一系列修改，其主要目的是驱逐那些犯有刑事罪行的寻求庇护者和难民。

同时，虽然外来移民中的一些人在德国已经成家立业，安定下来，但在文化融入方面仍存在着问题，如果处理不好，对于一个本身对排外和极端势力极度敏感的国家来说，无异于埋下了一枚"定时炸弹"。联邦政府近些年都在为外国移民更好地融入德国而奔走努力，就像默克尔所言："通过宽容和开放的共处，我们的社会会变得更加丰富，更加人性化……因此，只有融合在一起才能成功。我们应该理解和体验共同的家园——德国，将其作为一个值得居住和热爱的国家。"③ 德国政府也逐渐将"调整移民文化与主流文化关系"摆在了重要的位置。④

从 2003 年开始，德国每两年召开一次文化政策联邦大会，移民多元化的文化背景为德国文化带来了新的元素。2007 年，默克尔政府在融入

① „Presse- und Informationsamt der Bundesregierung, Der Nationale Integrationsplan, Neue Wege-Neue Chancen", https://www.bundesregierung.de/resource/blob/975226/441038/acdb-01cb90b28205d452c83d2fde84a2/2007-08-30-nationaler-integrationsplan-data.pdf,S.125.

② Kay Hailbronner, „Die Bewältigung großer Migrationsbewegungen und kulturelle Konflikte bei der Integration: Deutschland auf dem Weg zum multikulturellen Staat?", in *Zeitschrift für Staats- und Europawissenschaften (ZSE) / Journal for Comparative Government and European Policy*, Vol. 14, No. 3, 2016, S. 314-332.

③ „Presse- und Informationsamt der Bundesregierung, Der Nationale Integrationsplan, Neue Wege-Neue Chancen", https://www.bundesregierung.de/resource/blob/975226/441038/acdb-01cb90b28205d452c83d2fde84a2/2007-08-30-nationaler-integrationsplan-data.pdf ,S.7.

④ 吴友法等：《重新崛起时代（1945—2010）》，载邢来顺、吴友法主编：《德国通史》，江苏人民出版社 2019 年版，第 534 页。

峰会上，通过了《国家融入计划》（*Der Nationale Integrationsplan*），将移民的文化多元性背景看作是推动德国经济和社会进一步向前发展的潜在推动力。"对我们整个社会来说，以宽容平等的态度对待文化多元性是一种非常重要的能力……融合包括对文化多样性的承认。"①

移民所带来的多元文化涌入德国，虽然顺应了全球化的大背景，但对于德国的民族主义来说，这是一把双刃剑：它一方面会消解德国的民族文化特性；另一方面也可能会因为矛盾和冲突重新激发德国人的民族主义和爱国情绪。以伊斯兰文化为例，德国的政治家近10年都在讨论，目前在德居住500万的穆斯林是否属于德国。德国的内政部长霍斯特·塞霍费尔（Horst Seehofer）在2018年就明确表示伊斯兰教不属于德国，默克尔对此表示反对。

德国目前正走在文化融合的道路上，多元文化的融入必然会增加不同文化之间的冲突。但冲突的产生也说明，以前互不相干的双方，现在开始相互交谈和交流。对于一个曾经极端排外，有过种族主义"前科"的国家来说，当下的多元文化融合已经是前进了一大步。正如南德意志报的编辑杜尼亚·拉马丹（Dunja Ramadn）所言，"正是因为文化融合成功了，头巾才会成为一个问题"②。

综上所述，德国统一后，伴随着民族主义情绪的高涨，哈贝马斯提出了"宪政爱国主义"，将德国人的民族主义和爱国热情限制在宪法的范围之内，在保证理性爱国的同时，树立起德国人新的身份认同，它不再提出对传统德意志民族特性的认同，而是强调在西方政治民主主导下形成的普世价值。随着21世纪的到来，德国传统的民族主义在新的变革以及多元

---

① „Presse- und Informationsamt der Bundesregierung, Der Nationale Integrationsplan, Neue Wege-NeueChancen", https://www.bundesregierung.de/resource/blob/975226/441038/acdb0 1cb90b28205d452c83d2fde84aa2/2007-08-30-nationaler-integrationsplan-data.pdf ,S.127.

② Dunja Ramadan, „Wenn Integration gelingt, wächst das Konfliktpotenzial", in *Süddeutsche Zeitung*, 03.September 2018.

文化的冲击下也显得不再突出，人们更关注民主德国如何接受联邦德国的政治经济制度，以及两国文化上的重新融合；移民文化虽然在一定程度上会激发德国人民族情绪的高涨，但从联邦政府不断出台的移民政策和政治导向可以看出，现阶段多元文化的融合对德国来说更为关键。在这一背景下，德国政界、社会以及思想界对大屠杀问题的反思也显得更加开放和坦然。

第二节　德国政界承担大屠杀历史责任

1990年10月2日，东西德正式合并，虽然长期存在的差异问题并没有随着统一的解决而解决，但终究是结束了近40年以来分裂的状态，形成了一个全新的德国。尽管统一的德国在经济和社会方面存在着各种问题，但新成立的联邦政府在对待大屠杀问题上却愈发显得坦诚和透彻，他们不仅承认了这段历史属于德国，更将对历史责任的承担看作是德国人新的身份认同。这种新的历史意识和文化记忆通过柏林犹太人博物馆和欧洲被害犹太人纪念碑切实和生动地表现出来。与此同时，对纳粹历史的勇于承担也让统一后的德国在全球化背景下树立了一个良好的国际形象。

一、联邦政府勇于承担历史责任

虽然在统一后面临了各种各样的问题，但作为欧洲除俄罗斯外最强大的国家，德国在坚持本国特色经济和社会制度的基础上，推行了全方位自主外交，不仅积极参与了以美国为首的北约组织，也继续维持欧洲范围内的德法轴心地位，推动欧盟一体化的进一步发展。与此同时，统一后的德国政府在面对纳粹问题时表现得更加积极和主动，从而为其在二战后赢得了一个良好的国际声誉。

2005年1月25日，在奥斯维辛集中营解放60周年的纪念大会上，施罗德总理在集中营的幸存者面前表达了他的想法。在施罗德看来，虽然对于大多数生活在今天的德国人来说，他们并没有参与纳粹屠犹，但作为德国人，他们有着特殊的责任，即铭记纳粹的罪行，这不仅是一项社会任务也是道德义务。施罗德在演讲中说道："在奥斯维辛集中营之后，谁能怀疑它的存在，以及它在纳粹政权所实施种族灭绝中的表现？我们需要注意到这一事实，同时不能通过将这一切归咎于恶魔般的希特勒来规避我们的责任……需要说明的是，纳粹意识形态是当时人们所支持的东西，他们参与了实施的过程。"① 对德国人来说，纳粹历史和大屠杀是真实存在的，他们对此负有责任，虽然历史已经成为过去，但他们并不能逃避自己的责任并要从中吸取教训。

联邦外交部部长约瑟卡·菲舍尔②（Joschka Fischer）在此次活动中也提到，人们在奥斯维辛所遭受的苦难，即使在 60 年后，也很难用语言来表达。正是因为长期以来的历史原因，德国在预防冲突和保护人权方面积累了很多的经验，这些年来，德国致力于打击反犹主义和种族灭绝。所以德国政府代表全体德国人，向纳粹主义恐怖政权的所有受害者表示哀悼，并缅怀他们。

实际上，在统一之后，因为东西德经济和生活水平的不平衡，德国社会很容易陷入极端右翼势力所制造的混乱中，反犹主义和极端势力屡见不鲜。德国总理施罗德借着此次纪念演讲，呼吁抵制反犹主义在德国的重新抬头："我们将利用政府的权力来保护德国，使它不再受反犹主义的影响。不可否认，反犹太主义将继续存在，与它作斗争是整个社会的任务。反犹主义者决不能再攻击和伤害我国或任何其他国家的犹太公民，这样做会给我们的国家带来耻辱。"③

---

① "Schroeder expresses shame over Auschwitz", in *China Daily*, January 26, 2005.

② 约瑟卡·菲舍尔（1948—），1998—2005 年任联邦德国外交部部长、副总理一职。1999 年曾出任欧盟议会主席一职。

③ "Schroeder expresses shame over Auschwitz", in *China Daily*, January 26, 2005.

　　对于后续继任的默克尔来说，全力反对反犹主义和排外主义是她长久以来所坚持的"日常"。在她看来，德国人的未来是与过去紧密地联系在一起的，只有承认过去，德国人才能拥有一个美好的未来。只有更好地认识纳粹历史，德国人才能更好地解决反犹主义和仇外心理，联邦政府也准备了各种方案来应对这一问题："反犹太主义不属于我们的社会，它与社会融合毫无关系，而我们需要在基本价值观上保持开放和宽容。"①

　　在2019年奥斯维辛—比克瑙基金会②成立10周年的纪念活动中，默克尔提到，作为德国总理，在奥斯维辛面对德国人曾经犯下的野蛮罪行，会感到深深的羞愧和耻辱，因为这些罪行已经超出了可以理解的范畴。但她认为：虽然承认很困难，但沉默决不能成为德国人唯一的回应。奥斯维辛使德国人有义务保持记忆。作为德国人必须记住在这里犯下的罪行，并清楚地说出这些罪行。③ 在默克尔看来，强调奥斯维辛对德国人来说非常重要，因为"清楚的说出施害者，这一点非常重要，我们德国人对受害者和自己来说都负有责任。铭记罪行，指出施害者，为受害者保留一个有尊严的记忆——这是一个永远不会结束的责任。这个责任是我们国家不可分割的一部分，意识到这一责任也是我们国家身份的组成部分，是我们作为一个开明和自由的社会、一个民主和宪政国家的自我形象的组成部分"④。

---

　　① Frank Beckmann, „Holocaust-Gedenktag: Merkel ruft zum Kampf gegen Antisemitismus auf ", in *Presse-und Informationsamt der Bundesregierung*, 07. January 2018.

　　② 奥斯维辛-比克瑙基金会于2009年成立，旨在为奥斯维辛-比克瑙纪念馆提供长期的全球性保护提供基金。

　　③ „Rede von Bundeskanzlerin Merkel zum zehnjährigen Bestehen der Stiftung Auschwitz-Birkenau am 6. Dezember 2019 in Auschwitz". https://www.bundeskanzler.de/bk-de/aktuelles/rede-von-bundeskanzlerin-merkel-zum-zehnjaehrigen-bestehen-der-stiftung-auschwitz-birkenau-am-6-dezember-2019-in-auschwitz-1704518.

　　④ „Rede von Bundeskanzlerin Merkel zum zehnjährigen Bestehen der Stiftung Auschwitz-Birkenau am 6. Dezember 2019 in Auschwitz". https://www.bundeskanzler.de/bk-de/aktuelles/rede-von-bundeskanzlerin-merkel-zum-zehnjaehrigen-bestehen-der-stiftung-auschwitz-birkenau-am-6-dezember-2019-in-auschwitz-1704518.

默克尔作为德国总理，不仅代表当代德国人承担了大屠杀的历史责任，而且把这一责任看作德国人身份认同的一部分、国家形象的一部分。

　　另外，默克尔在任期间，曾经7次访问耶路撒冷大屠杀纪念馆，在她看来，每一届的联邦政府都有义务采取行动，反对反犹太主义、仇恨和暴力。默克尔在参加在与此同时年埃森举办的展览"幸存者，面对大屠杀之后的生活"（Survivors. Faces of Life after the Holocaust）时，表示："我对德国实施的大屠杀给许多人带来的痛苦而深感羞愧。六百万犹太人——包括妇女、男子、儿童，都受到了羞辱，被边缘化，甚至被系统地谋杀了。大屠杀是与文明决裂的，它与所有人类价值决裂。我们这些后来出生的人，站在这些罪行面前，惊呆了！为什么人们会把这样的恐怖施加到其他人身上？怎么会发生这样的事情？"在谈到德国人的责任时，默克尔表示："我们听到的每一个讲座，读到的每一个纪念碑，看到的每一张照片，参观的每一个纪念馆，都让我们意识到是有责任保持对德国犯下的人类罪行的记忆。我们对每一位受害者都有责任。这是我们所有人的工作，也是对后代负有责任。"[①]

　　从施罗德和默克尔两届政府针对大屠杀历史的态度可以看出，进入21世纪的德国政府已经坦然接受了曾经的纳粹历史，接受了德国人身上所背负的责任。在他们看来，承认这段历史不仅是当代德国人的历史责任，也是他们身份认同的组成部分，更是德国树立良好国际形象的必须。对经历了二战和纳粹政权，以及大屠杀的德国来说，种族主义和反犹主义是对社会基本价值观的攻击。作为联邦政府，有责任捍卫自由民主，反对种族主义、反犹主义、右翼极端主义和所有其他类似组织对人类群体性的敌意。特别是近些年来，更多的犹太人又重新回到了德国，这对德国政府和社会来说，也是一种莫大的信任，所以他们会为犹太人以及其他少数民族提供更为安全和宽松的生活环境。

[①]　„Rede von Bundeskanzlerin Dr. Angela Merkel bei der Eröffnung der Ausstellung —— Survivors. Faces of Life after the Holocaust", 23. Januar 2020, https://www.bundesregierung.de/breg-de/service/bulletin/rede-von-bundeskanzlerin-dr-angela-merkel-1714786.

二、柏林犹太人博物馆和纪念碑的建立

联邦政府对大屠杀的文化记忆可以通过 21 世纪初柏林犹太人博物馆和纪念碑在德国的建立可见一斑，作为文化记忆的载体，博物馆可以将记忆消失后，与记忆和过去在情感上勾连的物件保存下来。作为记忆残留物的场所，博物馆是人们从历史中找寻记忆、找寻自我认同的切入点。尤其是博物馆外部的建筑设计、内部的物件摆设都蕴含了时间和空间的顺序，它们对历史的叙述存在着超越文本的意义，在储存、呈现和传承文化记忆方面有着不可比拟的作用和展示效果。

不同于科尔政府在 80 年代借助德国历史博物馆和联邦德国历史馆来展现德国曾经灿烂辉煌的过去，以激起德国人对传统民族主义的热爱，21世纪的联邦政府主持建设了两个关于大屠杀和纳粹历史的博物馆，用来记录了曾经德国历史中黑暗的一面，在帮助德国人铭记过去的同时，也让他们直面自己的历史和责任：一个是建于 2001 年的柏林犹太人博物馆（Jüdisches Museum Berlin），另一个是建于 2003 年的欧洲被害犹太人纪念碑（Denkmal für die ermordeten Juden Europas）。

由丹尼尔·里伯斯金（Daniel Libeskind）设计的柏林犹太人博物馆起源于 1933 年，原先是位于柏林的一座犹太教堂，后成为柏林博物馆的一部分，到了 1999 年才开始计划建设成为一栋独立的建筑。[1] 博物馆的外形看起来是随意弯曲的，但实则来自变形的大卫之星（Star of David）[2]，作为犹太人被强迫携带的标志，大卫之星在纳粹统治时期一直被看作犹太人耻辱的象征。整体博物馆由两种线条组成：一种破碎的直线代表犹太人，另一种连续的曲线象征德国人，两个线条交织在一起，暗示着德国人和犹太

---

① *Geschichte des Jüdischen Museums Berlin*, https://www.jmberlin.de/geschichte-unseres-museums.

② 大卫之星（Star of David），又称六芒星、希伯来之星或六角星，是犹太教和犹太文化的标志，以色列建国后该星位于以色列的国旗之上，最终成为以色列的象征。

人相互纠缠，无法分割的历史。

犹太博物馆没有明显的入口，游客只能从旁边柏林博物馆的地下通道进入，这也暗示了犹太人曾经在欧洲不受人待见的社会地位。2018年，由米舍·库尔（Mischa Kuball）设计的灯光展——"光与声：共鸣"在该博物馆的地下一层展出，这位来自杜塞尔多夫的艺术家使用旋转式投影，将红色的灯光投射在墙壁、地面和天花板上，并来回移动，通过镜子的反射创造出灯光的明暗变化。参观者处在红色灯光带来的压抑气氛中，不仅可以对犹太人曾经遭受的苦难有所感悟，同时也可以体会到他们追求光明和幸福的迫切愿望。

博物馆地下一层有三条主轴，分别表示：大屠杀之轴、流亡之轴和延续之轴，这也代表了纳粹时期犹太人的三种命运：死去，逃亡，或者生存。在大屠杀之轴的线路中，陈列了一些犹太人的遗物，而该路线的终点是通向大屠杀塔。参观者进入这个狭窄高耸的黑暗空间时，唯一能感受的是头顶的一束自然光，这种身临其境的设计会让参观者体会到犹太人被屠杀时绝望和无助的心情；流亡之轴通向户外的霍夫曼花园，花园中有49根空心的混凝土柱，其中48根里面装的是柏林的土，代表以色列的建国年份——1948年，唯一的一根装着耶路撒冷的土，代表了柏林。同时霍夫曼花园还与地面有10度的倾斜角度，柱子也随之倾斜，所以进来参观的人会有一种眩晕和迷失方向的感觉。[①]博物馆的设计者希望借此提醒参观者，德国对犹太人的毁灭和进入一个与自己没有渊源的陌生国度是什么样的一种感觉。[②]最后一条延续之轴则通向了博物馆的主楼梯以及其他展厅，光线也比前两条路线更加明亮。

除了三条主轴线之外，该博物馆还有一条贯穿整体建筑的虚线，形成了6个从上到下的"虚空间"，它们的设计灵感来自犹太民族的历史记忆：

---

① *Architektur des Jüdischen Museums Berlin*, https://www.jmberlin.de/architektur-und-gebaeude.

② 李茗茜：《解读柏林犹太博物馆中霍夫曼花园》，《评论与鉴赏》2009年第1期。

"当一个民族被彻底消灭、个人自由被剥夺，生命的延续被打断时，它的文化也会遭遇灭顶之灾，而一股诺大的虚空就随之产生。"[1] 在其中一个"虚空间"中，展示着以色列艺术家马纳舍·卡蒂希曼设计的"落叶"展，展厅地上铺满了上千个铁质圆盘，每个圆盘都好像是一张张扭曲的人脸，当游客踩上去的时候，铁皮就会相互碰撞发出声响，回声在空荡的房间中格外刺耳，仿佛是被迫害的犹太人对施暴者的控诉。[2]

目前，柏林犹太人博物馆已成为欧洲博物馆领域的杰出代表，除了展览和展品之外，该博物馆还强调数字化展出以及博物馆的教育意义。柏林犹太人博物馆通过精心挑选的展品来体现犹太民族的日常生活，由此让参观者借助历史的见证进入犹太人的生活世界。另外，该博物馆还通过展示962 条有关反对犹太人的法律，以及在 1930—1938 年间将近 4660 次对犹太人攻击和暴力行为的记录，来展现纳粹时期的犹太人生存状况，通过这些人们不仅可以了解当时德国和犹太民族的历史，也可以思考当今两者之间的对话和交流。[3]

而位于柏林市中心地区的欧洲被害犹太人纪念碑则是德国反思历史的又一重大见证。它北邻历史性建筑物布兰登堡大门，南接波茨坦广场，占地 2 万平方米，总耗资约 2500 万欧元。纪念碑群是由高度从 2.38 米到 4 米不等，宽度在 0.95 米的 2711 块中空水泥柱组成，从高处看像是波浪的形状，从远处看则像是一个棺材群。人们置身于柱群中，环顾四周，没有出口也没进口，感觉被难以表达的、冰冷的灰色所挤压着，像犹太人无法诉说的苦难。[4]

---

[1]　王志阳：《博物馆的叙事性表达——解析柏林犹太人博物馆》，《公共艺术》2017年第 1 期。

[2]　*Aktuelle Ausstellungen des Jüdischen Museums Berlin*, https://www.jmberlin.de/aktu-elle-ausstellungen.

[3]　*Über das Jüdische Museum Berlin*, https://www.jmberlin.de/ueber-das-jmb.

[4]　*Denkmäler von Stiftung Denkmal für die ermordeten Juden Europas*, https://www.stiftung-denkmal.de/denkmaeler/.

事实上，从最初提议修建到最终纪念碑揭幕，欧洲被害犹太人纪念碑走过了富有争议的17年。无论是德国政府还是犹太人组织、知识界以及各级政党都对纪念碑的修建提出了自己的意见，有人反对将德国的历史耻辱放在柏林的中心地带，有人认为该纪念碑仅仅考虑到了犹太人，而忽略了大屠杀的其他受害者，以著名作家君特·格拉斯（Günter Wilhelm Grass）为代表的知识分子也呼吁放弃修建纪念碑，认为它难以表达德国反省历史罪行的立场，难以传达纳粹深重的罪行，以及对牺牲者的悼念。① 但最终德国议院还是在1999年通过了修建纪念碑的决议，并在2003年开始动工。

纪念碑群在德国政府的主导下，作为文化记忆的载体，将人们曾经的亲身经历转化成关于大屠杀的文化记忆。欧洲被害犹太人纪念碑别出心裁的设计，让参观者，尤其是德国年轻人，身临其境地感受到曾经的历史，感受到纳粹的暴行和犹太人的无助，从而获得强烈的震撼和共情。它不仅是德国人反思历史的教育基地，更是联邦政府推动大屠杀反思的证明。正如在纪念碑开幕仪式中，德国联邦议会议长提尔瑟所言，德国联邦国会通过决议建立这座纪念碑，并不是德国对纳粹历史反省的终点，德国必须坦白地承认它的历史责任，在首都柏林市中心公布其历史上的最大罪行，以警戒德国人永远牢记这一切。

综上所述，德国的重新统一，终于结束了两个德国近40年以来的分裂状态。在面对大屠杀的问题上，统一后的联邦政府比以往任何一届都更加清醒，他们通过修建博物馆和纪念碑来坦然地面对大屠杀，勇敢地承担历史责任，积极地面对社会矛盾。这种态度不仅可以从根本上杜绝德国的反犹主义和极端主义，保证社会的安定和团结，更重要的是，在全球化愈演愈烈的当下，德国政府的做法可以为德国重塑新的身份认同和良好的国际形象，并为本国的进一步发展营造一个和谐和友好的国际环境。

---

① 汪建国：《铭刻在德国心脏的忏悔》，《党史纵横》2005年第8期。

第三节　统一的德国社会对纳粹问题的主动反省

进入 21 世纪，德国社会对纳粹问题的反思可以借助电影和教科书的关注内容一窥究竟。电影和文字都可以作为文化记忆的载体来表达和传承记忆的内容，通过梳理希特勒系列电影以及历史教科书的演变可以发现，进入全球化和多元文化的当下，德国社会对大屠杀问题的思考与前一阶段相比有所不同，不仅更加坦诚，而且更加多元，这些都与这一时期德国出现的反犹主义和极端暴力事件密切相关。

一、21 世纪关于希特勒系列电影的演变[①]

2000 年后，德国人在西方价值观和多元文化的影响下，对希特勒和二战的反思也与之前发生了变化。他们在客观、真实回顾历史的同时，也在不断调整自己的心态，从最初的愧疚、懊悔到今天的坦然面对，从战争的负罪感到历史的责任感，德国人在面对过去时较以前显得更加成熟和从容。由加拿大导演克里斯蒂·安杜格威（Christian Dugugy）拍摄的希特勒传记电影《希特勒——邪恶的崛起》（Hitler –Aufstieg des Bösen mit Robert Carlyle，2003）、由德国导演奥利弗·西斯贝格（Oliver Hirschbiegel）执导的电影《帝国的毁灭》（Der Untergang，2004）以及德国导演大卫·温顿（David Wnendt）2015 年拍摄的《他回来了》（Er ist Wieder Da），这三部影片的相继上映，就如同用简洁的笔触清楚地勾勒出 21 世纪以来德国人在对待纳粹历史以及大屠杀问题上的心路历程。

2003 年上映的《希特勒——邪恶的崛起》从批判和否定视角来展现一个"偏执狂"的形象。这部由加拿大和美国合作拍摄的影片，从严格意

[①]　以下内容参见本人已发表论文，王琳：《从"偏执狂"到"普通人"再到"喜剧演员"——新世纪以来希特勒在德语电影中的角色转变》，《当代电影》2016 年第 7 期。

义上来说并不属于德国影片。故事描述从青年时候的希特勒到他最终成为国家元首兼帝国总理的人生经历。影片的开头引用了18世纪英国哲学家埃德蒙·伯克（Edmund Burke）的名言："恶人之所以胜利，是因为好人一无所为"。电影中除了穿插报业编辑葛立费对抗希特勒的片段之外，还突出表现了一些德国政商界人士出于自身利益对希特勒所提供的帮助。

　　因为这部传记片把希特勒定义成为一个具有偏执狂症状、对抗性人格的人[①]，所以影片从各个方面都突出表现了这一特点。导演采用了许多近景镜头，特写希特勒夸张的脸部表情：在医院，当他扯去眼睛上的纱布，拍摄关注点在他发红的双眼上；当希特勒在演讲中宣扬反犹太人言论时，导演强调对飞溅唾液的特写……摄影机的拍摄角度也是从希特勒的头顶来俯瞰演讲台下群情激昂的民众，借由希特勒的角度来反映他对民众藐视和鄙视的病态心理。这一系列光与影的运用，都是为了表现希特勒如邪教教主一般的黑暗形象。

　　这部片子上映后，在德国遭到了来自各方的批评。从历史方面来说，影片在很多方面并没有还原历史的真相。包括：希特勒父亲之死（并不是如影片所描述的，在家中餐厅中风倒地而死，而是在早晨散步时由于肺出血发作而死）；希特勒在当士兵时，由于鞭打他的狗，而逃过了炸弹攻击；还有他的犹太长官对他进行勒索；等等。这些捏造和杜撰的场景，在严谨的德国人眼中漏洞百出，也使得电影完全没有说服力；从电影深度来说，导演只是从外部对希特勒不为人知的心理状况进行了简单的描述，并没有深入地分析。特别是影片中他童年的部分，导演把一个可怜的小男孩描述成一个中了魔法的"驱魔人"[②]；对于德国人来说，最不能忍受的是，影片在表现当时德国民众时采用了统一的脸谱化。他们要不就是希特勒的追随

---

　　① 张民军：《一位心理学家眼中的希特勒——〈默里备忘录〉解读》，《历史教学问题》2010年第8期。

　　② Marc Pitzke, „Hitler-Dokumentation: Das fucking größte Monster", in *der Spiegel*, 1.März 2003.

者，要不就是英雄似的反抗人物，这种"非黑即白"的定义方式显得影片在处理德国普通民众方面过于平淡和公式化。"不是追随者，就是反抗者，难道没有处于中间路线，没有处在矛盾和犹豫之中的德国人……而且德国人在影片里总是喝着啤酒，导演对于历史的理解还停留在 70 年代啊"！①

所以这部号称从客观、真实的角度来记录希特勒的影片，对德国人来说，只是在简单、肤浅甚至不加考证地反映历史，同时夹杂了外国人对德国以及德国人的偏见。这也说明了即使进入了 21 世纪，人们在看待希特勒这一复杂性的历史人物时，还夹杂着较为极端和强烈的个人情感。

2004 年，由德国导演奥利弗·西斯贝格（Oliver Hirschbiegel）拍摄的影片《帝国的毁灭》则使用了一种思考和纪念的方式来回顾历史。它强调用颠覆和淡化的方式重新审视德意志民族的过去，将怀旧和积极的两种方式结合起来处理历史问题。该部影片在回顾德国历史罪人——希特勒时，去掉了他妖魔化的一面，转而用较为平淡的手法来客观和人性地看待这一人物，反而引发了人们更深层次的思考。

《帝国的毁灭》的故事来自德国历史学家阿希姆·费斯特（Joachim Clemens Fest）在 2002 年出版的同名小说，以及希特勒的贴身秘书鲁德尔·荣格（Traudl Junge）同年出版的回忆录《直到最后一刻》。故事情节围绕着希特勒的最后 11 天（从 1945 年 4 月 20 日到 4 月 30 日），以及他自杀后柏林被苏俄红军攻占的这一历史事件展开。

影片在上映之初在德国引起了轩然大波，不少影评界人士认为这部电影是在美化历史罪人和纳粹分子，可能会引起人们的同情。当然也有电影评论家认为电影中体现的人文主义比较冷静客观，它真实地反映了一个人物的立体面。人们对于《帝国的毁灭》这部电影的看法一直在真实的历史事件和电影艺术处理手法中徘徊。过去人们对希特勒的印象要么来自纳粹

---

① Marc Pitzke, „Hitler-Dokumentation: Das fucking größte Monster", in *der Spiegel*, 1.März 2003.

留下的那些照片和影像——一个众星捧月、高高在上的元首形象；要么来自卓别林《大独裁者》中小丑化的人物塑造，抑或《希特勒——邪恶崛起》中的具有偏执狂症状的邪教教主形象……但《帝国毁灭》中的主演布鲁诺·冈茨（Bruno Ganz）却带给观众了一个与众不同的人物：通过颤抖的双手来表现希特勒晚年已患上了帕金森综合征；通过他对亲近下属和戈培尔孩子们的态度，展现了他作为一个耄耋老人慈祥的一面；当预感到战争即将结束，希特勒也会表现出心生恐惧和失魂落魄的一面……《帝国的毁灭》这部电影对希特勒的形象既没有神化也没有丑化，反而注重展现他作为普通人的一面。"对于这个电影一直有个争论，就是人们是否应该把希特勒当作一个人来扮演。需要肯定的是，这个纳粹主义的头目，他不是个怪物，也不是个外星人，他也可以有睡觉、吃饭、听音乐、微笑和烦恼等普通人的一面。"[1]

对于拍摄这部电影的目的，制片人贝恩德·艾辛格（Bernd Eichinger）说："我们在拍摄的最初就决定，这部电影要用德语来拍摄……因为当人们用摄像机对准这个处于身心崩溃边缘的民族，也就是我们德意志民族时，就应该，也必须由我们自己来讲述这段历史。"[2]电影中玛格达·戈培尔的扮演者德国演员科琳娜也说出了自己的看法："我担心是，人们一直以来对银幕上希特勒形象有着这样或那样的规定，而事实上，正是因为这些规定使得我们裹足不前。我认为我们在克服过去历史问题上并没有向前走。所以我们要做另外的尝试……真正的冒险不是我们怎么样拍摄这个电影，而是怎样和过去固有的规则决裂。"[3]

---

[1]　Michael Wildt, „Der Untergang-ein Film inszeniert sich als Quelle", in *Zeithistorische Forschungen*, 03. Jan.2005.

[2]　„Interview mit Bernd Eichinger", in *Presseunterlagen der Constantin Film AG zum Kinostart des Films*, S.9.

[3]　„Corinna Harfouch, Alexandra Maria Lara und Juliane Köhler interpretieren ihre Rollen in Der Untergang，Interviews mit Tobias Kniebe", in *Süddeutsche Zeitung*, 4.Febr.2004.

　　本片的导演西斯贝格也表达了相同的意思："这部电影就像历史赋予我们的任务。我们必须要重新走进那段历史，并重新理解它，而不是仅仅把它简单地展示给现代人看。作为德国民众，我们并不会否认应该背负的过错，但我们也需要一种新的思维方式和民族意识，否则我们的文化就会一直沉浸在内疚和痛苦中止步不前。对于这部电影的拍摄原因，我想说，正是因为我是一名德国人，而这样的想法并不会让我感到尴尬和难堪。"①

　　英国历史学家伊恩·克肖（Lan Kershaw）说，德国人最终成长起来了。几年前，这样一部题材的影片，不是过于挑衅，就是要激起人们的愤慨，而这部影片，它是把希特勒那个时代作为一个历史不可避免的过程去理解和对待。《帝国的毁灭》这部电影尽量用平和的口吻去讲述希特勒，讲述纳粹那段历史。《世界报》的德国籍记者埃克哈德·弗尔（Eckhard Fuhr）说，"这部电影是对大众观点的一种改变。电影中呈现了一种需求，这不是对战争那一代人的和解，而是理解。今天的德国人有他们自己的历史，但这段历史已不再是他们的负担，这样他们就能更加真实地看待希特勒，看待过去"②。

　　不可否认的是，这部电影以地堡中发生的事情为主线，但在地堡之外，该电影多反映的是受伤的德国士兵、死去的德国民众、柏林在被盟军轰炸时恐怖和死亡的气氛。影片没有展现集中营的大规模谋杀，没有对外国劳工的集中枪杀，也没有为了战事牺牲的苏联士兵。这种单一的拍摄角度，也一度引发了德国社会的争议，但由此也可以看出，进入了 21 世纪的德国人与父辈最大的不同是，不再用一种赎罪和道歉的心情去回顾历史，而是采用一种开放和积极的心态去看待和接纳历史。

　　从真实、客观地再现历史到用轻松、调侃的方式看待历史，这种思想上的转变人们可以通过 2015 年 10 月在德国上映的喜剧片《他回来了》

---

　　①　„Daher kommen wir, Interview von Anke Westphal mit Oliver Hirschbiegel", in *Berliner Zeitung,* 11.Sept. 2004, S31.

　　②　Eckhard Fuhr, „Auf Augenhöhe", in *die Welt,* 25.Aug. 2004, S3.

感受到。这部电影实际上还源于一则历史典故。1928 年 6 月 22 日的《法兰克福汇报》上刊登了一则题为"重新认识他"的文章：报道中称，当时的俄国一家电影公司想拍摄一部以 19 世纪沙皇帝国的大屠杀为背景的电影。其中有一个叫穆拉托夫的军官做了很多坏事，杀害了很多犹太人。原本这个角色是由俄国一个著名的演员来扮演，但开拍之前，这个演员突然被一个名不见经传的普通人替换了。在拍摄的过程中，人们却逐渐发现这位不知名的演员在长相、神态、表情等各个方面和穆拉托夫神似极了。直至一天，有两个经历了大屠杀的犹太人揭露出这个不知名的演员就是穆拉托夫本人。德国著名的作家贝托尔特·布莱希特（Eugen Bertholt Friedrich Brecht）在报纸上读到了这则极具戏剧性的故事，由此写出了著名短篇小说《野兽》。这部《他回来了》正是融合了上述那个真实的典故和布莱希特小说中的虚幻元素。

本片的导演大卫·温纳德（David Wnendt）对于德国新纳粹问题一直有所关注，他在 2011 年拍摄的电影《女好战者》围绕着一个东德的年轻女性，她对犹太人、外国人、警察和一切与她世界观不符的人都充满了仇恨。而在这部《他回来了》电影里，导演主要想探讨，当代德国人在面对越来越狂热的右翼势力时会产生什么样的反应。

在这部影片开拍前 4 个月，电影的摄制组和希特勒的扮演者奥利弗一起穿越了整个德国，让这个曾经的历史罪人走到人们中去，并把民众的反应拍摄下来，最后这些镜头都穿插到了电影情节里。导演希望借由纪录片方式，在影片中再现德国现代人对这一历史人物的反映，从而起到调侃、讽刺和引人深思的效果……令摄制组感到吃惊的是，大多数情况下，人们对希特勒表示的是友好和欢迎。"我们出于担心，给奥利弗配备了保镖，后来发现完全用不上，因为大多数情况都是友好的气氛。"[①] 让摄制组更想

---

① „So reagieren die Deutschen auf Hitler: Regisseur und Produzent erzählen von den Dreharbeiten", in *Bild*, 3.Okto.2015.

不到的是，有些人在采访过程中表示出对外国人的排斥和对德国目前政治的失望，并对希特勒的反动演说表现出异常的激动。对于"希特勒"所说的，"德国现在需要一个新的元首"，他们更是十分赞同和支持。一位卖咖喱饭的摊主甚至认为，二战后德国所有背负的罪责都是错误的。① 就像这部片子的最后，"希特勒"所说："他们（这里指现代的德国人）是摆脱不了我的，因为我就是他们中间的一员。"

这部电影提出了引人深思的问题：目前这个看似文明现代的德国社会，有多少人公开，或者暗中对曾经的希特勒和纳粹政治表示欢迎？导演大卫认为：我希望可以引发大家的讨论，人们应该问问自己，自己是不是和这些支持"希特勒"的人一样？应该作出怎么样改变？而电影的出品人更是借助一个例子来说明了这个问题："我有一个很不错的邻居。当德国政府宣布，柏林的一部分地方要接受 2000 名的难民，这一决定激起了很多人的不满，我的这个邻居也在其中。他认为让这些难民的孩子进入正规德国学校学习是不可以的。但看了这部电影后，他内心受到了触动，认识到自己和那些"希特勒"的拥护者是一样，是错误的。如果能够帮助更多的人认识自己，这就是我们电影的目的。"②

电影的最后一个镜头是，被民众误认作喜剧演员的希特勒站在大街上，人们向他欢呼、行纳粹礼，而这一切在"希特勒"本人看来，整个德国又一次陷入了对他的狂热中……不可否认，这部电影终究是一部喜剧电影，它通过"希特勒"一系列荒诞、诡异的行为和民众对他夸张的狂热追捧，借由黑色幽默和反讽的手法，真实地展现了现代德国人对纳粹这段历史的看法，从而引发人们对于历史和现实的思考。对此，人们应该振臂高呼："它（电影）终于来了！"

---

① „Selfie mit Adolf Hitler- Gedanken über Deutschland zum Film: Er ist wieder da", in *Deutsche Welle*, 7.Okto.2015.

② „So reagieren die Deutschen auf Hitler: Regisseur und Produzent erzählen von den Dreharbeiten", in *Bild*, 3.Okto.2015.

综上所述，通过这三部以希特勒为主角的电影，则可以看出德国人进入21世纪在反思大屠杀和纳粹历史这一问题上的心理变化。第一部影片反映了人们（非德国人）对于希特勒和"二战"历史的认识还停留在过去：希特勒是邪恶的化身，纳粹历史是德国人不堪回首的过去；第二部影片是一个重要的转折点，虽然它在一定程度上引发了人们的怀疑：即该类型电影是否在"正常化"甚至"美化"希特勒这一类的纳粹人物？但该片获得的2005年奥斯卡最佳外语片提名奖却说明了：目前人们都希望用一种新的思维方式，更加真实、客观和人性地来看待那段历史；第三部电影则采取了一种轻松和幽默的方式，提出了一个富有政治深度的问题：当代德国在面临更加严峻的世界和民族融合的问题时，那些希特勒的言论是否还在影响今天的德国人？综观这三部电影看待希特勒的变化过程——从极端到真实再到幽默，就会发现，德国人对大屠杀的文化记忆从未停止，并且与当下德国所处的社会状况密切相关。

二、21世纪德国教科书对大屠杀的书写

教科书作为文化记忆的一种载体，不仅具有承载记忆的功能，还担负着教育德国新一代年轻人的责任。从德国重建开始，历史教科书就涉及关于二战和大屠杀的描述。如果说20世纪50年代，德国教科书将战争的爆发归咎于苏联和共产国际，注重强调德国士兵在斯大林格勒战役中的艰苦与损失的话；那么70年代，受德国"68一代"的影响，这时的教科书主要是对希特勒政权的残暴统治以及大屠杀的全面揭露；而进入了90年代，德国教科书开始关注以犹太人为核心的受害者现状，引导人们对"集体罪责"的反思，同时启发学生主动探寻二战历史。[①]

---

① 参见孟钟捷：《如何培育健康的历史意识———试论德国历史教科书中的二战历史叙述》，《世界历史》2013年第3期；王洪娟、刘传德：《德国的历史教学》，《史学史研究》1998年第2期；孙文沛、阮一帆：《联邦德国历史教科书中"二战历史"叙述的变革》，《德国研究》2015年第3期。

德国统一后，因为两德长期的分裂和差异，造成了许多社会问题。社会动荡必然意味着反犹主义和右翼极端势力的抬头，为了抵制种族主义的再度出现，尤其是青年人对主流历史观的认识，德国教科书将关注点更多地放在"受害人"身上。"前10年的教科书还扩展了'战争受害者'所涵盖的人群，2005年的教科书记录了纳粹政府对吉普赛人、耶和华见证人和同性恋者的迫害，禁止精神病人、畸形人、智障人结婚或生育，强制有遗传病的夫妇绝育，消灭逾10万'无价值生命'的计划，记录了德军为了镇压游击队杀害无辜的苏联平民。"[1] 这一时期历史教科书对大屠杀重点的转移，主要是让德国年轻人充分了解极权主义和种族主义，引导他们批判和摒弃种族偏见，树立民主和自由的社会价值观。

在2015年，德国和以色列建交50周年之际，德国教科书委员提交了一份关于"德国和以色列在对方国家教科书中的代表问题"的调查报告。通过对数百本德国教科书的审查发现：大多数现代教科书把大屠杀放在第二次世界大战和纳粹主义的背景下来讲述，主要是关于剥夺犹太人权利以及犹太人被迫害和灭绝的过程。其中会提到一些重要事件，包括纽伦堡法案、11月大屠杀[2]、犹太人被驱逐出境等，奥斯维辛集中营是所有这些事件的代表。另外，几乎所有的课本都把大屠杀和犹太人建国联系在了一起。通过将犹太人移民、国家的形成和建立、迫害和谋杀欧洲犹太人等内容相联系，帮助德国学生更好地理解犹太国家建立的必要性。同时，反犹主义作为屠杀犹太人的主要动机之一，在德国历史教科书中也有所涉及。[3]

相对于之前的教科书对于大屠杀的鲜有描述，21世纪的教科书更注重对

---

① 孙文沛、阮一帆：《联邦德国历史教科书中"二战历史"叙述的变革》，《德国研究》2015年第3期。

② 11月大屠杀，指1938年11月9—10日的"水晶之夜"，纳粹分子和党卫队成员袭击了德国全境的犹太人，这次屠杀也标志着纳粹政权对犹太人有组织屠杀的开始。

③ Martin Liepach, „Die Darstellung des Holocaust in deutschen Geschichtsschulbüchern", https://www.yadvashem.org/de/education/newsletter/19/holocaust-in-german-history-books.html.

大屠杀暴行的揭露，甚至这一主题成为德国二战历史描述中的核心部分。受上一阶段社会史学派的影响，教科书中对大屠杀的描述强调普通受害者的命运，使德国青年人深刻感受到历史的发生就在身边，引发他们的共情意识。"教科书希望以此传达普通人在纳粹时代遭受的苦难，把历史变成触手可及的、与个人紧密相关的生动往事，进而让学生领会和平与自由之可贵。"①

但即便德国的教科书这些年在阐述纳粹历史方面越来越完善，历史学家还是在其中发现了问题："希特勒在1939年1月30日就已经表明了他灭绝犹太人的意图"，这是一段中学教科书中关于"种族灭绝"这一章开头的第一句。这句话实际上把大屠杀罪行强烈得"个人化"了，好像只有希特勒一人才能对大屠杀事件负责，而其他的德国人可以置身事外；书中也提到了"德国民众受到了诱惑"，这样的话语表达很显然把大屠杀中德国人应该承担的责任"轻描淡写"了。除此之外，书中还有很多历史知识点的错误，包括"纳粹政权在俄罗斯和波兰都建立了灭绝营，德国犹太人在'水晶之夜'后就失去了公民身份"等一些基本的常识性错误。所以，虽然相比之前，德国的教科书在内容上实现了多样性和广泛性，但在细节以及历史责任等关键问题上还需要更加谨慎和严肃。正如德国教科书编委的副主任埃克哈特·福克斯（Eckhardt Fuchs）所说，"历史是一代又一代人重新解释的……在教科书中，要加强历史的事实性。书中应更多地对文献的来源、引文和证词进行补充"②。

综上所述，从希特勒电影的演变和教科书中关于大屠杀的描述，可以看出统一之后德国社会的文化记忆和前一个阶段相比，对大屠杀问题的思考更加深刻，它与当下社会的反犹主义和极端主义紧密地结合起来。而且德国人看待历史方式在这一时间也发生了变化，他们不再否定大屠杀和纳

---

① 孙文沛、阮一帆：《联邦德国历史教科书中"二战历史"叙述的变革》，《德国研究》2015年第3期。

② Jan Friedmann, „Deutsche Schulbücher sind beim Thema Holocaust unpräzise", in *Spiegel*, 27. January 2014.

粹历史，但更倾向用一种正常的、非特性化，甚至轻松和调侃的方式来看待。总体而言，德国的政治界和社会上关于大屠杀的文化记忆都有所提升，思想界仍在这一方面存在着争论。

第四节　德国思想界关于大屠杀问题的思考

统一之后的德国人陷入了新的身份认同的困境，如何看待纳粹历史是这一问题的出发点之一。由美国学者戈德哈根提出的种族大屠杀与德国传统历史之间的联系，碰触到了德国人敏感的神经。无论是保守的右倾知识分子还是自由的左派知识分子都从根本上否定这一说法，除了因为戈德哈根的论证本身存在缺陷之外，还涉及了民族主义和爱国情绪在统一后的高涨。

一、"戈德哈根争论"的始末

1996 年 3 月，美国青年学者丹尼尔·约纳·戈德哈根（Daniel Jonah Goldhagen）在美国出版了《希特勒的志愿行刑者》一书。这本书主要围绕解释和揭示纳粹时期的种族大屠杀。戈德哈根力图从大屠杀产生的根源和发生的机制出发，就大屠杀的执行者、德国的反犹主义以及纳粹时期德国社会的性质这三个方面做一解释。他在书中反复提到了如下两个观点：1. 绝大多数杀害犹太人的德国人认为他们是正确的，这种认识是基于长期以来他们心中的犹太人形象，即反犹主义的作祟。2. 大多数的德国人如果处在纳粹时期施害者的角度，他们也会采取相同的做法，因为他们也抱有同样的反犹主义想法。①

---

① „Gespräch zwischen Daniel Goldhagen und Josef Joffe", in *Blättern für deutsche und internationale Politik*, Nr.10, 1996, S.1193-1194.

书中不仅描绘和阐述了纳粹刽子手残忍和暴虐的行径，还将大屠杀的根源与德国历史传统结合起来。戈德哈根认为，德国人之所以要杀犹太人，是因为他们想杀，德国人是狂热的反犹分子，纳粹对犹太人的屠杀实际上是德意志民族潜伏已久的集体计划，只不过是希特勒政权解放了德国人一直以来的这种意识，所以，纳粹时期普通的德国人都是希特勒屠杀犹太人的自愿帮凶。"德国文化中普遍长期存在的、灭绝种族的反犹主义为大屠杀准备了启动条件……受到大多数德国人崇拜的领袖希特勒把这种残忍的灭绝种族的纲领付诸实施。在纳粹时期，灭绝种族的反犹主义成为德国领导阶层和普通德国人杀戮犹太人的动力源泉。"[1]

这本书在 20 世纪 90 年代的美国出版时，美国正处在对大屠杀的关注中，书中的内容不仅迎合了美国的文化自信，而且加强了"'美国的自由和民主价值观战胜德国黑暗'的叙述表达"[2]。该书在美国热销之后，于 1996 年引入德国。1996 年 4 月，德国《时代报》编辑沃尔克·乌尔里希（Volker Ullrich）发表了评论文章："《希特勒的志愿谋杀者》一本书挑起了一场新的史学家之争：德国人都有罪责吗？"该文使得戈德哈根的这本书正式走入德国大众的视野，并引发了社会争论。[3]

乌尔里希率先指出，戈德哈根的书有明显的"反对德国的倾向"[4]。

---

① ［美］丹尼尔·乔纳·戈德哈根：《希特勒的志愿行刑者》，贾宗谊译，新华出版社 1998 年版，第 240 页。

② 孙立新等：《联邦德国史学研究——以关于纳粹问题的史学争论为中心》，社会科学文献出版社 2018 年版，第 178 页。

③ 关于这场争论的始末，国内学者已作了较为详细的评述，相关内容参见孙立新等：《联邦德国史学研究——以关于纳粹问题的史学争论为中心》，社会科学文献出版社 2018 年版；孟钟捷：《统一后德国的身份认同与大屠杀历史争议——1996 年的"戈德哈根之争"》，《世界历史》2015 年第 1 期；孙立新：《联邦德国关于纳粹主义和第二次世界大战的历史反思》，《世界近现代史研究》2017 年第 14 辑。

④ Volker Ullrich, „Die Deutschen- Hitlers willige Mordgesellen. Ein Buch provoziert einen neuen Historikerstreit: Waren doch alle Deutschen schuldig?", in *die Zeit,* 12. April 1996.

《法兰克福汇报》的新闻记者弗兰克·希尔马赫尔（Frank Schirrmacher）也认为，戈德哈根虚构了一个起源于 19 世纪的种族灭绝反犹主义命题，让不了解德国历史的读者停留在中世纪，并把"大屠杀神秘化了"①。《南德意志报》的约瑟夫·约菲（Josef Joffe）预测该书将受到"激烈的、尖锐的、鄙视的"批判。② 德国历史学家和政治家尤利乌斯·H. 肖普斯（Julius H. Schoeps）认为，戈德哈根的言论使得"德国人集体罪责"一说重新复活，戈德哈根这种将反犹主义和德国政治文化联系在一起的做法是"荒谬的"。③ 德国著名历史学家韦勒也对该书进行了批判：戈德哈根简单地把大屠杀的问题归结为反犹主义，用美国人的口吻来评述德国人，不仅有种族歧视之嫌，而且存在着对德国人的"妖魔化"。④ 相比于德国历史学者激烈的反应，外籍学者则多站在戈德哈根这一方，如美国政治学家马克维茨（Andrei S. Markovits）认为，戈德哈根只是说出了"我们所有人曾经亲身经历的事情"。克罗地亚文学家德拉库里奇（Slavenka Drakulic）也认为，该书提醒读者在大屠杀问题上必须反思所有人的道德责任。⑤

在戈德哈根看来，绝大多数德国人因为反犹主义的影响和纳粹思想的渗透，在灭绝犹太人方面与纳粹成员达成了一致。但事实上，在第三帝国时期，不分年龄、性别和个体地杀害犹太人在当时并没有被看作是一种

---

① Frank Schirrmacher, „Hitlers Code. Holocaust aus faustischem Streben? Daniel John Goldhagens Remythisierung der Deutschen", in *Ein Volk von Mördern? Die Dokumentation zur Goldhagen － Kontroverse um die Rolle der Deutschen im Holocaust*, Julius H. Schoeps（Hrsg.）, Hamburg: Hoffmann und Campe Verlag, 1996, S.99-109.

② Josef Joffe, „Hitlers willfährige Henker, Oder: Die gewöhnlichen Deutsche und der Holocaust", in *Süddeutsche Zeitung,*13. April 1996.

③ Julius H. Schoeps, „Vom Rufmord zum Massenmord. Die Nazis müssten den Vernichtungsantisemitismus nicht erfinden: Warum Goldhagens Thesen eine Diskussion wert sind", in *die Zeit,* 26.April 1996.

④ Hans-Ulrich Wehler, „Wie ein Stachel im Fleisch", in *die Zeit*, 24.März 1996.

⑤ 孙立新等:《联邦德国史学研究——以关于纳粹问题的史学争论为中心》，社会科学文献出版社 2018 年版，第 178 页。

"道德需要"，以及是一件不言而喻的事，所以它也并没有作为一项不可推卸的公民责任来要求当时的德国人。① 虽然万湖会议之后，对犹太人的集体灭绝是纳粹政权核心成员的主要任务，但并没有证据表明当时全体的德国人也抱有这样的立场和想法。而且，很多的文字记录和演讲也证明，纳粹政权的统治者并不认为他们对犹太人的屠杀是建立在德国民众的普遍共识之上。戈培尔就在他的工作日记中多次表达了对知识分子和资本家的愤怒，因为他们仍旧对犹太人抱有同情，所以戈培尔一再强调反犹主义宣传的重要性。② 从某种程度上看，戈德哈根关于大屠杀的解释缺乏一定的史实支撑，并将问题的焦点集中在全体德国人和反犹主义上，显得有些过于单一和绝对。

相比于20世纪80年代末的史学家之争，戈德哈根所引发的这场争论在德国历史学家中没有明显地划分为左右两个阵营，连非保守派的历史学家——曾经主张将历史事实与政治教育目的相结合的历史学家在此次辩论中也积极地反对戈德哈根。他们认为，虽然面对当下德国的统一，防止民族主义的再次复兴是必要之举，对纳粹历史的回忆和反思也不应该停止，但戈德哈根却将视角只集中在反犹主义之上，未免显得过于狭小，而且他是站在一个纯美国文化的立场上来教育德国，其立场缺乏公正性和客观性。

与历史界和媒体界不同的是，戈德哈根的观点在普通德国人当中极为吃香，尤其受到年轻人的追捧。1996年，戈德哈根获得了"民主奖"，这是由政治期刊《德国和国际政治通讯报》所颁发的。值得注意的是，他的得奖理由不是因为《希特勒的志愿行刑者》这本书的内容，而是因为这本书所引发的德国社会争论。哈贝马斯在颁奖中提到，虽然戈德哈根提供的

---

① *Die Goldhagen-Debatte-war's das schon?*, http://www.holocaust-chronologie.de/artikel/die-goldhagen-debatte.html.

② Joseph Goebbels, *Die Tagebücher von Joseph Goebbels*, München: k.g.Saur Verlag, 1987.

证据不足以证明对犹太人的大屠杀是一种德国的"民族方案"，但假如"我们作为这个共和国的公民"，愿意来"参与对话"，并"进入知识分子的角色中"，那么这就是一种进步。①

"戈德哈根之争"出现在德国统一后不久，实际上指向的是统一之后的德国社会的身份认同问题。戈德哈根所提出的"德国文化中普遍长期存在的、灭绝种族的反犹主义为大屠杀准备了启动条件"的类似言论，虽然引起了德国人的激烈反应，但也在一定程度上提醒德国，要警惕统一之后过激的民族主义以及反犹问题的出现。戈德哈根所引发的争论无疑在一定程度上又推进了德国关于大屠杀文化记忆的研究进一步深入。

随着 20 世纪八九十年代的苏联解体、东欧剧变、德国统一，国际社会这一连串的变故像多米诺骨牌一样，来得让人猝不及防。1990 年德国统一，东德加入了西德，并采取了西德的政治、经济体制。但近 40 年的分裂状态和意识形态差距不是短时间内可以弥合的，而统一之后不断衍生的社会问题也使得联邦德国一时间陷入了统一的困境，高涨的民族主义情绪也给德国带了一丝阴影。反犹案件数量从 1990 年的 208 件上升到 1992 年的 620 件；1992 年德国还出现了超过 100 起破坏犹太人墓地、会堂和纪念碑的事件；1996 年德国出现了 719 起与反犹有关的刑事案件，其中包括 7 起身体伤害案件。②

而经过了近半个世纪的争论和反复，德国的民族主义越来越趋于"开放化"。在当今全球化的背景下，一个国家不能只根据血缘、语言、宗教或地域来定义，曾经的共同记忆、现在及未来共同生活的愿望也被认为是构成一个民族国家的重要因素。德国人在逐渐摆脱血缘、种族、宗教和传统文化对民族主义束缚的同时，也把那些与自己有着共同过去，甚至共同

① Robert R. Shandley（eds.），*Unwilling Germans? The Goldhagen Debate*, Minneapolis: University of Minnesota Press, 1998, pp.261-273.

② Ulrike Becker, *Goldhagen und die deutsche Linke oder die Gegenwart des Holocaust*, Berlin: Elefanten-Press-Verlag, 1997, S.141-142.

未来的人看作民族的一分子。在这个背景下，他们对纳粹历史的态度也更加豁达和宽容，不再纠结于它是否属于德国人的历史，而是勇敢地接受和承担。

从施罗德到默克尔政府，他们都坦然地面对纳粹历史，勇敢地承担历史责任，希望从根源上消除德国的反犹思想，通过修建柏林犹太人博物馆和欧洲被害犹太人纪念碑，来提醒当代德国人应该承担的历史责任，同时他们将这个责任看作德国人身份认同的一部分，该做法不仅可以杜绝反犹主义在德国的再度兴起，也可以帮助德国树立良好的国际形象。德国社会则通过对希特勒系列电影和历史教科书的不断更新和修正，表明当今的德国人以一种更加开放的心态来看待历史，他们承担历史责任但并不愿背负过重的思想负担。而德国思想界出现的"戈德哈根争论"虽然与60年代的"菲舍尔之争"、70年代"德意志特殊道路"有一定的相似性，都是从德国民族的根源上去寻找大屠杀发生的原因。但戈德哈根关于全体德国人奉行反犹主义的说法，还是惹恼了一众历史学家。这不仅是因为他的论断有失事实根据，同时还由于他将纳粹问题粗暴地归结于普通德国人的反犹思想，这不由地让人想起重建时期，美国强加给德国人的"集体罪责"一说，由此激起了他们的抵触和反弹。这也反映了德国知识分子在承认纳粹历史的同时，也不忘维护德国民族的文化根源。

总体来看，德国在统一后对大屠杀的文化记忆更加深刻和坦率了，这除了与德国政府的主导有关，也和这一时期传统民族主义的消解以及移民多元文化的出现有关。德国人不再纠结于是否回忆或如何回忆纳粹历史，因为对它的回忆和反思已经成为德国人自我认同的一部分，成为德国人面对这个世界的新"名片"。

结　语

　　两德统一之前，作为第二次世界大战的始作俑者，联邦德国在国际社会上一直奉行着"夹着尾巴做人"的原则，在推行"新东方政策"，保持东西方平衡的同时，积极向西方靠拢，以争取更大的"活动空间"；两德统一后，德国开始奉行"后民族国家"① 理念，在尝试外交"正常化"路线的同时，接受了曾经的大屠杀历史，并将其看作自我身份认同的一部分。所以，相比之前大屠杀问题给德国人身份认同所带来的羁绊，当前德国关于大屠杀的文化记忆已经发展到相对成熟的境地。他们不再回避和掩饰纳粹历史，反而将其视为自身历史的一部分，把对大屠杀问题的认识融入新的身份认同，在承认德意志民族发展缺陷的同时，勇于承担相应的历史责任，树立了良好的国家形象，也在世界上赢得了良好声誉。

　　鉴于德国做法的典型性和参考性，所以有关大屠杀的文化记忆一直以来是德国史研究领域关注的焦点。具体问题包括，战后的联邦德国是如何对大屠杀及纳粹问题进行反思的？引发德国人反思的原因有哪些？只有解答了这些问题，我们才能对德国大屠杀文化记忆的动态变化以及变化背后的动因有更深入的了解和把握，从而为世界上有着类似历史经历的国家起

---

　　① 　后民族国家哈贝马斯提出的一种应对当今民族国家危机的态度。对待民族国家既不能像保守主义一样采取盲目的肯定态度，也不像后现代主义一样采取全盘否定的态度，而是要在封闭和开放之间取一种平衡态度。参见 [德] 尤尔根·哈贝马斯：《后民族结构》，曹卫东译，上海人民出版社 2002 年版。

到参考和借鉴作用。

一、战后德国大屠杀文化记忆的特点及变化

文化记忆是人们依靠代际之间的传递，借助学习来获得以文化符号为载体的关于过去的知识，进而帮助成员建立集体框架下的身份认同。文化记忆具有可操作性、当下性和社会属性，同时因为其载体是纪念场所、纪念日、纪念活动、文字和电影等，所以它还具有长期性、延续性和固定性，对所承载的集体记忆意义更为重大。德国的文化记忆是指德国人对1933 年之后德国历史事件的回忆和认识，尤指针对犹太人的大屠杀事件，因为德国的文化记忆源自那段消极的历史，所以它除了具备多样性和普遍性之外，更具备反思性。

本书基于扬·阿斯曼夫妇的文化记忆理论，通过分析战后德国政界、社会和思想界借助各类文化载体在不同的历史阶段所展现出对大屠杀及纳粹历史的反思，梳理出战后德国文化记忆的特点：对民族国家的服从性、与官方记忆的对抗性以及自身在认识过程中的矛盾性。

首先，作为民族国家官方记忆的代表，文化记忆借助其记忆的一面展现了对国家上层的服从。文化记忆是民族国家的功能记忆，它来自民族国家的统治阶级和社会上层，具有不可动摇的合法性。从德国战后文化记忆的变迁来看，1949 年建国之后，无论德国执政党如何更迭，关于大屠杀的文化记忆都与执政党在这个问题上的认识高度切合。阿登纳政府提出的"克服过去"历史政策使得德国社会出现了集体遗忘，勃兰特政府主张对纳粹历史的清算在一定程度上推动了"68 一代"对父辈以及大屠杀的批判，在 21 世纪联邦政府的主导下统一后的德国民众以多元化的方式持续关注大屠杀……由此可见，德国关于大屠杀的文化记忆依赖于国家政治，是一种有目的地记住和遗忘。

其次，虽然文化记忆受制于民族国家，但不可否认它有文化的一面，所以偶尔也会展现出与官方记忆的对抗。在 20 世纪 80 年代的战后德国，

联邦总理科尔作为新右派保守主义的代表，希望借助对大屠杀历史的"正常化"和"历史化"来减轻当代德国青年人的历史重负，但在同一时期，德国社会却举办了"武装部队罪行展"，通过揭露武装部队与纳粹罪行之间的关系，打破了长久以来德国在这一问题上的禁忌，引发了社会争论。从这一现象可以看出，"自上而下"产生的德国文化记忆有时也会凸显非官方的因素，与国家上层的意志相悖，甚至抗衡。

最后，随着文化记忆的不断地深化，不同时期，甚至同一时期的不同派别对大屠杀历史事件的认识都会产生冲突和矛盾，这一点在德国思想界方面尤为明显。"新右派"知识分子从民族保守主义角度修正对大屠杀的认识，左派学者更多地批判大屠杀问题上德意志帝国的延续性；有人强调大屠杀的独特性，主张对其进行道德批判；有人重申大屠杀的相对性，提出将其归入正常的历史进程……德国人对大屠杀的认识不仅经历了史学领域的新旧学派之争，还与当时的现实社会交织在一起，以一种对立和冲突的方式来推进相关的思考，而这种充满矛盾和辩证的反思也正是整个大屠杀文化记忆不断向前的根本动力。

除了上述特点之外，从记忆的主体上看，德国关于大屠杀的文化记忆也经历了一系列变迁过程：政界从沉默到反思，从"历史化"到承担责任，表现出了一种迂回上升的动态变化；社会从最初的沉默、抵制转变成最终的面对和接受，是一个不断深入的过程；思想界则是在矛盾和对立中进行反思，进而推动相关记忆的发展。但总体而言，德国政界、社会和思想层面在大屠杀文化记忆上是"殊途同归"的，并最终形成了整体螺旋上升的变迁趋势。

德国战后文化记忆所展现出的服从性、对抗性和矛盾性，不仅与文化记忆理论本身的特质有关，还涉及德国的政界、社会和思想界对大屠杀问题的认识，这些认识最终导致了文化记忆的变迁过程：它不是一蹴而就的，而是经历了曲折、复杂以及不断的迂回，而借助民族主义的视阈下来考察这一过程会显得更加清晰和明了。

二、民族主义视阈下文化记忆的变迁

关于大屠杀文化记忆动态变化背后的原因，以伊恩·布鲁玛[①]（Ian Buruma）为代表的历史学家认为，德国战后之所以会对历史罪行开始反思，很大程度上取决于德国从纳粹统治到民主立宪的转变。因为其政治制度发生了实质性的变化，所以德国的大屠杀文化记忆也呈现出了不同的风貌。"决定一个国家命运的不是其种族或文化的固有本质特征，而是政治结构。"[②]

有人认为是德国的政党影响了战后的反思。从 1945 年之后，德国出现了由基民盟和社民党为主导的政党联盟轮流执政：基民盟上台时，联邦德国对纳粹历史的反思并不热衷；而社民党则顺应世界潮流，在改善联邦德国与苏联、东欧关系的同时，为德国问题的解决创造了新的环境；在日本学者中村雄二郎看来，西方的"罪感文化"是以基督教文明为基础，强调人生而有罪，一生都需要不断地忏悔，它是引导德国人反思大屠杀的关键因素；[③] 中国学者李乐曾认为，联邦德国对于历史的反思是基于现实政治的考虑，从地缘政治的角度建立与欧洲各国友好互信的合作关系，是德国战后外交政策的主要目标。[④]

基于上述学者的研究成果，本书提出了从民族主义和民族认同的角度去思考德国文化记忆的变迁过程。在现代民族国家中，为了让其成员产生共同的身份认同，民族主义除了强调共同语言、文字、习俗之外，最重要的就是共同记忆。当一个人在记忆中有了对这个国家或民族的认识，有自

---

① 　伊恩·布鲁玛（Ian Buruma）：荷兰历史学家、《纽约书评》主编，著有《罪孽的报应：德国和日本的战争记忆》《零年：1945——现代世界诞生的时刻》等。

② 　[荷] 伊恩·布鲁玛：《罪孽的报应：德国和日本的战争记忆》，倪韬译，生活·读书·新知三联书店 2018 年版，第 iii 页。

③ 　[日] 中村雄二郎：《日本文化中的恶与罪》，孙彬译，北京大学出版社 2005 年版，第 102 页。

④ 　李乐曾：《评德国和日本不同的二战史观》，《德国研究》1997 年第 2 期。

己属于这个民族或国家的意识，那么他必然就会归属于这个国家或民族。而一个国家要激起国民的民族认同和民族主义，实现民族主义的文化功效，就要唤醒国民对这个民族或国家的共同记忆。当此类记忆产生后，国民情感上的归属感和凝聚力就会变得异常强大。文化记忆因为其时间上的延续性和内容上的宽泛性，成为民族国家的官方来源。虽然文化记忆最终是由国家上层来决定的，但作为民族主义文化功能上的分支，它在一定程度上也会受到民族主义和民族认同的影响。

对德国人来说，二战后的身份认同经历了一个与西方民主制度和话语体系不断靠近，与传统民族主义逐渐疏离的过程。虽然科尔政府曾经一度提升了传统民族主义在德国社会中的地位，但建国后所采取的西方政治经济制度，使得德国人的身份认同最终转向西方价值体系成为必然。尤其在当下全球化不断深入发展的背景下，协调主流文化和多元文化之间的关系，维持欧盟文化多样性和同一性的平衡，建立全球化背景下新的民族认同，成为这些年德国政府在这一问题上的重中之重。

从民族主义的演变来考察战后德国大屠杀的文化记忆会发现，伴随着德国传统民族主义和新的民族认同的此消彼长，文化记忆也在不断地发生变迁。同盟国占领时期，旧式的民族主义遭到断裂，大屠杀的文化记忆呈现了缄默；阿登纳时期，受西方话语体系的影响，民族主义遭到摒弃，德国人对大屠杀仍然保持了沉默和集体遗忘；勃兰特时期，西方价值观下的新的超民族身份已然形成，传统的民族主义身份逐渐消失，德国人开始较为透彻地反思大屠杀历史；科尔时期，传统民族主义的再度复兴，德国人开始将大屠杀问题"正常化"和"历史化"；到了 21 世纪，德国传统民族主义逐渐被西方政治民主制度下的多元文化身份认同所取代，对大屠杀的认识也呈现出更加彻底和开放的态度，并构成了德国人新的身份认同的一部分。所以从某种程度上说，传统民族主义会影响甚至阻碍德国人对大屠杀的文化记忆。

关于这一结论背后的原因，从理论层面上看，作为民族主义文化功能上的重要一环，文化记忆必然会受到民族主义和民族认同的影响。为了巩固战后"新德国"的社会地位，为了让民众对新的民族国家产生认同感，德国需要借助民族主义这一有效的社会动员手段，来实现其目的。而当德意志传统民族主义在战后国家环境中无法发挥其功效时，德国必须借助西方民主政治来构建新的民族认同和新的"传统"，而伴随着民族主义和民族认同的演变，大屠杀文化记忆也必然会发生根本性转变，从缄默到接受，从排斥到承担。

从现实层面上看，大屠杀自身的特殊性在其中也发挥了重要作用。由于这种工业化的屠杀行为已经超出了人类正常的理解范围之外，不仅给亲历者造成了心理上的创伤性回忆，也让德国人对自己长久以来坚持的价值准则产生了怀疑，对以传统民族主义为核心的民族认同产生了动摇，所以他们需要将这一事件从自我历史中驱逐或者掩埋起来，在这种情况下，大屠杀问题就会遭到漠视、遗忘或向外推诿，德国人由此也拒绝对大屠杀进行反思；而当德国人倒向与之相悖的西方政治民主体系，当其身份认同被置于西方价值体系之下时，他就可以将自身与大屠杀历史割裂开，可以名正言顺地站在这片"历史阴影"的对立面，对其进行反思和再认识。

综上所述，伴随着19世纪晚期"德意志特殊道路"的出现，德国人对自己不同于其他西方国家的现代化道路和社会性质抱着积极和肯定的态度，他们以传统民族主义和文化引以为傲。而二战后德意志民族国家的消失，使得这种连续性的民族认同遭到断裂，曾经为之骄傲的民族主义在此时恰恰成为他们自卑和痛苦的根源，德国需要建立一个新的民族认同来重新凝聚和整合战败后的德国民众，西方的道路和价值体系不再是他们排斥的对象，反而成为寻求安慰和自我救赎的出口。在这个背景下，大屠杀问题也不再变得难以接受和消化，进而构成了德国人新的身份认同的一部分。

三、大屠杀文化记忆与当今德国

在现代民族国家的框架下，文化记忆作为民族主义文化功能上的分支，会受到民族主义及民族认同的左右，但从另一方面来看，民族认同的产生也需要依赖文化记忆，整个民族所共享的过去以及对历史的选择性记忆都会影响着民族认同的建立。"文化记忆是对过去知识的储存，一个群体从这种储存中获得关于自己整体性的独特意识……它所提供的知识的核心是我们属于谁和不属于谁的清晰区别。"① 联邦德国战后关于大屠杀文化记忆的变迁，虽然经历了徘徊、曲折、矛盾和冲突，但这一切表象的背后，正说明他们在这个历史问题上的严谨性和批判性，通过对大屠杀认识的不断更新，这段历史不仅会更加真实和完整地呈现出来，德国人特有的民族认同以及正面的国家形象也在这个过程不断地被建构起来。

当今的德国人最终意识到，历史的罪责和引以为傲的民族主义之间并不是非此即彼的对立关系，大屠杀的问题不仅属于过去，更属于德国人的今天和未来。虽然任何一个民族国家面对一段羞耻的过往都很难鼓起勇气去面对，但对历史记忆的抹杀和回避，最终也会使得该民族国家失去了生存的根本。在战后德国人身份认同形成的过程中，大屠杀事件无疑有着一种"特殊的地位"。尽管事件本身是黑暗和负面的，但对这一历史事件的认识和记忆却成了德国人自我认同的一部分，也形成了他们新的历史定位。在德国人看来，曾经的德国历史不是一部灾难史，而是一部兼具黑暗和光明的历史。正是因为德国人经历了大屠杀事件，正是因为他们对大屠杀问题的深刻认识，才最终造就了新的民族认同。

对大屠杀历史的正面认识，也影响了德国人在相关问题上的积极处理。他们向大屠杀受害者支付高额的赔偿，设立"纳粹主义受害者纪念

---

① ［德］扬·阿斯曼：《集体记忆与文化身份》，载陶东风、周宪主编：《文化研究》，社会科学文献出版社 2011 年版，第 7 页。

日"，在柏林市中心建造欧洲被害犹太人纪念碑，强烈支持欧盟一体化，以及积极参与当今世界各类事务等的一系列行为，都使得世界逐步接受了这个曾经走入歧途的国家。2022 年 9 月，以色列总统赫尔佐格在德国访问时，不仅盛赞了德以关系，还提出双方可以共同塑造美好的未来。所以接受大屠杀历史，承担相应的历史责任，不仅让德国收获了其他国家的谅解和认可，也为自己在世界范围内树立了良好的国家形象。

与此同时，鉴于大屠杀事件本身所具有的特殊性，使得它在真实的历史史实之外，更蕴含着巨大的教育作用。虽然有人提出，出于教育目的来叙述大屠杀的历史会使造成其"真实性"的损失，但真相本身往往也带有对事件的经验和认知。"历史真相不单单指的是历史的客观性，因为真相还必须依靠有关过去的经验，以及按一定科学方法进行认知。"① 所以，今天的德国也不断地借助对大屠杀问题的认识和反思来提醒和引导当下社会。

近些年来经济全球化和欧洲一体化逐渐开始走向了发展的反面。极右翼政党和民粹主义势力在全球范围内大幅度扩张，2010 年的欧债危机、2015 年的难民危机、2016 年的恐怖袭击和 2019 年的新冠疫情都让人们对德国乃至欧洲社会产生了担忧。根据德国内政部最新的"德国当下反犹主义的调查报告"显示，随着多元文化的涌入和社会形势的变化，德国人的反犹情绪仍普遍存在，而且有被重新激活的可能。② 在这个背景下，德国总理默克尔在 2019 年 1 月 26 日的国际大屠杀纪念日上发表了视频讲话，呼吁德国人牢记纳粹大屠杀历史，以零容忍的态度对待反犹主义和仇恨，

---

① ［德］约恩·吕森：《历史思考的新途径》，綦甲福、来炯等译，上海人民出版社 2005 年版，第 210 页。

② *Antisemitismus in Deutschland – aktuelle Entwicklungen, Bundesministerium des Innern,* https://www.bmi.bund.de/SharedDocs/downloads/DE/publikationen/themen/heimat-integration/expertenkreis-antisemitismus/expertenbericht-antisemitismus-in-deutschland.pdf?__blob=publicationFile&v=8.

防止历史重演："今天成长起来的德国人要明白过去人们所做的努力，我们要确保大屠杀不再重蹈覆辙。"① 在 2021 年 1 月 26 日的纪念活动中，默克尔再次强调，必须挫败反犹主义，必须否定或者反对对大屠杀的轻描淡写。

　　由此可见，今天的德国通过将大屠杀历史纳入整体历史，通过将大屠杀文化记忆融入新的身份认同，提醒着人们对纳粹历史以及反犹主义的关注。他们的所作所为，不仅将自己"历史罪人"的身份成功地转变成了反思的典型，而且在甩掉历史包袱的同时，赢得了国际社会的一致肯定，也为自己未来的发展蹚出一条"康庄大道"。所以德国关于大屠杀的文化记忆被看作一个成功的故事、一个为之骄傲的故事。但需要强调的是，对大屠杀的认识和反思仍旧是任重而道远的，在当今复杂多变的国际形势下，需要不断回忆伤痛的过往，不断总结历史的教训，才能最终保证文化记忆的延续性，才能实现全人类一个光明的未来。"如果我们和后辈在过去向未来前进的道路上有着共同的方向，那么来自历史回忆的，能形成意义的未来会塑造得更加完美。"②

---

① "Angela Merkel: 'Zero tolerance' of anti-Semitism in Germany", in *Deutsche Welle*, 26.Jan.2019.

② ［德］约恩·吕森：《历史思考的新途径》，綦甲福、来炯等译，上海人民出版社 2005 年版，第 257 页。

参考文献

一、部分原始档案

［1］Ansprache des Bundeskanzlers an die Deutschen im Ausland Über die deutsche Welle, Bulletin, Nr. 01-89, 3. Januar 1989.

［2］Appell der Bundesregierung zur Besonnenheit, Bulletin, Nr. 142-89, 12. Dezember 1989.

［3］Auf der Gedenkfeier zum 60. Jahrestag der Befreiung der nationalsozialistischen Lager am 10. April 2005 in Weimar, Rede von Bundeskanzler Gerhard Schröder, Bulletin Nr.27-1,10. April 2005.

［4］Aus der Pressekonferenz des stellvertretenden Leiters des Presse-und Informationsamtes der Bundesregierung, Böx, und des Pressesprechers des Bundesministeriums für Wirtschaft, Ockhardt, Dokumente zur Deutschlandpolitik, Reihe/Band 31. Januar bis 31. Dezember 1950. Veröffentlichte Dokumente, Bearbeitet von Hanns Jürgen Küsters und Daniel Hofmann, München: R. Oldenburg 1997. CII. 1296 S. ISBN 3-486-56172-3.

［5］Bei der Gedenkveranstaltung zum 70. Jahrestag des Ausbruchs des Zweiten Weltkriegs am 1. September 2009 in Danzig, Rede von Bundeskanzlerin Dr. Angela Merkel, Bulletin, Nr.90-1, 1.September 1989.

［6］Die Außenminister-Konferenzen von Brüssel, London und Paris 8. August bis 25. Oktober 1954, Dokumente zur Deutschlandpolitik , Bearbeitet von Hanns Jürgen Küsters, München: R. Oldenburg 2003. LII. 876 S. ISBN 3-486-56335-1.

［7］Die Konferenz von Potsdam, Dokumente zur Deutschlandpolitik, Bearbeitet von

Alfred Metzner 1992, XCI. 2404 S. ISBN 3-472-68671-5.

[8] Die Konstituierung der Bundesrepublik Deutschland und der Deutschen Demokratischen Republik. 7. September bis 31. Dezember 1949, Veröffentlichte Dokumente, Bearbeitet von Hanns Jürgen Küsters. München: R. Oldenburg 1996. LXVIII. 924 S. ISBN 3-486-56159-6.

[9] Ein fester Wille zur Versöhnung, zum 20. Jahrestag des Kriegsendes-Deutschland steht heute nicht mehr im politischen Niemandsland, Rede von Bundeskanzler Prof. Erhard, Bulletin, Nr.81/S.641.

[10] Erklärung der Bundesregierung zum 50. Jahrestag des Ausbruchs des Zweiten Weltkrieges, abgegeben, Rede von Bundeskanzler Dr. Helmut Kohl vor dem deutschen Bundestag, Bulletin, Nr.84-89, September 1989.

[11] Europäische Beratende Kommission. 15. Dezember 1943 bis 31. August 1945, Dokumente zur Deutschlandpolitik , Bearbeitet von Herbert Elzer, München: R. Oldenburg 2003. LXXVI. 1482 S. ISBN 3-486-56667-9.

[12] Europäische politische Zusammenarbeit, Bulletin, Nr. 132-90, 14. November 1990.

[13] Gespräch des Bundeskanzlers Brandt mit dem amerikanischen Botschafter Rush in Bonn , Bearbeitet von Daniel Hofmann, München: R. Oldenburg. 2002. XCVIII. 1114 S. ISBN 3-486-56607-5.

[14] Gespräch des Bundeskanzlers Brandt mit dem britischen Außenminister Stewart in Bonn, Bearbeitet von Daniel Hofmann, München: R. Oldenburg. 2002. XCVIII. 1114 S. ISBN 3-486-56607-5.

[15] Information über westdeutsche und Westberliner Überlegungen zur stärkeren Einbeziehung Westberlins in die BRD, Reihe/Band 3,1. Januar 1973 bis 31. Dezember 1974, Dokumente zur Deutschlandpolitik ,Bearbeitet von Monika Kaiser, Daniel Hofmann und Hans-Heinrich Jansen, München: R. Oldenburg. 2005. LXVIII. 972 S. ISBN 3-486-57668-2.

[16] Kommentar der Zeitung «Neues Deutschland»: Die Politik der SPD verändern, Dokumente zur Deutschlandpolitik, 1. Januar bis 31. Dezember 1956 Bearbeitet von Ernst Deuerlein und Hansjürgen Schierbaum, Frankfurt/Main: Alfred Metzner 1963. LXXXIV. S.

1176.

［17］Verantwortung des Vereinten Deutschland für den Frieden in Europa und der Welt - Ansprache des Bundeskanzlers, Bulletin, Nr.140-90, 3. Dezember 1990.

［18］Zum Jahrestag des zweiten Weltkriegs von Bundeskanzler Prof. Dr.Ludwig Erhard, Bulletin, Nr.134/S.1253.

［19］Zusammenarbeit der Europäischen Gemeinschaft mit den Entwicklungsländern, Bulletin, Nr.1 148-90, 21. Dezember 1990.

二、德文著作

［1］Assmann, Aleida, *Der lange Schatten der Vergangenheit, Erinnerungskultur und Geschichtspolitik*, München: C.H.Beck Verlag, 2006.

［2］Assmann, Aleida und Ute, Frevert, *Geschichtsvergessenheit Geschichtsversessenheit, vom Umgang mit deutschen Vergangenheiten nach 1945*, Stuttgart: Deutsche Verlags-Anstalt, 1999.

［3］Bajohr, Frank und Wildt, Michael, Hrsg., *Volksgemeinschaft. Neue Forschungen zur Gesellschaft des Nationalsozialismus*, Frankfurt am Main：Fischer Verlag, 2009.

［4］Battis, Ulrich, und Jesse, Eckhard,*Vergangenheitsbewältigung durch Recht, Drei Abhandlungen zu einem deutschen Problem*. Berlin: Duncker & Humblot Verlag, 1992.

［5］Becker, Ulrike, *Goldhagen und die deutsche Linke oder die Gegenwart des Holocaust,* Berlin: Elefanten-Press-Verlag, 1997.

［6］Benz, Wofgang, *Postdam 1945, Besatyungsherrschaft und Neuaufbau im Vier-Zonen-Deutschland,* München: deutscher Taschenbuch Verlag, 1986.

［7］Berg, Nicolas, *der Holocaust und die westdeutschen Historiker, Erforschung und Erinnerung,* Göttingen: Wallstein Verlag, 2003.

［8］Bergmann, Werner, *Antisemitismus in öffentlichen Konflikten. Kollektives Lernen in der politischen Kultur der Bundesrepublik 1949-1989,* Frankfurt am Main: Campus Verlag, 1997.

［9］Born, Karl Erich, *Wirtschafts-und Sozialgeschichte des Deutschen Kaiserreichs (1867/71-1914),* Wiesbaden: F. Steiner Verlag, 1985.

［10］Bornhak, Conrad, *Deutsche Geschichte unter Kaiser Wilhelm* Ⅱ., Leipzig: R. Deichertsche Verlagsbuchhandlung, 1921.

［11］Braun, Sabine, *3. Oktober 1990, Der Weg zur Einheit, Eine Dokumentation 1949-1990,* München: Wilhelm Heyne Verlag, 1990.

［12］Chamberlain, Houston Stewart, *Die Grundlagen des neunzehnten Jahrhunderts,* München: Bruckmann Verlag, 1899.

［13］Conze, Eckart, *Die große Illusion. Versailles 1919 und die Neuordnung der Welt,* München: Siedler Verlag, 2018.

［14］Conze, Werner, *Die Strukturgeschichte des technisch-industriellen Zeitalters als Aufgabe für Forschung und Unterricht,* Düsseldorf: Westdeutscher Verlag, 1957.

［15］Droysen, Johann Gustav, *Grundriss der Historik,* Leipzig: Veit Verlag, 1868.

［16］Eichmüller, Andreas, *Keine Generalamnestie: Die Strafverfolgung von NS-Verbrechen in der frühen Bundesrepublik,* München: De Gruyter Oldenbourg,2012.

［17］Fichte, Johann Gottlieb, *Reden an die deutsche Nation,* Berlin: in der Realfchulbuchhandlung, 1808.

［18］Galkin, Aleksandr, *Michail Grobatshow and die deutsche Frage: sowjetische Dokumente 1986-1991,* München: Oldenbourg Verlag, 2011.

［19］Glaser, Hermann, *kleine deutsche Kulturgeschichte, eine west-östliche Erzählung vom Kriegsende bis heute,* Frankfurt am Main: S. Fischer Verlag, 2004.

［20］Greiffenhagen, Martin, *Freiheit gegen Gleichheit? Zur Tendenzwende in der Bunderepublik,* Hamburg: Hoffmann und Campe Verlag, 1975.

［21］Grosser, Dieter, und Bierling, Stephan, Hrsg., *Deutsche Geschichte in Quellen und Darstellungen, Band 11:Bundesrepublik Deutschland und DDR 1969-1990,* Stuttgart: Reclam Verlag, 1996.

［22］Habermas, Jürgen, *Faktizität und Geltung:Beitrage zur Diskurstheorie des Rechts und des demokratischen Rechtsstaats,* Frankfurt am Main: Suhrkamp Verlag, 1998.

［23］Halbwachs, Maurice, *Das Gedächtnis und seine sozialen Bedingungen,* Frankfurt am Main: Suhrkamp, 1985.

［24］Hanse, Joseph, Hrsg., *Quellen zur Geschichte des Rheinlandes im Zeitalter der französischen Revolution 1780-1801,* Bonn: P. Hanstein Verlag, 1931.

[25] Hegel, Georg Wilhelm Friedrich, *Vorlesung über die Philosophie der Weltgeschichte,* Hamburg: Felix Meiner Verlag, 1996.

[26] Hertle, Hans-Hermann, *Chronik des Mauerfalls. Die dramatischen Ereignisse um den 9. November 1989,* Berlin: Ch.Links Verlag, 1996.

[27] Hilberg, Raul, *Die Vernichtung der europäischen Juden,* Frankfurt am Main.: Fischer Taschenbuch Verlag, 1994.

[28] Hoffmann, Walther G., *Das Wachstum der deutschen Wirtschaft seit der Mitte des 19. Jahrhundert,* Berlin: Springer Verlag, 1965.

[29] Huber, Ernst Rudolf, *Deutsche Verfassungsgeschichte seit 1789, Bd.5: Weltkrieg, Revolution und Reichserneuerung 1914-1919,* Stuttgart: Kolhammer Verlag, 1978.

[30] Jaeckel, Eberhard und Rohwer, Jürgen, *Der Mond an den Juden im Zweiten Weltkrieg. Entschlussbildung und Verwirklichung,* Stuttgart: Deutsche Verlagsanstalt, 1985.

[31] Jäger, Wolfgang, *Historischer Forschung und politische Kultur in Deutschland, die Debatte 1914-1980 über den Ausbruch des Ersten Weltkriegs,* Göttingen: Vandenhoeck & Ruprecht Verlag, 1984.

[32] Kershaw, Ian, *Der NS-Staat. Geschichtsinterpretationen und Kontroversen im Überblick,* Reinbek: Reinbek b. Hamburg, 1999.

[33] Kogon, Eugen, *Der SS-Staat-das System der deutschen Konzentrationslager,* München: Karl Alber Verlag, 1946.

[34] Kraus, Hans-Christof, *Versailles und die Folgen. Außenpolitik zwischen Revisionismus und Verständigung 1919-1933,* Berlin: be.bra Verlag, 2013.

[35] Krumeich, Gerd, *Die unbewältigte Niederlage: Das Trauma des Ersten Weltkriegs und die Weimarer Republik,* Freiburg: Herder Verlag, 2018.

[36] Lerke von Saalfeld, Hrsg., *Geschichte der deutschen Literatur: Von den Anfängen bis zur Gegenwart,* München: Droemer Knaur Verlag, 1989.

[37] Loth, Wilfried und Rusinek, Bernd, Hrsg., *Verwandlungspolitik. NS-Eliten in der westdeutschen Nachkriegsgesellschaft,* Frankfurt am Main: Campus Verlag, 1998.

[38] Maier, Robert, Hrsg., *Tschechen, Deutsche und der zweite Weltkrieg. Von der*

Schwere geschichtlicher Erfahrung und der Schwierigkeit ihrer Aufarbeitung, Hanover: Hahn Verlag, 1997.

［39］Matthey, Ferdinand, *Entwickelung der Berlin Frage*, Berlin: Walter der Gruyter, 1972.

［40］Meertens, Soetkin, *Deutsch-Deutsch Entfremdung und Probleme der Inneren Vereinigung,* München: Grin Verlag, 2001.

［41］Meinecke, Friedrich, *die deutsche Katastrophe, Betrachtung und Erinnerungen*, Weisbaden: Brockenhaus, 1946.

［42］Mommsen, Wofgang J., *Die Urkatastrophe Deutschlands. Der Erste Weltkrieg 1914-1918,* Stuttgart: Klett-Cotta Verlag, 2002.

［43］Müller, Helmut M., *Schlaglichter der deutschen Geschichte,* Berlin: Bundeszentrale Für Politische Bildung Verlag, 2002.

［44］Nipperdey, Thomas, *Deutsche Geschichte 1800-1866,* München: C.H. Beck Verlag, 1998.

［45］Noelle, Elisabeth, und Neumann, Erich Peter, Hrsg., *Jahrbuch der öffentlichen Meinung, 1947 – 1955,* Allensbach: Verlag für Demoskopie, 2010.

［46］Nohlen, Dieter, Hrsg., *Lexikon der Politik, Band 1: Politische Theorien,* München: C.H. Beck Verlag,1995.

［47］Nolte, Ernst, *Der Faschismus in seiner Epoche. Action francaise-Italienischer Faschismus-Nationalsozialismus,* München: Piper Verlag, 1984.

［48］Obermann, Karl, Hrsg., *Flugblätter der Revolution. Eine Flugblattsammlung zur Geschichte der Revolution von 1848/49 in Deutschland,* München:Dt. Taschenbuch-Verlag, 1972.

［49］Peter, Reichel, *Erfundene Erinnerung. Weltkrieg und Judenmord in Film und Theater,* München: Carl Hanser Verlag, 2004.

［50］Peukert, D.J.H., *Die Weimarer Republik. Kriesenjahre der Köassoschen Modernnen,* Frankfurt am Main: Suhrkamp Verlag, 1987.

［51］Pierre, Nora, *Zwischen Geschichte und Gedächtnis,* Berlin: Fischer Verlag, 1998.

［52］Plessner, Helmuth, *Die Verspätete Nation: Über die Politische Verführbarkeit*

Bürgerlichen Geistes, Stuttgart: W. Kohlhammer Verlag,1959.

［53］Pohl, Dieter,*Verfolgung und Massenmord in der NS-Zeit 1933–1945,* Darmstadt: Wissenschaftliche Bugesellschaft Verlag, 2003.

［54］Prantl, Heribert, Hrsg., *Wehrmachtsverbrechen. Eine deutsche Kontroverse,* Hamburg: Hoffmann und Campe, 1997.

［55］Ritter, Gerhard A., *Das deutsche Kaiserreich 1871-1914*, Göttingen: Vandenhoeck & Ruprecht Verlag, 1992.

［56］Ritter, Gerhard A., *Europa und die deutsche Frage, Betrachtung über die geschichtliche Eigenart des deutschen Staatsdenkens*, München: F. Bruckmann Verlag, 1948.

［57］Ritter, Gerhard A. und Miller, Susanne, Hrsg., *Die Deutsche Revolution 1918-1919: Dokumente,* Berlin: S. Fischer Verlag, 1983.

［58］Rödder, Andreas, *Wer hat Angst vor Deutschland? Geschichte eines europäischen Problems*, Frankfurt am Main: S. Fischer Verlag, 2018.

［59］Rosenberg, Hans, *The Prussian experience, 1660-1815*,Cambridge Massachusetts: Harvard University Press, 1958.

［60］Rürup, Reinhard, *Der lange Schatten des Nationalsozialismus Geschichte, Geschichtspolitik und Erinnerungskultur,* Göttingen: Wallstein Verlag, 2014.

［61］Scheffler, Karl, *Moderne Baukunst,* Leipzig: Julius Zeitler Leipzig Verlag, 1908.

［62］Schielder, Theodor, *Das Deutsche Kaiserreich von 1871 als Nationalstaat,* Wehler, Hans-Ulrich, Hrsg., Göttingen: Vanderhoeck&Ruprecht Verlag, 1992.

［63］Schnabel, Franz, *Deutsche Geschichte im neunzehnten Jahrhundert*, *die Erfahrungswissenschaften,* München: Herder Verlag, 1987.

［64］Schoeps, Hans-Joachim, *Preussen: Geschichte eines Staates,* Berlin: Propyläen Verlag, 1967.

［65］Schröder, Hans-Jürgen, Hrsg., *Marshallplan und Westdeutschland Wiederaufbau, Postionen- Kontroversen,* Stuttgart: Franz Steiner Verlag, 1990.

［66］Schubert, Klaus und Klein, Martina, *Das Politiklexikon,* Bonn: J. H. W.Dietz-Verlag, 2006.

［67］Schulze, Hagen, *der Weg zum Nationalstaat: Die deutsche Nationalbewegung vom 18. Jahrhundert bis zur Reichsgründung,* München: Deutscher Taschenbuch Verlag, 1985.

［68］Schüssler, Wilhelm, Hrsg., *Weltmachtstreben und Flottenbau,* Bielefeld: Luther-Verlag, 1956.

［69］Steffe Kailitz, *Die politische Deutungskultur im Spiegel des „Historikerstreits ":* *what's right? what's left,* Wiesbaden: Verlag für Sozialwissenschaften, 2001.

［70］Sontheimer, Kurt, *Von Deutschlands Republik: Politische Essays,* Stuttgart: Deutsche Verlags-Anstalt,1991.

［71］Teltschik, Horst, *329 Tage. Innenansichten der Einigung,* Berlin: Siedler Verlag , 1993.

［72］Tenbrock, Robert-Hermann, *Geschichte Deutschlands,* München: Max Hueber Verlag, 1977.

［73］Ulrich, Herbert, *Der Historikerstreit. Politische, wissenschaftliche und biographische Aspekte,* München: Springer Verlag, 2003.

［74］Verhey, Jeffrey, *Der „Geist von 1914" und die Erfindung der Volksgemeinschaft,* Hamburg: HIS Verlag, 2000.

［75］Von Bismarck, Otto, *Die gesammelten Werke, in: Hermann von Petersdorff,* Berlin: Otto Stolberg Verlag, 1924.

［76］Wehler, Hans-Ulrich, *Deutsche Gesellschaftsgeschichte*, München: C. H. Beck Verlag, 1986.

［77］Wehler, Hans-Ulrich, *Moderunisierungstheorie und Geschichte,* Göttingen: Vandenhoeck&Ruprecht Verlag,1975.

［78］Wehler, Hans-Ulrich, *Nationalismus: Geschichte, Formen, Folgen,* München: C.H. Beck Verlag, 2004.

［79］Wolfrum, Edgar, *Geschichtspolitik in der Bundesrepublik Deutschland. Der Weg zur bundesrepublikanischen Erinnerung 1948-1990,* Darmstadt: Wissenschaftliche Buchgesellschaft, 1999.

三、德文论文

［1］Arendt, Ernst Moritz, „Des deutschen Vaterland, Fremdherrschaft und Befreiung: 1795-1815", in Arnold, Robert F., Hrsg., *Deutsche Literatur, Sammlung literarischer Kunst- und Kunstdenkmäler in Entwicklungsreihen,* Leipzig: Reclam Verlag, 1932.

［2］Arendt, Hannah, „Besuch in Deutschland, die Nachwirkungen des Naziregimes", in Knott, Marie Luise, Hrsg., *Zur Zeit. Politische Essays,* Hamburg: Rotbuch Verlag, 1999.

［3］Assmann, Aleida, „Das Gedächtnis der Dinge2", in Reinignghaus, Alexandra, Hrsg., *Recollecting. Raub und Restitution,* Wien: Passagen Verlag, 2009.

［4］Assmann, Aleida, „Erinnerung als Erregung, Wendepunkte der deutschen Erinnerungsgeschichte", *Wissenschaftskolleg Jahrbuch*:1998/1999.

［5］Assmann, Aleida, „1998-Zwischen Geschichte und Gedächtnis: Geschichtsvergessenheit-Geschichtsversessenheit", in Assmann, Aleida und Frevert, Ute, Hrsg.,*Geschichtsvergessenheit - Geschichtsversessenheit. Vom Umgang mit deutschen Vergangenheiten nach 1945*, Stuttgart: DVA, 1999.

［6］Assmann, Aleida, und Assmann, Jan, „Das Gestern im Heute, Medien und soziales Gedächtnis", in Erill, Astrid, Hrsg., *Kollektives Gedächtnis und Erinnerungskulturen*, Stuttgart: J.B. Metzler1994.

［7］Assmann, Jan, „Kollektives Gedächtnis und kulturelle Identität", in Assmann, Jan und Hölscher, Tonio, Hrsg., *Kultur und Gedächtnis,* Frankfurt am Main: Suhrkamp Verlag, 1988.

［8］Assmann, Jan, „Kulturelles Gedächtnis als normative Erinnerung. Das Prinzip Kanon in der Erinnerungskultur Ägyptens und Israel", in O.H. Oexle, Hrsg., *Memoria als Kultur,* Götting: Vandenhoeck&Rurecht, 1995.

［9］Bernhard, Henry, „Geschichte Aktuell-Vor 60 Jahren, Briefe an den Hauptankläger im Nürnberger Prozess Robert H. Jackson", *Deutschlandfunk,* 11. Dezember.

［10］Biesterfeldt, H.H, „Einnerung, historische Reflexion und die Idee der Solidarität", in Assmann, Aleida, und Harth, Dietrich , Hrsg.,*Mnemosyne: Formen und Funktionen der kulturellen Erinnerung,* Frankfurt am Main: S.Fischer Verlag, 1991.

［11］Brenner, Michael, „1959: Hakenkreuze an der Kölner Synagoge", *Jüdische Allge-*

meine, 22.Jan.2013.

[12] Browning, Christopher R. „zur Genesis der Endlösung, eine Antwort an Martin Broszat", *Vielterjahrshefte für Zeitschichte,* Heft 1, 1981.

[13] Bülow, B. V., „Deutsche Politik", in S. , Körte, Hrsg., *Deutschland unter Kaiser Wilhelm II.,* Berlin: Reimar Hobbing, 1914.

[14] Cornelißen, Christoph, „Europa und der deutsche Sonderweg Betrachtungen zu einer Streitschrift von 1948", *Zeithistorische Forchungen*, Heft 3, 2004.

[15] Fleischer , Helmut, „Die Moral der Geschichte. Zum Disput über die Vergangenheit, die nicht vergehen will", in Piper, Eugen Rudolf, Hrsg., *Historikerstreit. Die Dokumentation der Kontroverse um die Einzigartigkeit der nationalsozialistischen Judenvernichtung,* München: Piper Verlag, 1987.

[16] Foschepoth, Josef, „Westintegration statt Wiedervereinigung: Adenauers Deutschlandpolitik 1949-1955", in Foschepoth, Josef, Hrsg., *Adenauer und die Deutsche Frage,* Göttingen: Vandenhoeck&Ruprecht Verlag, 1988.

[17] Frei, Norbert, „Ein Volk von Endlösen? Daniel Goldhagen bietet eine alte These in neuem Geand", *Süddeutsche Zeitung,* 13. April 1996.

[18] Frei, Norbert, „Vergangenheitspolitik in den fünfziger Jahren", in Loth, Wilfried und Risinek, Bernd A., Hrsg., *Verwandlungspolitik. NS-Eliten in der westdeutschen Nachkriegsgesellschaft,* Frankfurt am Main: Campus Verlag, 1998.

[19] Geiss, Imanuel, „Der Holzweg des deutschen Sonderwegs", *Kirchliche Zeitgeschichte,* Heft 7, 1994.

[20] Gerstenmaier, Eugen, „Die Schuld", *Bulletin des Presse-und Informationsamtes der Bundesregierung*, 4. Sept. 1964.

[21] Gusy, Christoph, „die Weimarer Verfassung und ihre Wirkung auf das Grundgesetz", *Zeitschrift für Neuere Rechtsgeschichte,* Heft 32, 2010.

[22] Habermas, Jürgen, „Grenzen des Neohistorismus", in Habermas, Jürgen, Hrsg., *Die Nachholende Revolution,* Frankfurt an Main: Suhrkamp Verlag, 1990.

[23] Habermas, Jürgen, „Über den doppelten Boden des demokratischen Rechtsstaates", in Habermas, Jürgen, Hrsg., *Die Nachholende Revolution,* Frankfurt am Main:

Suhrkamp Verlag, 1990.

[24] Habermas, Jürgen, „Vom öffentlichen Gebrauch der Historie. Das offizielle Selbstverständnis der Bundesrepublik bricht auf ", *Die Zeit*, 1986.

[25] Hartmann, C., „Verbrecherischer Krieg-Verbrecherische Wehrmacht? Überlegungen zur Struktur des deutschen Ostheeres 1941-1944", *Vierteljahrhefte für Zeitgeschichte 52*, 2004.

[26] Heinemann, Gustav W., „100. Jahrestag der Reichsgründung des Deutschen Reiches. Ansprache des Bundespräsidenten zum 18. Januar 1871", *Bulletin des Presse -und Informationsamtes der Bundesregierung*, 1971.

[27] Herbert, Ulrich, „Zweierlei Bewältigung", in Herbert, Ulrich und Groehler, Olaf, Hrsg., *Zweierlei Bewältigung, Vier Beiträge über den Umgang mit der NS-Vergangenheit in den beiden deutschen Staaten*, Hamburg: Ergebnisse Verlag, 1992.

[28] Hoeres, Peter, „Versailler Vertrag: Ein Frieden, der kein Frieden war", *Politik und Zeitgeschichte*, 5. April 2019.

[29] Hoeres, Peter, „Von der ‚Tendenzwende' zur geistig-moralischen Wende—Konstruktion und Kritik konservativer Signaturen in den 1970er und 1980er Jahren", *Vierteljahrshefte für Zeitgeschichte*, 2013.

[30] Horkheimer, Max, „Die Juden und Europa", *Gesammelte Werke. Band 4*, Frankfurt am Main: Fischer Verlag, 1988.

[31] Hurrelbrink, Peter, „Befreiung als Prozess. Die kollektiv-offizielle Erinnerung an den 8. Mai 1945 in der Bundesrepublik, der DDR und im vereinten Deutschland", in Schwan, Gesine, u. a., Hrsg., *Demokratische politische Identität. Deutschland, Polen und Frankreich im Vergleich. Wiesbaden: VS Verlag für Sozialwissenschaften*, Frankfurt am Main: Springer Verlag, 2006.

[32] Jarausch, Knrad H., „Der nationale Tabubruch. Wissenschaft, Öffentlichkeit und Politik in der Fischer- Kontroverse", in Sabrow, Martin und Jessen, Ralph Kracht, Hrsg., *Zeitgeschichte als Streitgeschichte. Grosse Kontrobersen nach 1945*, München: Beck Verlag, 2003.

[33] Jürgens, Arnold, und Rahe, Thomas, „Zur Statistik des Konzentrationslagers Ber-

gen-Belsen – Quellengrundlage, methodische Probleme und neue Statistische Daten", *KZ-Gedenkstätte Neuengamme, Die frühen Nachkriegsprozesse,* 1997.

[34] Kleßmann, Christoph, „1945-welthistorische Zäsur und ‚Stunde Null", *Docupedia-Zeitgeschichte,* 15.Oktober 2010.

[35] Kogon, Eugen, „Das Recht auf politisches Irrtum", in *Frankfurter Hefte,* Vol 2. 1947.

[36] Kohl, Helmut, „Neuanfang als Entscheidung für einen moralische Dimension der Politik", in *Bilanzen und Perspektiven. Regierungspolitik 1989-1991, Band 2,* Bonn: Presse und Informationsamt der Bundesregierung, 1992.

[37] König, Helmut, „Von der Diktatur zur Demokratie oder Was ist Vergangenheitsbewältigung", in König, Helmut, und Kohlstruck, Michael, Hrsg., V*ergangenheitsbewältigung am Ende des zwanzigsten Jahrhunderts,* Wiesbaden: Verlag für Sozialwissenschaft,1998.

[38] Koselleck, Reinhart, „gebrochene Erinnerungen? Deutsche und polnische Vergangenheiten", *Neue Sammlung,* Heft 42, 2000.

[39] Langels, Otto, „Historisches Museum als Gegenentwurf zur DDR-Ausstellung", *Deutschlandfunk,* 1. März 2021.

[40] Langewiesche, Dieter, „Über das Umschreiben der Geschichte, Zur Rolle der Sozialgeschichte", in Buschmann, Nikolaus, und Planert, Ute, Hrsg., *Zeitwende, Geschichtsdenken heute,* Göttingen: Vandenhoeck & Ruprecht Verlag, 2008.

[41] Lengowski, Marc-Simon, „Die antisemitische Welle 1959/1960", in *Wiederkehr der Nazis oder Kinderkritzeleien? Lehrmaterial und Unterrichtseinheit zur antisemitischen Welle von 1959/1960 in Hamburg,* Hamburg: Hamburg Geschichtsbuch, 2016.

[42] Lepsius, M. Rainer, „Das Erbe des Nationalsozialismus und die politischen Kulturen der Nachfolgestaaten des Großdeutschen Reiches", in Haller, Michael, Hrsg., *Kultur und Gesellschaft: Verhandlungen des 24. Deutschen Soziologentags,* Frankfurt am Main: Campus Verlag, 1989.

[43] Lübbe, Hermann, „Verspätete Nation, Überraschende Ergebnisse einer Pflicht", *Zeitschrift für Ideengeschichte,* Heft Ⅶ /2 Sommer 2011.

[44] Maier, Klaus A., „Die internationalen Auseinandersetzungen um die Westintegra-

tion der Bundesrepublik Deutschland und um ihre Bewaffnung im Rahmen der Europäischen Verteidigungsgemeinschaft", in Köllner, Lutz, und Maier, Klaus A., Hrsg., *Die EVG-Phase. Anfänge westdeutscher Sicherheitspolitik.Herausgegeben vom Militärgeschichtlichen Forschungsamt. Band 2,* München: Oldenbourg Wissenschaftsvertag, 1990.

[45] Mann, Thomas, „Ansprache im Goethejahr 1949", *Gesammelte Werke,* Frankfurt am Main: S. Fischer Verlag, 1960.

[46] Musial, Bogdan, „Bilder der Ausstellung: Kritische Anmerkung zur Wanderausstellung Vernichtungskrieg. Verbrechen der Wehrmacht 1941 bis 1944", *Vierteljahrshefte für Zeitgeschichte,* Heft 4, 1999.

[47] Niethammer, Lutz, „über Kontroversen in der Geschichtswissenschaft", in Niethammer, Lutz, Hrsg., *Deutschland danach Postfaschistische Gesellschaft und nationales Gedächtnis,* Bonn: Dietz Verlag, 1999.

[48] Nippeerdey,Thomas, „Wehlers „Kaiserreich„. Eine kritische Auseinandersetzung", in Thomas Nippeerdey, Hrsg., *Gesellschaft, Kultur, Theorie: Gesammelte Aufsätze zur neueren Geschichte,* Göttingen: Vandenhoeck&Ruprecht Verlag, 1976.

[49] Paul, Gerhard, „Holocaust-Vom Beschweigen zur Medialisierung Über Veränderungen im Umgang mit Holocaust und Nationalsozialismus in der Mediengesellschaft", in *Öffentliche Erinnerung und Medialisierung des Nationalsozialismus: eine Blianz der letzten dreißig Jahre.* Berlin: Wallstein Verlag, 2001.

[50] Pfizer, Paul Achatius, „Gedanken über das Ziel und die Aufgabe des deutschen Liberalismus", *Briefwechsel zweier Deutschen,* Berlin: Nabu Press,2011.

[51] Schirrmacher, Frank, „Hitlers Code. Holocaust aus faustischem Streben? Daniel John Goldhagens Remythisierung der Deutschen", in Schoeps, Julius H., Hrsg., *Ein Volk von Mördern? Die Dokumentation zur Goldhagen-Kontroverse um die Rolle der Deutschen im Holocaust,* Hamburg: Hoffmann und Campe Verlag, 1996.

[52] Schneider, Christoph, „Der Warschauer Kniefall: Zur Geschichte einer Charismatisierung", in Giesen, Bernhard, und Schneider, Christoph, Hrsg., *Tätertrauma. Nationale Erinnerungen im öffentlichen Diskurs,* Konstanz: Universitätsverlag Konstanz, 2004.

[53] Schneider, Peter, „Deutsche als Opfer? Über ein Tabu der Nachkriegsgeneration",

in Kettenacker, Lothar, Hrsg., *Ein Volk von Opfern? Die neue Debatte um den Bombenkreig 1940-1945.* Berlin: Rowohlt Verlag, 2003.

[54] Schulz, Sandra, „Film und Fernsehen als Medien der gesellschaftlichen Vergegenwärtigung des Holocaust: die deutsche Erstausstrahlung der US-amerikanischen Fernsehserie ‚Holocaust' im Jahre 1979", *Historical Social Research*,Vol.32, 2007.

[55] Stürmer, Micheal, „Geschichte in geschichtslosem Land", *Frankfurter Allgemeine Zeitung,* 25. April 1986.

[56] Weiß, Matthias, „Sinnliche Erinnerung. Die Filme Holocaust und Schindlers Liste in der bundesdeutschen Vergegenwärtigung der NS-Zeit", in Frei, Norbert, und Steinbacher, Sybille, Hrsg., *Beschweigen und Bekennen. Die deutsche Nachkriegsgesellschaft und der Holocaust,* Göttingen, 2001.

[57] Willy, Andreas, „Gespräche Bismarcks mit dem badischen Finanzminister M. Ellstätter", *Zeitschrift für die Geschichte des Oberrheins* 82., 1930.

[58] Wirsching, Andreas, „‚Lehrstück Weimar' zum Lehrstück Holocaust?", *Aus Politik und Zeitgeschichte,* Heft 62, 2012.

四、英文著作

[1] Adorno, Theodor W., *Guilt and Defense:On the Legacies of National Socialism in Postwar Germany,* Cambridge: Harvard University Press, 2010.

[2] Barzun, Jacques, *Race: a Study in Superstition,* Michigan: University of Michigan, 1937.

[3] Beschloss, Michael, *Our Documents: 100 Milestone Documents from the National Archives,* Oxford: Oxford University Press, 2002.

[4] Breuilly, John, *Nationalism and the State,* Manchester: Manchester University Press, 1993.

[5] Collingword, Robin George, *The Idea of History,* Oxford : Oxford University Press, 1994.

[6] Coy, Jason P., *A Brief History of Germany,* New York: Facts on File, 2011.

[7] Dalton, Russell, *Politics in West Germany,* Glenview: Scott Foresmann, 1989.

[8] Demetz, Peter, *After the Fires: Writing in the Germanies, Austria and Switzerland,* New York: Harcourt Brace Jovanovich, 1986.

[9] Eisenberg, Carolyn Woods, *Drawing the Line, The American Decision to Divide Germany, 1944-1949,* Cambridge: Cambridge University Press, 2008.

[10] Ergang, Robert Reinbold, *Herder and Foundations of German Nationalism,* New York: Columbia University Press, 1931.

[11] Fay, Sidney B., *The Origins of the First World War,* New York: Macmillan, 1928.

[12] Friedländer, Saul, *Memory, History, and the Extermination of the Jews of Europe,* Bloomington: Indiana University Press, 1993.

[13] Gellner, Ernest, *Nations and Nationalism,* New York: Cornell University Press, 2009.

[14] Goody, Jack, *The Interface Between the Written and the Oral,* Cambridge: Cambridge University Press, 1987.

[15] Halbwachs, Maurice, *On Collective Memory,* Chicago: University Chicago Press, 1992.

[16] Hartman, Geoffrey H., eds., *Bitburg in Moral and Political Perspective,* Bloomington: Indiana Vniversity Press, 1986.

[17] Hewitson, M., *Germany and the Causes of the First World War,* Oxford: Berg Publishers, 2004.

[18] Iggers, Georg, *New Directions in European Historiography,* Middletown: Wesleyan University Press, 1975.

[19] Joel, Tony, *The Dresden Firebombing: Memory and the Politics of Commemoration Destruction,* New York: I. B. Tauris, 2013.

[20] Kaes, Anton, *From Hitler to Heimat: The Return of History as Film,* Cambridge: Harvard University Press, 1989.

[21] Kautz, Fred, *The German Historians: Hitler's Willing Executioners and Daniel Goldhagen,* Montreal: Black Rose Books, 2002.

[22] Keynes, John Maynard, *The Economic Consequences of the Peace,* London: Springer, 1919.

[23] Lotman, Yori M., *The Semiotics of Russian Culture,* Michigan: University of Michigan, 1984.

[24] Maier, Charles S., *The Unmasterable Past: Histroy, Holocaust, and German National Identity,* Cambridge: Cambridge University of Press, 1997.

[25] Merritt, Richard L, eds., *Public Opinion in Occupied Germany: The OMGUS Surveys, 1945-1949,* London: University of Illinois Press, 1970.

[26] Mommsen, Wolfgang J., *Imperial Germany 1867-1918: Politics, Culture, and Society in an Authoritarian State,* London: Bloomsbury Academic, 1995.

[27] Nairn, Tom, *The Break-up of Britain: Crisis and Neo-Nationalism,* London: New Left Books, 1977.

[28] Niven, Bill, *Facing the Nazi Past: United Germany and the Legacy of the Third Reich,* London: Taylor & Francis, 2001.

[29] Noakes, J., and Pridhm, G., eds., *Documents on Nazism 1919-1945,* New York: Viking Press, 1975.

[30] Overy, Richard, *The Post-War Debate. Firestorm: The Bombing of Dresden 1945,* London: Pimlico, 2006.

[31] Reiss, Hans Siegbert, *The Political Thought of the German Romantics 1793-1815,* Oxford: Blackwell, 1955.

[32] Richardson, James L., *Germany and the Atlantic Alliance, The Integration of Strategy and Politics,* Cambridge, Mass: Harvard University, 1966.

[33] Roos, Hans, *A Histroy of Modern Poland,* London: Eyre & Spottiswoode, 1966.

[34] Salman, Trever, eds., *Building European Union: A Documentary History and Analysis,* Manchester: Manchester University Press, 1997.

[35] Schweitzer, C.C., eds., *Politics and Government in Germany 1944-1994:Basic Documents,* Oxford: Berghahn Books, 1995.

[36] Taylor, Frederick, *Dresden: Tuesday 13 February 1945,* New York: Harper Collins, 2004.

[37] Wesley, Frank, *The Holocaust and Anti-Semistism: The Goldhagen Argument and its Effects,* International Scholars Publications, 1999.

五、英文论文

[1] Ash, Mitchell G., "American and German Perspectives on the Goldhagen Debat: History, Identity, and the Media", *Holocaust and Genocide Studies,* No.3, 1997.

[2] Assmann, Jan, "Communicative and Cultural Memory", in Meusburger, Peter, and Heffernan, Michael, eds., *Cultural Memories: the Geographical Point of View,* Heidelberg, London&New York: Springer, 2011.

[3] Cullen, Peter, "Crime and Policing in Germany in the 1990s' ", in Smith, Gordon, and Paterson, William, eds., *Developments in German Politics,* Basingstoke: Macmillan Publishers, 1996.

[4] Hamilton, R.F., "Hitler's Electoral Support: Recent Findings and Theoretical Implication", *Canadian Journal of Sociology*, 1986.

[5] Hartmut Pogge von Strandmann, "The Political and Historical Significance of the Fischer Controversy", *Journal of Contemporary History,* No. 2, 2013.

[6] Hinton, Alex, "Why Die the Nazis Kill?: Anthropology, Genocide and the Godhagen Controversy", *Anthropology Today*, Vol.14, 1998.

[7] Jarausch, Konrad H., "1945 and the Continuities of German History: Reflections on Memory, Historiography, and Politics", Giles, Geoffrey J. eds., STUNDE NULL, *The End and The Beginning Fifty Years Ago,* Washington, D.C: German historical institute, 1997.

[8] Kord, Catherine, "Hitler's Willing Executiones by Daniel Jonah Goldhagen", *The Antioch Review*, Vol. 54, 1996.

[9] Krug, Mark M., "The Teaching of History at the Center of the Cold War: History Textbooks in East and West Germany", *The School Review,* 1961.

[10] Pensky, Max, "Universalism and the Situated Critic", in White, Stephen K. eds., *The Cambridge Companion to Habermas,* Cambridge: Cambridge University Press, 1995.

[11] Rieger, Bernard, " Daniel in the Lion's Den? The German Debate about Goldhagen's 'Hitler's Willing Executioners' ", *History Workshop Journal,* No.43.1997.

[12] Rosenthal, Gabriele, "May 8th, 1945: The Biographical Meaning of a Historical Event", *International Journal of Oral History* Vol.10, 1989.

[13] Showalter, Denns, "Germany's War and the Holocaust: Disputed Histrories by

Omer Bartov"，*Central European History*, Vol.38, 2005.

[14] Von Borries, Bodo, "The Third Reich in German History Textbooks since 1945"，*Journal of Contemporary History*, 1. Janu. 2003.

[15] Weingart, Peter and Pansegrau, Petra, "Reputation in Science and Prominence in the Media: The Goldhagen Debate"，*Public Understanding of Science,* 1998.

六、中文译著

[1] ［奥］卡尔·波普尔：《历史决定论的贫困》，杜汝楫、邱仁宗译，上海人民出版社 2009 年版。

[2] ［德］阿莱达·阿斯曼：《回忆空间：文化记忆的形式和变迁》，潘璐译，北京大学出版社 2016 年版。

[3] ［德］阿莱达·阿斯曼：《记忆中的历史：从个人经历到公共演示》，袁斯乔译，南京大学出版社 2017 年版。

[4] ［德］弗兰茨·梅林：《中世纪末期以来的德国史》，张才尧译，生活·读书·新知三联书店 1980 年版。

[5] ［德］弗兰茨·斯特恩：《非自由主义的失败：论现代德国政治文化》，孟钟捷译，商务印书馆 2013 年版。

[6] ［德］弗里德里希·迈内克：《德国的浩劫》，何兆武译，天津人民出版社 2014 年版。

[7] ［德］弗里德里希·尼采：《尼采全集》，杨恒达译，中国人民大学出版社 2011 年版。

[8] ［德］哈贝马斯等：《希特勒，永不消散的阴云？——德国历史学家之争》，逄之、崔博等译，生活·读书·新知三联书店 2014 年版。

[9] ［德］哈拉尔德·韦尔策主编：《社会记忆：历史、回忆、传承》，北京大学出版社 2007 年版。

[10] ［德］汉斯-乌尔里希·韦勒：《德意志帝国 1871—1918》，邢来顺译，青海人民出版社 2009 年版。

[11] ［德］汉斯-乌尔里希·维勒：《民族主义：历史、形式、后果》，赵宏译，中国法制出版社 2013 年版。

[12]［德］赫尔曼·格拉瑟：《德意志文化（1945-2000）》，周睿睿译，社会文献出版社 2016 年版。

[13]［德］何梦笔主编：《德国秩序政策理论与实践文集》，庞健、冯兴元译，上海人民出版社 2000 年版。

[14]［德］卡尔·迪特利希·埃尔德曼：《德意志史》第 4 卷下册，高年生译，商务印书馆 1986 年版。

[15]［德］卡尔·哈尔赫：《二十世纪德国经济史》，扬绪译，商务印书馆 1984 年版。

[16]［德］卡尔·马克思、恩格斯：《马克思恩格斯全集》第 36 卷，中共中央马克思恩格斯列宁斯大林著作编译局译，人民出版社 2015 年版。

[17]［德］康拉德·阿登纳：《阿登纳回忆录》（1945—1953），杨寿国等译，上海人民出版社 2018 年版。

[18]［德］克劳斯·费舍尔：《纳粹德国，一部新的历史》，萧韶译，江苏人民出版社 2005 年版。

[19]［德］韦尔纳·阿尔贝豪泽：《德意志联邦共和国经济史 1945—1980》，张连根等译，商务印书馆 1988 年版。

[20]［德］维尔纳·马泽尔：《联邦德国总理：科尔传》，马福云译，东方出版社 1991 年版。

[21]［德］维利·勃兰特：《会见与思考》，张连根等译，商务印书馆 1979 年版。

[22]［德］维纳·洛赫：《德国史》，北京大学历史系世界近代现代史教研室译，生活·读书·新知三联书店 1959 年版。

[23]［德］沃尔夫冈·耶格尔：《德国统一史 克服分裂：1989—1990 年德国内部的统一进程》（第三卷），样橙译，社会科学文献出版社 2016 年版。

[24]［德］乌尔夫·迪尔迈尔、安德烈亚斯·格斯特里希等：《德意志史》，孟钟捷等译，商务印书馆 2018 年版。

[25]［德］乌尔里希·罗尔主编：《德国经济：管理与市场》，顾俊礼译，社会科学出版社 1995 年版。

[26]［德］扬·阿斯曼：《古代东方如何沟通历史和代表过去》，哈拉尔德·韦尔策主编：《社会记忆：历史、回忆、传承》，季斌、王立君等译，北京大学出版社 2017

年版。

　　[27]［德］扬·阿斯曼：《集体记忆与文化身份》，陶东风、周宪主编：《文化研究》第 11 辑，社会科学文献出版社 2011 年版。

　　[28]［德］扬·阿斯曼：《文化记忆——早期高级文化中的文字、回忆和政治身份》，金寿福、黄晓晨译，北京大学出版社 2015 年版。

　　[29]［德］扬–维尔纳·米勒：《另一个国度，德国知识分子、两德统一及民族认同》，马俊、谢青译，新星出版社 2008 年版。

　　[30]［德］尤尔根·哈贝马斯：《包容他者》，曹卫东译，上海人民出版社 2019 年版。

　　[31]［德］尤尔根·哈贝马斯：《在事实与规范之间：关于法律与民主法治国的商谈理论》，童世骏译，生活·读书·新知三联书店 2003 年版。

　　[32]［德］约恩·吕森：《历史思考的新途径》，綦甲福、来炯译，上海人民出版社 2005 年版。

　　[33]［俄］埃贡·克伦茨：《大墙倾倒之际——克伦茨回忆录》，沈隆光等译，世界知识出版社 1991 年版。

　　[34]［法］莫里斯·哈布瓦赫：《论集体记忆》，毕然、郭金华译，上海世纪出版集团 2002 年版。

　　[35]［法］雅克·勒高夫：《历史与记忆》，方仁杰、倪复生译，中国人民大学出版社 2010 年版。

　　[36]［美］本尼迪克特·安德森：《想象的共同体》，吴叡人译，上海人民出版社 2016 年版。

　　[37]［美］丹尼尔·乔纳·戈德哈根：《希特勒的志愿行刑者》，贾宗谊译，新华出版社 1998 年版。

　　[38]［美］格奥尔格·G.伊格尔斯：《德国的历史观：从赫尔德到当代历史思想的民族传统》，彭刚、顾行译，译林出版社 2014 年版。

　　[39]［美］格奥尔格·G.伊格尔斯：《欧洲史学新方向》，赵世玲、赵世瑜译，华夏出版社 1989 年版。

　　[40]［美］科佩尔·S.平森：《德国近代史——它的历史和文化》上册，范德一译，商务印书馆 1987 年版。

[41]［美］塞缪尔·亨廷顿：《我们是谁?》，程克雄译，新华出版社 2005 年版。

[42]［美］斯蒂芬·格罗斯比：《民族主义》（牛津通识读本），陈蕾蕾译，译林出版社 2017 年版。

[43]［美］托尼·朱特：《战后欧洲史：旧欧洲的终结 1945—1953》，林骧华等译，中信出版社 2014 年版。

[44]［苏］萨纳柯耶夫·崔布列夫斯基编，［德］亚·菲舍尔注释：《德黑兰、雅尔塔、波茨坦文件会议集》，北京外国语学院俄语专业、德语专业译，生活·读书·新知三联书店 1978 年版。

[45]［苏］米·谢·戈尔巴乔夫：《改革与新思维》，苏群译，新华出版社 1987 年版。

[46]［意］奥里亚娜·法拉奇：《风云人物采访记》之《维利·勃兰特》，阿珊译，新华出版社 1983 年版。

[47]［英］埃里克·霍布斯鲍姆：《民族与民族主义》，李金梅译，上海世纪出版集团 2006 年版。

[48]［英］埃里克·霍布斯鲍姆：《史学家——历史神话的终结者》，马俊亚、郭英剑译，上海人民出版社 2002 年版。

[49]［英］B.R. 米切尔编：《帕尔格雷夫世界历史统计·欧洲卷 1750—1993 年》（第四版），贺力平译，经济科学出版社 2002 年版。

[50]［英］厄内斯特·盖尔纳：《民族与民族主义》，韩红译，中央编译出版社 2002 年版。

[51]［英］玛丽·弗尔布鲁克：《德国史 1918—2008》，卿文辉译，上海人民出版社 2011 年版。

[52]［英］迈克尔·鲍尔弗、约翰·梅尔：《四国对德国和奥地利的管制 1945—1946 年》，安徽大学外语系译，上海译文出版社 1980 年版。

七、中文著作

[1] 陈新、彭刚主编：《文化记忆与历史主义》，浙江大学出版社 2014 年版。

[2] 李宏图：《西欧近代民族主义思潮研究——从启蒙运动到拿破仑时代》，上海社会科学院出版社 1997 年版。

［3］梁志学主编：《费希特著作选集》第一卷，商务印书馆2006年版。

［4］刘小枫：《现代性社会理论绪论》，生活·读书·新知三联书店1998年版。

［5］刘新利、邢来顺：《专制、启蒙与改革时代》，邢来顺、吴友法主编：《德国通史》，江苏人民出版社2019年版。

［6］苗力田主编：《亚里士多德全集》第三卷，中国人民大学出版社1992年版。

［7］钮先钟：《第二次世界大战的回顾和反思》，广西师范大学出版社2003年版。

［8］孙立新、孟钟捷等：《联邦德国史学研究——以关于纳粹问题的史学争论为中心》，社会科学文献出版社2018年版。

［9］王艺涵：《影像叙述与社会记忆》，社会科学文献出版社2015年版。

［10］邢来顺：《民族国家时代（1815—1918）》，邢来顺、吴友法主编：《德国通史》，江苏人民出版社2019年版。

［11］徐迅：《民族主义》，中国社会科学出版社1998年版。

［12］杨寿国：《阿登纳传》，上海外语教育出版社1992年版。

［13］杨远婴主编：《外国电影理论文选》（下册），生活·读书·新知三联书店2006年版。

［14］张沛：《凤凰涅槃——德国西占区民主化改造研究》，上海世纪出版集团2007年版。

［15］赵静蓉：《文化记忆与身份认同》，生活·读书·新知三联书店2015年版。

［16］郑寅达、孟钟捷等：《危机时代（1918—1945）》，邢来顺、吴友法主编：《德国通史》，江苏人民出版社2019年版。

八、中文论文

［1］安尼：《德国战后初期关于"集体罪责"的争论》，《同济大学学报（社会科学版）》2011年第4期。

［2］邓白桦：《试论德国"1914年思想"》，《同济大学学报（社会科学版）》2010年第4期。

［3］范丁梁：《二战后联邦德国史学家争论传统的路径演变》，《史学史研究》2015年第1期。

［4］范丁梁：《复杂语境中的德国"历史学家之争"》，《史学理论研究》2013年第

1 期。

[5] 葛君：《缓和的倒退？: 1966—1968 年联邦德国的"新"东方政策》，《德国研究》2011 年第 2 期。

[6] 关勋夏：《论俾斯麦的波拿巴主义》，《暨南学报（哲学社会科学）》1996 年第 1 期。

[7] 桂莉：《联邦德国的新东方政策》，《国际研究参考》2018 年第 2 期。

[8] 韩晓峰、郭金山：《论自我同一性概念的整合》，《心理学探新》2004 年第 2 期。

[9] 贺骥：《霍夫斯曼塔尔的语言批判》，《外国文学评论》1997 年第 4 期。

[10] 黄正柏：《联邦德国 1960—80 年代的学生运动和"公民行动"》，《温州大学学报（社会科学版）》2013 年第 6 期。

[11] 江建国：《二战：不能"历史化"的过去》，《人民日报》2005 年 4 月 29 日。

[12] 金寿福：《评述扬·阿斯曼的文化记忆理论》，陈新、彭刚主编：《文化记忆与历史主义》，浙江大学出版社 2014 年版。

[13] 景德祥：《20 世纪末联邦德国史学流派争议》，《世界历史》2005 年第 1 期。

[14] 景德祥：《二战后德国史学的发展脉络与特点》，《史学理论研究》2007 年第 4 期。

[15] 景德祥：《在西方道路与东方道路之间——关于"德意志独特道路"的新思考》，《史学理论研究》2003 年第 4 期。

[16] 靖春晓、孙立新：《战后德国史学的发展》，载陈启能主编：《二战后欧美史学的发展》，山东大学出版社 2005 年版。

[17] 李伯杰：《"一个麻烦的祖国"——论德意志民族的德国认同危机》，《清华大学学报（哲学社会科学版）》2010 年第 2 期。

[18] 李宏图：《论赫尔德文化民族主义思想》，《华东师范大学学报（哲学社会科学版）》1996 年第 6 期。

[19] 李乐曾：《评德国和日本不同的二战史观》，《德国研究》1997 年第 2 期。

[20] 李乐曾：《战后对纳粹罪行的审判与德国反省历史的自觉意识》，《德国研究》2005 年第 2 期。

[21] 林斌：《"大屠杀后叙事"与美国后现代身份政治：论犹太大屠杀的美国化现象》，《外国文学》2009 年第 1 期。

[22] 吕一民、范丁梁：《"克服过去"：联邦德国如何重塑历史政治意识》，《人民论坛·学术前沿》2014 年第 10 期。

[23] 马超、娄亚：《塑造公民文化——联邦德国的政治文化变迁》，《德国研究》2005 年第 1 期。

[24] 孟钟捷：《德国中学历史教学实践中的"历史意识"》，《中学历史教学参考》2012 年第 3 期。

[25] 孟钟捷：《如何培育健康的历史意识——试论德国历史教科书中的二战历史叙述》，《世界历史》2013 年第 3 期。

[26] 孟钟捷：《统一后德国的身份认同与大屠杀历史争议——1996 年的"戈德哈根之争"》，《世界历史》2015 年第 1 期。

[27] 宋健飞、刘沁卉：《知耻后勇，面对未来——解读德国总统克勒纪念二战结束 60 周年的讲话》，《德国研究》2005 年第 4 期。

[28] 孙传钊：《普通的德国人与种族灭绝》，《读书》2003 年第 2 期。

[29] 孙立新：《联邦德国"新右派"历史修正主义批判》，《史学史研究》2014 年第 4 期。

[30] 孙立新：《1990 年以来联邦德国重大史学争论概述》，《理论学刊》2013 年第 10 期。

[31] 孙立新、黄怡蓉：《联邦德国关于纳粹主义和第二次世界大战的历史反思》，载《世界近现代史研究》第 14 辑，中国社会科学出版社 2017 年版。

[32] 孙文沛、阮一帆：《联邦德国历史教科书中"二战历史"叙述的变革》，《德国研究》2015 年第 3 期。

[33] 王洪娟、刘传德：《德国的历史教学》，《史学史研究》1998 年第 2 期。

[34] 王琳：《关于"纳粹主义历史化"争论背后的思考——以 1987 年布洛撒特与弗里德兰德的通信为考察对象》，《史学史研究》2020 年第 2 期。

[35] 王琳：《影像叙述催生下的文化记忆之转变——以影片〈大屠杀〉对德国战后文化记忆的影响为例》，《武汉大学学报（人文科学版）》2017 年第 1 期。

[36] 王涌：《德国统一后经济发展的困境与成功历程分析》，《西部学刊》2014 年第 3 期。

[37] 王泽：《自愿的刽子手》，《读书》1996 年第 11 期。

[38] 吴琼:《战后西德对纳粹历史的反省研究》,华中师范大学 2014 年硕士学位论文。

[39] 吴友法:《德国 1945 年前政治与经济不同步发展原因探析》,《世界历史》1998 年第 4 期。

[40] 吴友法:《联邦德国政治与经济相对同步性的确立及对社会发展的影响》,《史学月刊》1998 年第 3 期。

[41] 萧高彦:《国家认同、民族主义与宪政民主——当代政治哲学的发展与反思》,《历史法学》2010 年第 1 期。

[42] 谢怀栻:《联邦德国经济稳定与增长促进法》,《环球法律评论》1989 年第 1 期。

[43] 徐步华:《民族主义的本质与动力:基于社会运动理论分析》,《西南民族大学学报(人文社科版)》2019 年第 3 期。

[44] 徐健:《评德国史学界有关"特有道路"问题的争论》,《国外社会科学》2001 年第 2 期。

[45] 徐迅:《民族、民族国家和民族主义》,载李世涛主编:《知识分子立场:民族主义与转型期中国的命运》,时代文艺出版社 2000 年版。

[46] 朱忠武:《科尔政府时期德国经济稳定增长的原因》,《世界历史》1992 年第 4 期。